银行转型大变局

对话**银行数字金融操盘者**

何平　许小青　周旭强　曾硕　张曦元 | 编著

清华大学出版社
北京

内 容 简 介

在数字金融这个"无理论可依、无宗法可考"的领域中,本书作者采访了国内身处一线的、资深的数字金融操盘者——平安银行、中国民生银行、中信银行、中国光大银行、兴业银行、百信银行、新网银行等20多家银行与金融机构的近30位董事长、行长、网络金融部总经理,以及对数字金融进行纵向钻研的专家学者、横向剖析的合作者,分享了"后疫情时代"各银行数字化转型的宝贵经验。以期用他们的真知灼见,帮助中国银行业厘清方向,扶助行业砥砺前行。

本书既适合作为金融从业者尤其是银行数字金融从业者的参考读物,也可供金融专业的学生阅读与学习。

本书封面贴有清华大学出版社防伪标签,无标签者不得销售。
版权所有,侵权必究。举报:010-62782989,beiqinquan@tup.tsinghua.edu.cn。

图书在版编目(CIP)数据

银行转型大变局:对话银行数字金融操盘者/何平等编著. —北京:清华大学出版社,2021.9(2022.11 重印)

ISBN 978-7-302-58993-8

Ⅰ.①银… Ⅱ.①何… Ⅲ.①数字技术-应用-金融业-研究-中国 Ⅳ.①F832-39

中国版本图书馆 CIP 数据核字(2021)第 174808 号

责任编辑:杜春杰
封面设计:刘　超
版式设计:飞鸟互娱
责任校对:马军令
责任印制:朱雨萌

出版发行:清华大学出版社
　　　　网　　址:http://www.tup.com.cn,http://www.wqbook.com
　　　　地　　址:北京清华大学学研大厦A座　　邮　编:100084
　　　　社 总 机:010-83470000　　邮　购:010-62786544
　　　　投稿与读者服务:010-62776969,c-service@tup.tsinghua.edu.cn
　　　　质 量 反 馈:010-62772015,zhiliang@tup.tsinghua.edu.cn

印 装 者:大厂回族自治县彩虹印刷有限公司
经　　销:全国新华书店
开　　本:170mm×240mm　　印　张:19.25　　字　数:309千字
版　　次:2021年10月第1版　　印　次:2022年11月第3次印刷
定　　价:69.80元

产品编号:089034-02

序

Preface

  40年前，人们使用磁带记录音乐，经常会困扰于因磁带的物理性质发生变化而带来的音质变化。随着CD的发明，人们把音乐数字化后进行存储和使用，音乐的播放载体也发生了巨大的变化，从专门的CD播放机到iPod，再到今天具备多种复杂数字功能的智能手机，音乐的播放变得越来越便利，而且具备更多的附属功能，包括歌词、分类、自动重播、定时等。数字技术使音乐的传播变得更加容易，然而这给音乐创作市场的交易和音乐版权的保护带来了新的挑战。音乐消费者不再通过购买磁带或者CD来回馈唱作者，很多歌曲似乎都可以免费获取：或者通过购买按时间计价的下载权来自由选择喜爱的歌曲，或者只需要浏览嵌入音乐播放软件中的广告，或者通过消费其他产品或服务来获得赠送歌曲。一首好歌的唱作人甚至已经不需要直接收取音乐的使用费，大量歌迷带来的流量已经足以让他通过其他盈利渠道大赚一笔。

  音乐可能只是数字技术改造的第一代对象，而数字技术正在以不可阻挡的步伐改变着我们身边的一切。银行也是数字技术改造的对象，这个过程最初只是信息互联网技术的使用带来传统银行信息处理、传递效率的提升，而后越来越多的银行业务流程开始了数字化改造，越来越多的数字技术，包括大数据、云计算、物联网、区块链、人工智能、5G通信等新兴技术加入，数据逐渐成为最重要的决策依据和生产要素。

  在这个改造过程还未完成的时候，任何对于未来银行数字化业态的想象可能都是肤浅而短视的，然而银行的数字化实践给了我们足够的勇气去进行一些大胆的设想。银行将通过数字技术构造金融服务生态，不同类型的金融产品和服务，如投资、融资、保险等，会深度融合，为客户提供更加便利高效的一站式服务。金融服务也将融入其他相关服务或者产品之中，实现金融与其他行业的深度融合。在这个过程中，银行并不一定需要独自提供所有的服务，而是和其他服务提供商，包括大数据公司、电商平台、科技企业等，一起构筑金融服务生态。银行将不再是一个业务孤岛，甚至银行的一些传统业务链条也会通过数据共享、开放数据接口和软件开发平台等方式进行重构，与其他非银行机构共同完成金融服务，我们称之为"开放银行"。

普惠将是未来银行业的重要目标。数字技术将突破传统的国家、地区、文化界限，通过网络使整个世界连为一体，实现数字化的产品服务和要素的高效流动。银行可以通过数字技术实现场景的扩张，为越来越多的客户服务，而大数据的应用可以为所有客户进行精准画像，对风险进行更加准确的识别、评估和定价，金融服务生态的完善也能对风险进行更加有效的控制和管理，这一切终将打破银行"嫌贫爱富"的传统，让银行的服务能普惠大众。

毫无疑问，银行数字化转型会给监管带来全新的挑战。银行业务边界不再那么清晰，比如，传统的存贷款业务可能和其他金融服务"纠缠"在一起很难识别，或者并不一定由传统的单一机构来完成，那么原有针对存贷款业务的监管可能无法适用。更严重的问题是，即使我们一一识别了复杂业务中的金融产品和服务，也可能无法实施单一的监管措施，尤其是不同金融产品和服务的监管之间可能是互相冲突的。必须强调的是，银行业数字化过程中道德风险的主体可能会发生意想不到的变化，未来一名程序员就可能让一个百年银行在顷刻间土崩瓦解。银行内部管理的数字化变革似乎也迫在眉睫。

由于金融产品和服务的融合以及金融与其他行业的融合，系统性风险可能比原来更加严重。数字技术为产品服务和要素搭建的桥梁也会轻而易举地让风险的传播畅行无阻，不同金融产品和服务的风险之间可能会互相传递，金融行业和其他行业之间的风险传递也变得更加容易。

银行业数字化过程中带来的其他可能的外部性也是不容忽视的。许多金融产品服务在短期或者微观层面来看可能是有效率的，但从长期或者宏观层面来看却可能是无效或者低效的。当我们千方百计地用数字化手段把资金安全地贷给经济中的一些个体时，我们可能很难判断这是新的市场均衡的形成还是走向市场失衡过程中的短暂繁荣。对于一些新生事物，古老的智慧有时也会显得苍白无力。最初，有谁会预料到资产证券化会带来美国房贷市场的过度膨胀并最终引发次贷危机呢？

我们希望这本书能真实记录下在当前这个历史时段银行在数字化道路上的选择和尝试。多年以后翻开这本书时，我们可能会为当年银行家的勇敢、执着拍手叫好，或是为他们的裹足不前着急上火，或者为他们的误解、偏见扼腕叹息。然而不管银行最终的形态如何，这些发展经历本身就是未来银行家最好的老师——如果银行在可见的未来仍然存在的话。

何 平

清华大学经管学院金融系教授、系主任

清华大学经管学院中国金融研究中心主任

2021年2月

目 录
Contents

1　第 1 章　取势：中国数字金融转型进行时

2　1.1　数字经济时代，科技成为银行驱动力
2　　1.1.1　全球银行数字化转型的驱动力
8　　1.1.2　国际领先商业银行数字化转型的趋势和实践

13　1.2　数字银行正当时
14　　1.2.1　中国银行业数字化转型驱动力
18　　1.2.2　什么是数字银行
19　　1.2.3　商业银行数字化发展路径
20　　1.2.4　中国银行业数字化转型现状
21　　1.2.5　2020 年新冠肺炎疫情对银行业的影响

24　第 2 章　明道：银行数字化转型中的战略问题剖析

25　2.1　银行数字化转型中的"3+1"类战略问题剖析
28　　2.1.1　问题 1：在数字化转型中如何塑造独特优势
32　　2.1.2　问题 2：如何应对组织的挑战
35　　2.1.3　问题 3：竞争还是合作
38　　2.1.4　问题 +1：中小银行如何应对数字化转型

42　2.2　专家谈
42　　2.2.1　肖钢：产业互联网发展与展望
45　　2.2.2　李礼辉：受迫式应变加速金融数字化转型
52　　2.2.3　陈静：四大策略助推银行数字化转型

58　2.3　实操者谈
58　　2.3.1　杨兵兵：银行数字化转型面临四大问题

67	2.3.2	蔡新发：仅仅 3 年，零售 AUM 破 2 万亿元，平安银行转型做对了什么
79	2.3.3	王炯：中小银行兼并重组来袭——一场引领未来的数字化转型之战
89	2.3.4	江海：搏击 C 端红海之后的 B 端新布局
98	2.3.5	邵丽萍：廊坊银行，一家城商行逆袭背后的数字化基因
105	**2.4**	**合作者谈**
105	2.4.1	曾硕：数字化转型，银行和金融科技如何乘风破浪
112	2.4.2	周旭强：中小银行数字化转型一定要打破"流量依赖"
121	2.4.3	刘绍伦：数字化转型中，金融科技应该回归本源
127	2.4.4	吴辅世：数据为王时代，本土金融科技新势力崛起的"秘密武器"
131	2.4.5	欧阳建平：如何炼成金融 IT 行业"黑马"
139	**2.5**	**数字化转型案例解析**
139	2.5.1	Capital One 数字化转型案例分析
147	2.5.2	中国工商银行数字化转型案例
158	2.5.3	"零售之王"——招商银行数字化转型案例分析

165　第 3 章　优术：致胜数字化

166	**3.1**	**银行数字化转型中的若干战术问题**
168	3.1.1	场景为王时代，银行的用户在哪里
175	3.1.2	社交媒体时代，如何让数字化营销更有效
176	3.1.3	数据是银行转型路上的最重要资产
178	**3.2**	**前沿探索者谈**
178	3.2.1	王燕：解析"零接触"背后的中信银行"疫"考答卷
183	3.2.2	伊劲松："零接触"观察，民生银行数字金融加速迭代
190	3.2.3	黄正建：数字金融是银行内部破局者
196	3.2.4	关铁军：差异化"零接触"，催化银行经营线上化
201	3.2.5	万化：透视"数字化+API 升级"深度融合的浦发模式
210	3.2.6	侯本旗：恒丰银行破局之道——数字化敏捷银行

3.3 中小银行谈 — 217

- 3.3.1 蒋建明：中小银行数字化转型的思考 — 217
- 3.3.2 王丰辉：中小银行数字化转型的"破局"之道 — 219
- 3.3.3 程峰：武汉金融战"疫"，"零接触"银行直面考验 — 229
- 3.3.4 周丹：省联社如何借力数字金融突围 — 235
- 3.3.5 张其广：互联网银行数字化进阶与逆周期生长 — 242

3.4 数字化转型案例解析 — 249

- 3.4.1 科技赋能中信银行审计数字化转型 — 249
- 3.4.2 光大银行智能风控数字化 — 258

第 4 章 长策：未来·风险·隐患·监管 — 268

4.1 与监管共舞：金融科技监管现状与展望 — 269

- 4.1.1 科技赋能，监管有明确而坚定的指引 — 269
- 4.1.2 监管面临严峻的挑战 — 272
- 4.1.3 监管机构的监管理念与监管原则 — 274
- 4.1.4 未来的监管思路 — 279

4.2 网络与数据安全隐患 — 280

- 4.2.1 近年频发网络安全事件纪实 — 281
- 4.2.2 银行业数据安全现状不容乐观 — 282
- 4.2.3 银行业数据安全事件成因复杂多样 — 283
- 4.2.4 数据安全成为银行安全保障核心 — 288

参考文献 — 295

致谢 — 296

ONE

第1章

取势：中国数字金融转型进行时

1.1 数字经济时代，科技成为银行驱动力

从金融（finance）与科技（technology）两个词融合为金融科技（fintech）的那一刻开始，银行的概念就悄然发生着转变。银行与银行、银行从业人员与银行、客户与银行的关系也因为科技的发展无时无刻不在发生着变化。英国《银行家》杂志发布的数据显示，全球1000强银行的平均净资产收益率（ROE）从2006年的23.37%跌至2017年的11.82%。银行业机构被迫告别了过去的低资本、高增长、高利润的黄金期，进入了高资本、低错配、低增长、低盈利的发展新常态。

经济学家凯恩斯曾说过："当事实改变之后，我的想法随之改变。"管理咨询公司德勤（Deloitte）预测，到2021年年底，全球近一半的人口将使用数字银行服务。同时，根据美国银行家协会（ABA）的数据，2020年使用数字银行服务的美国公民人数将达到人口总数的三分之二。在大趋势面前，银行对金融科技的需求早已提升到了"争夺未来"的战略高度。

同时，更多的科技公司及资本选择通过消费金融、支付、财富管理等入场，如今的银行业竞争也越发激烈。在过去的几年里，各银行的数字化进程良莠不齐，这背后存在着众多原因，而并不能仅以"马太效应"一言以蔽之。

我们希望借《银行转型大变局：对话银行数字金融操盘者》一书深入剖析金融科技赋能银行的每个方面。兼听则明，本书将深入对话大中小银行、监管部门、金融科技公司的一线资深从业人员，将其精华总结提炼，旨在为读者提供银行数字化转型的建议，与行业内部人士共同探讨银行数字化转型的势、道、术、策。

1.1.1 全球银行数字化转型的驱动力

本书编审团队在参照了来自世界各个国家和地区的银行数字化转型相关

资料之后,将全球银行业数字化的转型动因归纳为两个驱动,分别为客户驱动和管理驱动,而 2020 年新型冠状病毒肺炎疫情(以下简称新冠肺炎疫情)的暴发将转型推到了"紧急待办"的日程表上。

1. 客户驱动

据麦肯锡数据统计,目前数字化转型主要集中在前端平台的搭建,实现与客户高效、直接的互动。

在数字化时代来临之后,各家银行一直追求金融科技的实用性。但随着手机、平板电脑等智能终端的普及,银行线上服务的必要性也逐渐浮出水面,现金在支付行为中占比的下降就是一个明显的趋势。据英国财政部统计,自 2016 年开始,英国银行卡支付的使用量就超过了现金(见图 1-1),并在此后持续保持增长态势。

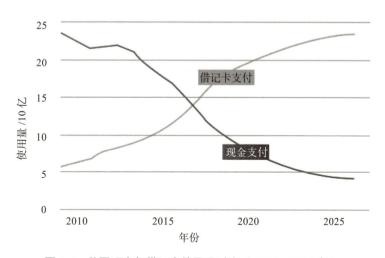

图 1-1 英国现金与借记卡使用量对比(2008—2018 年)

资料来源:UK Finance.

PCM(payments cards and mobile)的一项基于各国中央银行和欧洲中央银行(ECB)数据的独立研究显示了这一趋势。如挪威,其现金使用量仅占所有交易的 3%,此现状迫使挪威政府考虑立法,以确保现金仍将存在。

科技，作为一种生产工具，存在着提供更高效率、更好体验的责任。服务客户并在数字化转型中为客户所驱动，现已成为大势所趋，而用户体验的重要性已经不言而喻。凯捷咨询公司（Capgemini）和欧洲金融管理协会（EFMA）共同发布的《2020年世界金融科技报告》（*World FinTech Report 2020*）也指出：

> 传统银行仍然可以通过采用全数字开放平台模式在当今市场上保持繁荣。然而，客户期望的与传统银行提供的差距从未如此之大。现在是银行赶上并提供最佳客户体验的正确时机。

对公业务的数字化转型也已经迫在眉睫。银行对公业务整个价值链包括潜在触客、销售、承销/授信、交易、运营/服务五大环节。而目前数字化转型主要集中在运营/服务环节。根据麦肯锡研究，全价值链的数字化转型能够有效提升10%的销售额，并降低20%的成本。

同时，麦肯锡根据统计数据得出结论：目前数字化趋势主要应用于运营/服务环节，未来有望扩张至全价值链（见图1-2）。

随着互联网的普及，AI（人工智能）客服已经是各家银行的标配。但随着该AI客服技术的普及，更智能、更可信的AI已经成为客户的痛点。在日常交流中，对用户提出的问题进行精准回复，并能代替线下网点进行部分业务的办理，这正与金融科技所追求的高效率不谋而合。

同时，AI已经普遍用于金融科技的个人身份认证、个性化产品推荐等领域。对于个人身份认证，其识别率是衡量AI算法优劣的可量化标准，且直接关系到用户体验。对于个性化产品定制，未来的AI不仅会融入活动，而且会将"数据驱动的银行"以"数据支持的客户"为基础，带来新的价值。

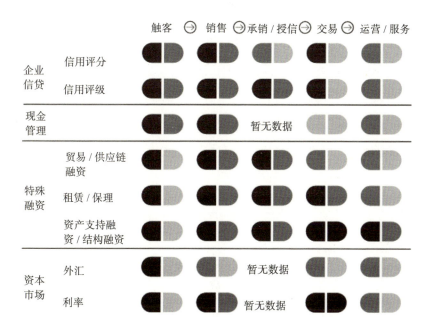

图 1-2　全价值链的数字化水平变化

2. 管理驱动

数字化转型是这个时代的必然需要，这已经成为金融机构间的共识。对于管理层面来说，更是如此。优秀的金融科技可以帮助银行打通空间的限制，达到银行想要的降本增效成果。正因如此，数字化转型成了管理的内部驱动力。

麦肯锡咨询公司在《数字化协作：提升效率，优化银行客户体验》中写道：

> 许多银行已将自动化作为业务流程数字化的重点手段。自动化拥有巨大潜力，各银行也正在逐渐发挥其作用。我们的研究表明，在未来几年，银行全部职能工作的 10%～25% 将由机器取代，这不仅能提升产能，也解放了员工，让他们能够聚焦附加值更高的任务和项目。

金融科技还显著减少了日常费用和员工开销，并通过减少向用户收费的方式使之受益。据 Backbase 公司研究，每位客户的平均引入登录成本可以从平均 300 美元降低到 100 美元以下。这意味着如果银行获得 52 000 位新客户，全年可以节省 1000 多万美元的成本。

同时，从优化流程、增加效率层面上说，在大数据及 AI 自主学习的加持下，许多复杂流程可以逐渐自动化，并有效降低人为导致的失误率，如涉及各类客户细分和产品类别的流程。总体而言，沟通频率越高、信息越复杂、决策点越多的流程，其数字化协作潜力也就越大（见图 1-3）。

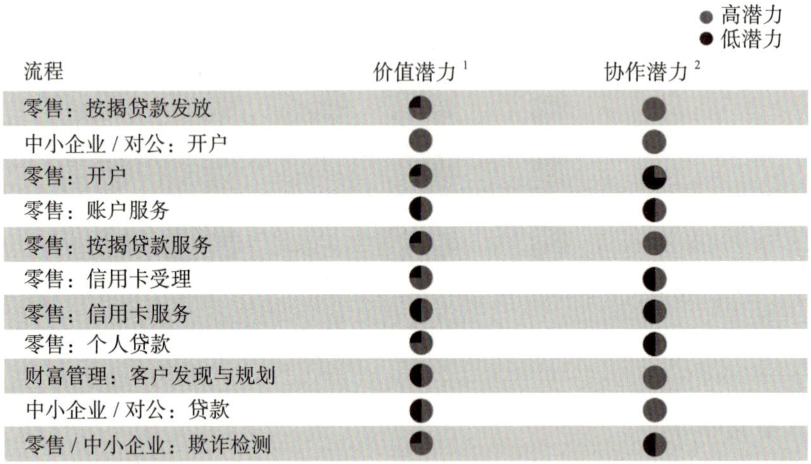

流程	价值潜力[1]	协作潜力[2]
零售：按揭贷款发放	● 高潜力	● 高潜力
中小企业/对公：开户	● 高潜力	● 高潜力
零售：开户	● 高潜力	◐
零售：账户服务	● 低潜力	● 高潜力
零售：按揭贷款服务	◐	● 高潜力
零售：信用卡受理	● 高潜力	● 高潜力
零售：信用卡服务	◐	● 高潜力
零售：个人贷款	● 高潜力	● 高潜力
财富管理：客户发现与规划	● 低潜力	● 高潜力
中小企业/对公：贷款	● 高潜力	● 高潜力
零售/中小企业：欺诈检测	● 低潜力	● 低潜力

1—营业费用与销售成本节省；2—流程涉及的岗位数量以及所有岗位之间的交互工作总数量。

图 1-3　全流程数字化协作潜力

资料来源：麦肯锡分析。

从商机管理角度来看，数字化手段可以智能化地识别银行潜在的来自于企业客户的商机，即通过机器学习实现智能推荐，向"相似客户"推荐"相似产品"。及时把握企业客户的经营战略动向、重要业务举措和相关业务行为，给出针对性的金融服务建议方案，是银行营销的关键。

对于不同类型的产品，在向"相似客户"进行"相似产品"的智能产品推荐时，分析模型所需数据、需求分析逻辑存在差异，因此银行需要根据具体产品进行针对性的设计。

3. 疫情推手

始于 2020 年年初的新冠肺炎疫情对银行业"量质价"各核心指标直接构成冲击，主要是信贷需求下降、部分客户坏账和让利等，即"量质价"全方面受到影响。这属于疫情对银行业的短期负面影响，但放眼未来，疫情也确实驱动了数字化转型。用户习惯因为疫情而被迫发生转变，这成了银行数字化转型的重大契机，因为疫情之下用户的选择已然一览无遗，这些选择有常态化的可能性，正好为银行指明了道路。

来自数字身份验证公司 Lightico 的研究表明，63% 的美国人现在更愿意在疫情之后转向完全数字银行服务。凯捷咨询公司认为，全球 60% 的银行客户现在已经在以某些方式使用数字银行，并且只有 22% 的美国消费者打算在疫情之后恢复使用实体支行。凯捷咨询公司的报告也表示，在 65 岁以上人群中数字钱包的使用率上升了 65%。而在瑞典，自疫情暴发以来，使用瑞典移动支付解决方案的 55 岁以上的用户已经增加了 50%。这些数据所体现的很有可能是未来的常态，而这些常态的提前到来全是因为疫情的催化。

巴菲特曾说过："只有退潮之后，才知道谁在裸泳。"海内外许多经历数字化转型的银行其实一直存在技术割裂、冗员、数据孤岛等问题，疫情则成了转型的试金石，也充分证明了银行完善数字化能力的重要性。

同时，疫情将金融行业的风险大幅度放大，包括内部风险（如运营风险、流动性风险）及外部风险（如信贷、交易对手、市场、流动性和监管风险）的变化，也使得银行必须重新配置风险运营。

潜在的违约、安全和欺诈行为都有可能成为短期或长期的风险点。同时，随着越来越多的员工远程工作，尤其是前台工作人员，银行必须时刻进行必要的员工和交易监督。

在疫情影响下，银行线上办公的需求也大幅度提升。IBM 商业价值研究院对美国员工开展了一项调研，结果发现疫情期间在家办公的员工比例从 10% 激增至 40%。实现以效率优先的工作，以及全体适应并做好可能长期或间歇性线上办公的准备，更是疫情驱动下的必由之路。通过员工队伍规划，建立框架，实施业务和人才战略，促进员工相互融合与交流，增强敏捷性和弹性。金融机构不但要适应短期情况，还应考虑如何将这些要素融入长期目标。

1.1.2　国际领先商业银行数字化转型的趋势和实践

事实上，随着金融科技和以 5G 为代表的新一代通信技术、智能移动终端的普及，加大金融科技投资力度、优化 IT 架构和数据治理、深度挖掘大数据技术价值、推进客户旅程数字化、持续优化客户卓越体验、加快数字化金融产品和服务创新等正在成为国际商业银行数字化转型的重要方向。

1. 趋势 1：高度重视数字化转型规划和投入

该趋势主要表现为三个实践：重视数字化转型战略规划、加大数字化转型的资源投入、普遍采用"双速 IT"数字化开发模式。

（1）重视数字化转型战略规划。美国花旗银行 2012 年提出了"移动优先（mobile first）"战略，2017 年又进一步提出以"简单化、数字化、全球化"为主线的"打造数字银行"的新数字化战略，突出强调要关注客户核心需求、强化自身数字化能力、积极拥抱外部伙伴等战略重点。摩根大通则从 2012 年发布移动银行开始就全面构建数字银行，按照"移动优先，万物数字化"的战略推进银行数字化转型，重点突出打造领先的数字化体验、布局生态圈、创新数字产品、打造技术型组织和能力等。英国汇丰银行于 2014 年以实现渠道全面数字化为目标，开启了持续 3 年的客户旅程数字化项目，2015 年又将数字化战略目标明确为"从根本上将业务模式和企业组织数字化"，为此推出了全面数字化落地的五大举措：客户旅程数字化，优化客户体验；数字化产品创新；运用大数据技术创造价值；优化 IT 架构和数据治理，实施敏捷开发；加大投资力度，拥抱最顶尖的金融科技。西班牙对外银行（BBVA）自 2006 年开始以"成为全球数字银行领军者"为发展愿景，启动了为期 10 年的数字化转型战略，重点推动传统业务数字化转型、优化客户解决方案、布局金融科技、推动开放银行四大转型工程。荷兰 ING 银行以突出打造无缝式"差异化的客户体验"为目标,推进了泛欧一体化银行平台;以全面提升组织数字化能力为主线,实施了建设敏捷化组织、投资金融科技、塑造开放式创新平台三大数字创新动力引擎。

（2）加大数字化转型的资源投入。根据国际咨询机构麦肯锡公司对国际银行业的调研结果,全球领先银行已经将税前利润的 17%～20% 用作研发经费,布局颠覆性技术,以加速银行数字化转型。例如,2017—2018 年摩根大通的技术投入总额从 95 亿美元提高到 108 亿美元,占上年营业收入的比例从 9.6% 上升到 10%,占上年净利润的比例从 38% 上升到 44%。从摩根大通技术投资方向看,这些资金重点投入了数字银行、在线投顾、数字技术、网络安全等领域的技术应用和产品开发,其中较大部分资金定向投资于云计算、人工智能等新兴金融科技领域。摩根大通还在吸引、培养、挽留各种优质技术人才方面采取了一系列重大措施。其 2017 年年报披露,在摩根大通全球 25 万名员工中,有近 20% 是技术人员,这些技术人员中又有超过 60% 的人员从事新兴技术开发和工程类工作,在其招聘网站上开放了包括机器学习工程师、UX 设计师、API 开发者等在内的 2314 个技术类型岗位、148 个产品经理岗位和 63 个相关岗位。摩根大通还积极从顶级大学和头部科技公司聘请顶级资深技术专家,如摩根大通银行就聘请了前谷歌云人工智能产品管理负责人来担任摩根大通人工智能和机器学习服务的负责人,以及资产和财富管理人工智能技术的负责人。

（3）普遍采用"双速 IT"数字化开发模式。美国花旗银行、澳大利亚联邦银行等国际领先银行积极采用敏捷开发方式,打造了"双速 IT"的金融科技开发模式。这种模式的实质就是同时运行以客户为中心的前台快速响应系统与以交易为中心的后台稳定系统。麦肯锡公司估计,"双速 IT"模式可以将银行产品创新上市时间缩短 40%～60%,开发错误率减少 60%。该战略可使传统银行在未来 5～10 年将净资产收益率（ROE）提升 2%～5%。

2. 趋势2：服务渠道更加多元化

近年来，随着移动智能终端、金融科技等新兴科技手段的创新和广泛应用，客户与银行关系加速重塑，银行的服务渠道更加多元化，虚拟服务渠道迅速发展，国际领先银行服务渠道数字化水平不断升级。

（1）加速服务渠道的数字化整合。汇丰银行、花旗银行、星展银行、ING银行等国际领先银行一方面通过数字化渠道（如网上银行、手机银行、直销银行等新型渠道）拓展新兴业务市场领域，另一方面加快银行线下分支行网点数字技术升级，如重新规划和设计分支网点布局和运营模式、优化ATM机功能、推出数字银行员工等，有效提升客户卓越体验。数字化整合包括但不限于整合银行在全球的分支机构、为跨国公司创造高效和智能化的服务系统与平台；支持和整合以互联网为基础的供应链金融服务平台；支持整合银保业务模式，以及外包业务模式；整合投行和商业银行托管业务平台；打造专门为专业机构投资者服务的渠道；等等。

（2）提升电子渠道端服务的客户满意度。为实现银行服务渠道效能最大化目标，国际领先商业银行更加重视客户对多渠道平台框架的满意度。为此，除尽力提升商业银行的传统分支机构、电话银行、网上银行、直销银行服务效率外，国际商业银行更加重视开发和强化新服务渠道效能，如持续升级手机银行、智能银行、物联银行、视频、社交媒体、智能眼镜银行等渠道功能。摩根大通公司网站上就明确写道："我们正基于现有的数字化成果进行更加积极的战略转型，尝试通过不断创新来吸引用户，增加客户对电子渠道端服务的满意度，为客户创造更大的价值。"

（3）科学选择具有自身特色的新服务模式。根据麦肯锡等公司的分析，目前国际领先银行最受重视的新型渠道包括但不限于以下类型：银行服务网络与第三方构建的账单支付和管理平台、由银行客户自主发起和控制的跨行和跨地域支付体系、以区块链技术支持的银行间信息网络、互联网交易平台、人机整合联动的"交易与咨询联动"资管和财富管理系统与平台等。随着5G技术的广泛应用，人工智能将更多地赋能商业银行网点，如智能穿戴设备、数字化和虚拟化信用卡、智能化"超级柜台"等将更加广泛地应用到网点经营和金融服务领域，网点空间和网络布局将不断向智能化扩展，全球银行业将大量出现虚拟分支行。

（4）国际先进银行服务模式将更加多元化。未来国际商业银行可能会形成新型的完全数字化全能银行、银行主导的开放金融生态圈和综合金融服务平台营造者、服务于特定人群的金融细分领域市场的深耕者，以及服务于特定地域和特定功能的专业化金融供应商等多种商业模式。未来的智能移动银行将提供 7×24 小时实时全功能服务，银行经营管理组织体系将更加柔性化和跨界化，社区银行、虚拟银行和"互联网＋普惠金融"将大行其道。区块链技术将在金融领域得到广泛应用，以云计算为基础的风控系统将获得广泛应用，一些传统银行将转型为"科技创新生态金融系统"。持牌互联网金融公司不仅将争夺传统商业银行所有业务，还会开发更轻便、更高效并更满足新时代年轻客户群体需求的金融业务，在更多重要领域取代传统商业银行功能。

3. 趋势 3：更加智能化和数字化

（1）金融创新始终坚持为客户创造价值。近年来，国际领先商业银行按照"以客户为中心"的原则，借助金融科技大力提升运营效率，为客户打造个性化、一体化的卓越体验，并通过自身创新、投资或收购金融科技公司、与第三方金融科技公司全方位合作等方式，加速数字化金融产品和服务的多元化布局。比如，摩根大通致力于在 4 个领域为客户创造价值：全方位、多渠道的产品服务；隐私保护、交易护航、欺诈监测等安全服务；良好用户体验、低延时、高集成的便捷服务；智能、全面、灵活的理财个性化服务。

（2）提升金融服务的智能化和数字化水平。据麦肯锡研究估算，大数据技术可帮助银行将交叉销售业务量提升 10%～30%，信贷成本降低 10%～15%，后台运营成本降低 20%～25%。在为个人客户数字化服务方面，摩根大通银行通过高效的数据处理能力、智能化的分析技术及多样化的金融服务渠道，为客户提供了更加简单、科学的多元化投资组合配置模式和更加高效安全的转账和证券交易，既为客户创造了更大收益，也使银行获得了投资服务业务的持续增长。在为企业客户提供数字化服务方面，摩根大通依靠其先进的数字化平台，为企业用户提供高效的国际化金融服务交付，如在线开立账户、自助获取金融服务、便捷贷款服务、卡服务、实时外汇信息、可定制的报告和分析数据、实时流动性管理方案等。2017年，西班牙桑坦德银行推行了"超级油轮"与"快艇"并存的双轨战略，促进产品和服务创新。其中，"超级油轮"代表桑坦德银行的成熟业务，是该集团的主要收入来源，开展数字银行转型需要审慎稳妥地进行。"快艇"则代表该银行高度灵活的金融创新项目，要根据集团发展的战略要求，积极加以推进。但总体看，目前国际银行业的人工智能技术并不十分成熟，特别是用于营销和客户支持的人工智能技术依然落后，关键的数字转换技术还有待进一步发展。

（3）借助数字化为客户提供全生命周期财富管理服务。麦肯锡公司的数据研究表明，银行只要聚焦20~30条核心客户旅程的改造，就可以显著降低运营成本，大幅改善客户体验。在改进和聚焦核心业务流程的同时，国际领先银行还非常重视以覆盖客户全生命周期及交叉销售为重心，通过金融科技规划金融产品组合，为客户提供全生命旅程的金融服务。以智能投顾为代表的智慧财富管理将成为银行核心竞争力之一。全球个人财富的持续增长、财富保值增值和税务筹划、全球资产配置、财富传承需求的增加将推动私人银行和财富管理更加智能化、数字化，数字化家族办公室、数字化家族信托业务将大行其道。

4. 趋势4：国际领先银行经营更加平台化、开放化

（1）加快金融服务的平台化转型。平台是能够有效集聚各类资源、连接众多种类市场参与主体、实现生活互动或金融市场交易的一种载体。面对互联网企业向银行产品和业务服务领域的大规模"入侵"，国际领先商业银行正在加速布局自身的生态圈，通过自创和合作共赢的方式，实现银行经营的平台化。比如，新加坡星展银行在2006年就提出"带动亚洲思维（Living, Breathing Asia）"的战略宗旨，扎根亚洲开展数字化转型。2014年，该银行围绕"成为并肩谷歌、亚马逊等一流科技公司"的愿景，实施了"甘道夫

计划",加大布局新技术力度、推动创新文化演进。2018 年,星展银行进一步提出了"生活随兴,星展随行(Live more,Bankless)"的战略口号,承诺要进一步将银行服务化繁为简,为客户提供更美好的生活体验。

（2）国际领先银行大力推进开放银行发展。国际领先银行正在有效控制风险的前提下,通过开放支付及账户体系、各类 App、金融科技开发和服务能力等,以金融科技赋能生态圈内的合作伙伴和客户。与此同时,商业银行通过开放银行业务,也获得了更多的数据及流量入口,为进一步的数字化转型提供强有力的外在助推力量。比如,2013—2017 年,高度专注数据能力提升的西班牙对外银行,除投资美国小企业销售及市场数据提供商 Radius、西班牙数据处理公司 Madiva Solutiones 外,还成立了大数据公司 BBVA Data & Analytics。该银行通过深度挖掘消费者的金融行为和人类社会活动关系数据,获得了向开放式银行转型所需的重要技术和数据支持。2016 年 11 月,花旗银行推出了全球 API（application program interface）开发者中心。目前,全球各地的 API 开发者可通过该中心平台接入账户管理、点对点支付、资金转账、投资产品购买等 11 个类别的 API。全球用户不仅可以利用花旗银行的海量客户数据,还可以利用该平台的 API 模块开发具有自身特色的金融服务程序。未来,国际领先银行必将是具有强大金融科技平台和广泛资源生态网络,能够完美嵌入并集成金融科技的全球超联通银行和卓越金融科技公司。

1.2　数字银行正当时

如今,中国经济正处在从高速增长向高质量发展转型的时期,经济运行的稳定性正在进一步增强,即便是新冠肺炎疫情也没有打乱经济转型的步伐。对于中国银行业来说,数字化转型也从未停下脚步,只不过曾经数字化是全行业共同为适应新时代而做出的准备,如今则是新时代背景下的必需品。得益于 4G 和 5G 高速移动互联网的广泛应用,随着云计算和智能终端技术的迅速发展，数字银行的发展已经成为可能。如今，数字银行正当时。

1.2.1 中国银行业数字化转型驱动力

在《数字金融百人访谈》中，本书编审团队成员在与中国银行数字化转型的诸多亲历者和操盘者交流之后，将中国银行业数字化转型驱动力分为以下几种。

1. 外部因素

在中国银行的数字化转型过程中，外部因素是其中较为重要的诱因。外部因素一直如钻入沙丁鱼堆内的鲇鱼，不断刺激着银行走出舒适区，面对新形势下的挑战。

据不完全统计，2010—2015年，我国新增金融科技机构数量逐年上升，2015年新增金融科技公司数量达到654家，但随后缩减到2019年的17家（见图1-4）。

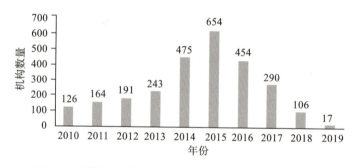

图1-4 新增金融科技机构数量（按公司注册时间统计）

从野蛮生长到监管收紧，金融科技机构的数量也是数字化转型浪潮中的一个缩影。伴随金融行业的监管日益趋严，金融产品服务的合规成本日渐增加，驱使综合型金融科技服务商不断加大金融技术输出服务，加速去资产化、去金融化转型升级。综合型金融科技服务商不断加强金融技术输出服务能力，将进一步提升金融科技行业市场的技术升级，有望推动金融科技产业市场规模进一步增长。

近年来，互联网金融企业提供了更快速的服务响应、更个性化的产品体系、更简易的申请和审批流程。因此，在互联网金融机构的外部影响下，银行业只能深化数字化转型，在新一代的产品体系和营销体系下，同时利用好自身的品牌优势、安全可靠性、合规性和体量优势，建立具有竞争力的业务模式和产品。

2. 竞争加剧

数字化转型过程中，银行所面对的不仅是来自同业的压力，有时也会与来自另一个赛道的互联网公司发生"遭遇战"。数字化时代，效率就是转型的生命线，更高的效率能让银行在各类竞争中占得先机。洞悉竞争现状和其未来的发展态势，并建立新的生态，能够使银行明辨数字化发展的趋势。

为了更好地适应金融科技的发展，加快产品研发创新，国内的银行纷纷加码数字化银行，通过参与生态和打造生态圈，来实现对目标客户的全方位渗透和服务，并构筑自己的防御壁垒。

科技能力较强和科技投入大的银行都有相对健全的组织架构（见表1-1）；而中小银行则设立信息科技管理委员会，研究制定银行的科技建设战略，并审议当年的科技投入预算。

表1-1 各大银行与科技相关的组织架构（截至2020年4月）

名称	中国工商银行	中国建设银行	中国银行	中国农业银行	招商银行	平安银行
委员会	金融科技发展委员会、网络金融推进委员会	金融科技创新委员会	—	—	金融科技委员会	—
部门	总部金融科技部、网络金融部	网络金融部	信息科技部	网络金融部	信息技术部、金融科技办公室	—
组织中心	业务研发中心、数据中心、软件开发中心	—	软件中心、信息科技运营中心	研发中心、数据中心	研发中心、测试中心、数据中心	科技开发中心、科技运营中心

续表

名称	中国工商银行	中国建设银行	中国银行	中国农业银行	招商银行	平安银行
子公司	工银科技有限公司	建信金融科技有限责任公司	中银金融科技有限公司	—	招银云创信息技术有限公司	—
研究院	金融科技研究院	—	—	—	招商银行研究院	—

资料来源：各公司公告，中信证券研究部。

不同的现实情况，使银行间的数字化竞争走了不同的道路，有的银行选择扬长避短，有的银行选择押注"弯道超车"。

3. 内部管理驱动

克里斯·斯金纳（Chris Skinner）在《互联网银行：数字金融时代》（*Digital Bank*）一书中写道：

> 数字银行区别于传统银行的关键在于，无论是否设立分行，其不再依赖于实体分行网点，而是以数字网络作为银行的核心，借助前沿技术为客户提供在线金融服务，服务趋向定制化和互动化，银行结构趋向扁平化。

目前现有的员工协作技术仅限于基本的通信工具，如电子邮件、聊天和即时通信。并且这些工具往往并未与业务流程相关的实际信息流对接，缺乏集成能力。

如图1-5所示，假设核心业务流程（占成本支出的15%～20%）因为数字化转型而得到精简，并带来8%～10%的生产力提升（例如，消除不必要的反复性工作），那么将这一效果扩展至全球银行业，则有可能创造出超过300亿美元的新价值。

为了方便内部管理，国内许多银行的决策层都必须进行思想观念的转变。这一点在本书成书前的访谈中常被受访者提及。在《数字金融百人访谈》中，广东农村信用社联合社银信中心副总裁周丹在谈到内部管理驱动时坦言：

> 对传统金融机构而言,这些实际上意味着理念上的转变,管理体系、组织形态都将发生变化。

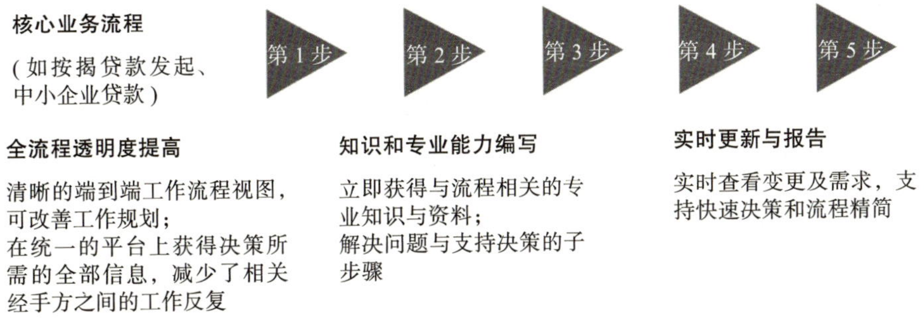

核心业务流程

(如按揭贷款发起、中小企业贷款)

全流程透明度提高
清晰的端到端工作流程视图,可改善工作规划;
在统一的平台上获得决策所需的全部信息,减少了相关经手方之间的工作反复

知识和专业能力编写
立即获得与流程相关的专业知识与资料;
解决问题与支持决策的子步骤

实时更新与报告
实时查看变更及需求,支持快速决策和流程精简

图 1-5　数字化协作激发员工生产力

资料来源:麦肯锡分析。

谈到该话题时,大连银行网络金融部原总经理王丰辉提出:

> 我之前经常说网络金融不是渠道,而是平台,我们要往生态走,可领导们常提渠道。但是以后就不会说渠道了,而会说这是主阵地。领导的这种转变是比较明显的。

4. 政策引导

2019 年 8 月 22 日,中国人民银行颁布《金融科技发展规划(2019—2021)》,明确提出 2021 年建立我国金融科技的"四梁八柱",促进商业银行加快金融科技战略的部署。

2019 年 12 月,中国人民银行总行批复支持北京在全国率先开展金融科技创新监管试点。试点之初,中国人民银行营业管理部牵头,会同相关部门成立试点领导小组,统筹推进北京金融科技创新监管试点工作。2020 年 3 月、8 月,先后两批次共计 17 个应用进入试点,并正式向用户提供服务,在全国 9 个试点省市中处于领跑地位。目前全国 9 个地区共有 60 个项目开展金融科技创新试点工作。

数字化的快速发展给数字金融的监管技术、行业标准提出了新的要求。以新冠肺炎疫情催化的银行数字化为例，各大金融机构纷纷加码"零接触"服务，通过中后台的数字化管理，解决数字金融服务的痛点，促进线上经营、渠道建设生态。

李佳琦、薇娅等 C2C 直播批量化零售成为 2019 年中国电商渠道最火的销售模式。这种线上 C2C 批量化零售模式也成了各行各业观察研究的对象。而金融业则在遵守《关于进一步规范金融营销宣传行为的通知》等监管政策下，推动金融新零售赋能个体。

在监管政策的指导下，这种 C2C 模式也丰富了银行线上经营模式探索的思路，很多银行都展开了自己线上业务的自身 IP 的打造。广发银行网络金融部总经理关铁军表示：

> 一旦可以利用线上经营工具，摆脱过去线下的资源型、关系型营销的束缚，探索线上营销服务的新手段，个人完全可以打造自身的 IP，甚至成为银行的"代理人"。这方面，保险业的经验值得研究和选择性复制。

1.2.2　什么是数字银行

麦肯锡统计结果显示，数字化银行的成本费用比率仅为传统银行的 30%～40%（见图 1-6），通过用户线上端的操作与使用习惯，能够更为精准地获取用户画像，借助金融科技开展智能化营销推荐，有效预测用户需求及防控数字金融风险。

随着技术的发展，客户期望不断提高。客户想要的是直观、无缝的体验，即在任何设备上都能随时享受服务，并实现个性化主张和即时决策。但银行用户体验联合实验室调研显示，客户对于银行性能、功能、操作体验、应用范围等满意度较低，部分用户特别是年轻用户正在减少使用银行服务。银行应根据客户体验，依托金融科技，提高服务水平。

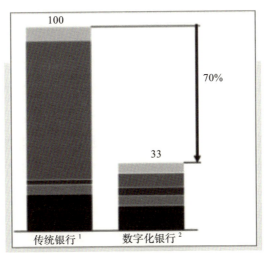

1—服务于相同规模细分市场的、估值相近的零售银行估值；2—稳态运营第 5 年的预测（非增长模式）；没有交易补贴，最小分支网络，没有分行外客户经理。

图 1-6　传统银行与数字化银行的成本比较

资料来源：麦肯锡。

数字银行构建在新一代移动互联网技术和云计算以及更灵活便宜的智能终端基础上，进行了有效的服务创新：拥有更好的用户体验，提升了用户使用的效率，如集合新一代生物识别技术方案等；通过 5G 技术进行更便捷的通信，并且提升系统效率；将数字银行终端与银行核心系统通过安全的云计算驱动的网络服务进行交互；等等。

1.2.3　商业银行数字化发展路径

传统的商业银行往往带有总资产、高成本运营的特点。一个时代有一个时代的经济主旋律。随着数字化不断推进，传统的商业银行为了留住客户、挽回存款下滑的颓势，以金融科技为动能，以数字化转型为抓手，着力推动内部战略、组织、模式等方面的变革，全面拥抱互联网。

在数字化转型的浪潮中，各种新模式、新业态层出不穷，金融与科技不断融合创新，从业务到技术，从渠道到产品，金融科技正在改变甚至颠覆传统银行的经营模式和运营理念。商业银行对互联网公司的态度，也从过去的竞争逐渐转为金融科技领域的合作。

虽然近几年，很多商业银行开启了数字化旅途，然而，仍然有不少银行在观望和徘徊之中。由于对数字化转型的认知不足，短期内无法看到数字金融带来的综合收益，这些银行不可避免地错失良机。抓住这波潮流至关重要，突破过去的传统思维，打破"大而不倒"的思想禁锢不是难事。现在来看，这种战略上和思维上的认知进步，恰恰是数字化转型的内在驱动。

1.2.4　中国银行业数字化转型现状

在科技浪潮的推动下，数字化已成为催化各行各业创新的关键所在，金融产业开始向精细化分工、专业化经营、下沉化服务转变。在此趋势下，金融科技与银行转型不谋而合，在经历了拓荒和开垦后，数字化战略成为未来银行变革的核心。

不同类型的银行通过开放银行进行数字化转型的关键是市场效率与产业竞争问题。大型银行与中小银行虽然面临着相似的外部环境，但自身能力和禀赋差异很大。在数字化转型过程中，大型银行可能更适宜通过自我赋能实现开放生态的建设，而中小银行则可能更需要借助外力的合作赋能来促进转型发展。

目前，银行布局金融科技主要有 3 种方式：自主研发、外部合作、投资并购。据普华永道《2017 年全球金融科技调查中国概要》显示，中国有 48% 的金融机构向金融科技公司购买服务，未来 3～5 年，68% 的金融机构将增加与金融科技公司的合作（见图 1-7）。

银行业务的开展和经营管理完全通过 IT 系统完成，金融创新及风控也主要通过 IT 技术手段实现。银行早期 IT 系统主要采用集中式架构，但随着互联网、大数据、人工智能等战略加速布局，银行传统的集中式架构已无法满足日益增长的 IT 能力需求。因此，改变银行传统集中式架构也是数字化转型的重中之重。目前，中国大型商业银行具有自建云平台的能力，而中小型银行需要依托大银行或者第三方云服务商来支撑云平台的运行。

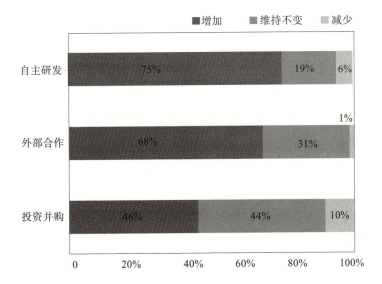

图 1-7 未来 3～5 年中国金融机构创新驱动力变化

资料来源：亿欧智库。

1.2.5　2020 年新冠肺炎疫情对银行业的影响

根据亚特兰大联邦储备银行在 2020 年 6 月的预测，2020 年第二季度仅美国的 GDP 就下降了一半以上。世界银行（World Bank）预测，在亚洲受新冠肺炎疫情影响最严重的市场增长率将放缓至 -5%，而受其影响最小的中国，2020 年经济增长也减速到仅有 1% 左右。随着全球经济的复苏，在线业务将比以前更受重视，市场也对数字银行给予强烈关注。

2003 年的非典疫情激活了网络购物，使得当时的先行者们迅速成长。新冠肺炎疫情下，人与人之间的线下接触大幅减少，线上办公、线上教育、远程医疗、大数据等业务借势而起，银行自然审时度势，做出了新形势下的反应。

民生银行网络金融部负责人伊劲松就将新冠肺炎疫情期间的数字化转型与 2003 年的非典疫情进行了比较：

> 如果说非典时期的商业银行业务还停留在线下业务线上化阶段，那么2020年大多数商业银行的业务流程，包括客户服务、产品购买、数据分析、智能推荐等，已经具备数字化能力，只是一些金融基础工作还是O2O模式，如柜台开户、理财面签、某些贷款审核、B端商户拓展等。

同时，多名《数字金融百人访谈》的受访者表示，新冠肺炎疫情让数字化服务成为行业共识，不少银行的电子银行部门、网络银行部门在此次疫情期间变成了主力，扛起了"零接触"与数字化的经营主责，同时经受考验的是银行科技团队，数字化能力高下立现。

2020年春季的新冠肺炎疫情使得依赖物理网点的客户向线上迁移，手机银行业务、网上银行业务等电子渠道业务均有较大的增长，进而加速了金融业务的互联网化进程，有金融科技优势的银行在业务层面将更富竞争力。

新冠肺炎疫情让各家银行都迅速做出反应，使用数字化的手段赋能业务，改变现有线下办公手段。在现实环境并不理想的情况下，实现效率的正向增长。

2020年2月14日，中国银保监会发布《中国银保监会办公厅关于进一步做好疫情防控金融服务的通知》，其中明确提出，提高线上金融服务效率。要求各银行积极推广线上业务，优化丰富"零接触"式服务渠道，提供安全便捷的"在家"金融服务。

在疫情刚开始时，出现过信贷需求下降的状况。春节假期延长、企业延迟复工复产，企业信贷需求偏弱，甚至出现部分小微企业、个体工商户提前还贷的情况。本应留作复工复产的资金，被企业所有者进行还贷，以降低贷款的利息成本。从信贷投放上看，2020年一季度受疫情冲击，新增规模和占比都有所下降。这种现状也迫使银行必须进行业务以及政策的调整。

疫情期间，各家银行都有相对应的服务和政策推出，众邦银行和中国民生银行的案例就十分具有借鉴意义。

身处武汉的众邦银行，在发生疫情时迅速做出了反应，并取得了不小的反响。同时，众邦银行深耕健康领域线上服务，在武汉地区为几十家医疗机构提供支付结算服务的"健康武汉 App"，其底层账户系统就是由众邦银行提供的。

中国民生银行零售的对公业务主阵地一直在网络金融平台，在 2020 年年初的疫情期间，中国民生银行零售总渠道交易替代率达到了 98%～99%，公司业务替代率达到了 95%～96%。

对于疫情之后的格局，2020 年 7 月时任亿联银行行长张其广认为，无论是从我国互联网银行实践看，还是从全球银行业数字化转型的变革看，银行的"数字化""线上化""零接触"都已是不可逆转的趋势。

TWO

第 2 章

明道：银行数字化转型中的战略问题剖析

2.1 银行数字化转型中的"3+1"类战略问题剖析

从设立第一天起,核心系统就是基于云计算架构的互联网银行,在众多投资机构眼中,比传统银行具有更高的成长性。同样都是在 2015 年左右获得牌照的微众银行与网商银行,5 年来凭借差异化竞争策略——专注于普惠小微贷款、服务长尾客户——迅速成长起来。2015—2019 年的数据显示,微众银行、网商银行盈利能力超出传统银行机构,对比传统银行,互联网银行成长与盈利兼具。微众银行和网商银行 2016—2019 年复合增长率(CAGR)分别高达 134.6% 和 46.6%(见图 2-1)。同时,科技、场景、流量优势帮助这一类新兴银行触达到更广泛的客户群,继而获得更广阔的成长空间。

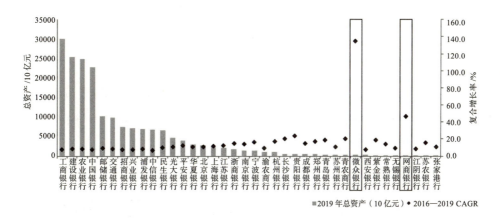

图 2-1　上市银行群体总资产及 2016—2019 年复合增长率(CAGR)

资料来源：Wind、中金公司研究部。

注：微众银行是由腾讯发起设立的中国首家互联网银行,而网商银行则是蚂蚁金服作为大股东发起设立的中国第一家核心系统基于云计算架构的商业银行。自 2015 成立到 2019 年的 5 年时间,微众银行和网商银行迅速发展成为总资产分别为 2912 亿元、1396 亿元的银行机构,以上市银行为样本,资产规模排序已经超过部分城商行;从盈利能力来看,2019 年微众银行、网商银行的 ROE 分别为 28.15%、15.81%,分别高于上市银行 16.1%、3.8%,2019 年相比 2016 年 ROE 分别提高 19.4%、8.1%,而同期上市银行 ROE 下降 2%。2021 年 6 月,《清华金融评论》对 19 家民营银行 2020 年年报数据的对比分析显示,微众银行、新网银行、网商银行 2020 年 ROE 分别为 26.69%、15.16%、10.49%,在民营银行中排名第一、第二和第四。

对于传统银行而言，在数字化转型中很难"轻装上阵"。战略既定，怎么实施？由谁负责实施？前者是战略中道路选择问题。零壹智库在《中国银行业数字金融生态平台最新实践报告（2020）》中总结，银行平台布局雷同，"照搬模式""拿来主义"盛行。自从"开放银行"概念提出后，众多银行均布局线上化、智能化生态圈。在平台功能场景中，各家的手机银行长得十分相近，并没有形成独特优势。零售银行转型仍然面临几大挑战，如图 2-2 所示。

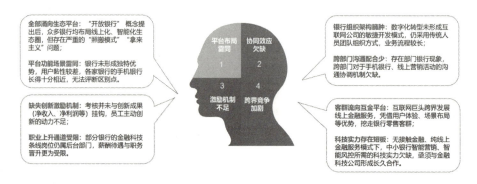

图 2-2 零售银行转型与构建"新生态"的 4 类挑战

资料来源：零壹智库《中国银行业数字金融生态平台最新实践报告（2020）》。

当然，数字化转型需要银行在软硬件和战略上进行全面改革，同时也需要花费较高数额的金融科技投入和大量的人力成本。2019 年，上市银行的平均金融科技投入占营收的 2.34% 和归母净利润的 7.04%（见表 2-1）。

表 2-1 2019 年上市银行金融科技投入

上市银行	金融科技投入/亿元	占营收比率/%	占归母净利润比率/%
中国工商银行	163.74	1.91	5.24
中国农业银行	127.90	2.04	6.03
中国银行	116.54	2.12	6.22
中国建设银行	176.33	2.50	6.61
交通银行	50.45	2.17	6.53
邮储银行	81.80	2.96	13.42
兴业银行	36.65	2.02	5.56

续表

上市银行	金融科技投入/亿元	占营收比率/%	占归母净利润比率/%
招商银行	93.61	3.47	10.08
浦发银行	41.20	2.16	6.99
中信银行	48.94	2.61	10.19
中国光大银行	34.04	2.56	9.11
平安银行	34.97	2.53	12.40
华夏银行	26.56	3.13	12.13
北京银行	18.00	2.85	8.40
江苏银行	6.89	1.53	4.71
上海银行	14.33	2.88	7.06
长沙银行	4.70	2.76	9.24
常熟银行	2.20	3.41	12.32
平均		2.34	7.04

资料来源：公司年报、中信建投。

高额的科技投入对银行的盈利能力也产生了一定的挑战，同时，持续的高额投入是否能使银行成功地进行数字化转型，进而转化出具有合格的投入产出比的金融产品，也值得银行在大规模进行数字化转型时不断思考、评估其商业合理性和可持续性。

国际银行在信息技术和人员投入上都非常大。麦肯锡调研（2018）显示，国际领先银行将税前利润的17%～20%投入金融科技，如摩根大通2018年技术投入占营业收入的10.5%。摩根大通技术人员约5万名，占总员工比率约20%；高盛技术人员占总员工比率达25%。

投资是一方面，前文提到的"战略由谁实施"这个问题更"隐形"也更重要，正如中国光大银行副行长杨兵兵在访谈中提到，转型最根本的问题是思维问题。比如，我们可以问大家一个问题，银行的一线员工是谁？网点的柜员、理财经理、大堂经理肯定是。远程银行的客户代表是不是？手机银行的运营人员是不是？数据中心的运维人员是不是？这些存在于每一位银行员工头脑中的"认知"其实正是战略实施的关键。

本书在与近 30 位银行数字化转型核心实操者的研讨中，发现如下"3+1"类战略问题是大家普遍关心且亟待解决的。

- 【战略】在数字化转型中如何塑造独特优势？
- 【组织】如何应对组织的挑战？
- 【竞争】联合还是对抗？

还有一类问题之所以单独列出来，是因为其包含以上 3 类且几乎是所有中小银行都关心的：

- 对于科技实力、资源禀赋相对匮乏的区域性银行，应该如何进行数字化转型？

2.1.1 问题 1：在数字化转型中如何塑造独特优势

很多时候，战略要看得到，也要做得到。回顾 2004 年招商银行的零售战略转型背景，也可以给现在的破局者一些参考。

当时，我国经济步入结构转型的关键时期，传统制造业式微，新兴产业开始崛起，居民财富管理需求增加，银行过去依靠对公业务规模取胜的模式难以为继，大家都看到了"大零售"的好——受经济周期波动影响较小、风险分散、收益稳定、资本消耗少等。但银行业零售业务采用的方法与传统对公业务截然不同，很难长期依赖资源、背景等因素，需要真正做到"以客户为中心"，为客户提供完美的产品和服务，以此来吸引客户并不断提高客户的忠诚度和满意度，并从中分得银行该得的回报。这才是银行业零售竞争中取得胜利的关键。

招商银行凭借"一卡通替代存折""资产管理替代以存款为中心"的前瞻性大零售战略引领了中国银行业零售金融 1.0 时代和 2.0 时代的转型，建立了零售银行竞争中的先发优势。

在确定出零售金融 3.0 时代的转型时，招商银行于 2017 年定位为金融科技银行，将金融科技视为转型下半场的核动力（见图 2-3）。

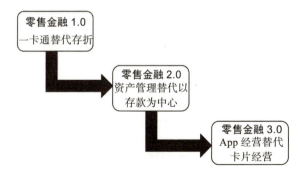

图 2-3　招商银行零售金融 3.0 时代

资料来源：整理自招商银行财报、招商银行官方网站、国信证券研究所。

如图 2-4 所示，近两年招商银行金葵花以下长尾客户数和长尾客户资产管理规模（asset under management，AUM）增速均超过了金葵花及以上客户，这意味着 App 时代零售战略的进一步深化取得了成效。

图 2-4　招商银行 2014—2019 年长尾客户增长情况

资料来源：整理自招商银行财报、国信证券经济研究所。

注：2019 年 6 月末，招商银行零售客户数 1.34 亿，其中金葵花及以上客户数为 256 万，占全行零售客户数的 1.91%。管理零售客户总资产余额 7.26 万亿元，其中管理金葵花及以上客户总资产余额 5.89 万亿元，占全行管理零售客户总资产余额的 81.12%。

"在做智能化的零售转型方面，招商银行做得早，它可能十几年前就做了,但是在这一波的转型中,应该是我们最先、最早而且最坚定地去做,这就是战略。"平安银行行长特别助理蔡新发在访谈中强调。平安银行的远见在于其早在2016年就确定了一个比较正确的战略:坚定不移地推进零售转型,致力于打造"中国最卓越、全球领先的智能化零售银行",这种战略不是权宜之计,也不是为了短期的业绩,而是一种长远的规划。

执着科技、舍得投入,是平安科技战略的"笨办法"。仅仅3年,平安银行零售AUM破2万亿元。在《2020金融科技人才流动趋势报告》中可以看到,2020年上半年,腾讯、百度、字节跳动及京东数科等为金融行业输送大量人才,流动比率分别为1.9%、1.7%、1.2%及1.0%。银行和保险成为互联网人才转行首选。2020年上半年,平安系公司吸纳互联网人才最多,旗下的中国平安、平安普惠和平安银行合计流入7.9%的互联网人才。平安银行金融科技的进步与成果离不开其对金融科技的大力投入(见图2-5)。《平安银行2017年年度报告》披露,平安银行对标互联网金融机构,打造零售专属IT团队,服务人力超过2100人,建立敏捷机制。

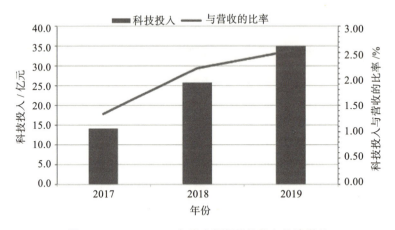

图2-5　2017—2019年平安银行科技投入快速增长

资料来源:整理自平安银行财报、天风证券研究所。

注:2019年年末,平安银行科技人员(含外包)超过7500人,同比增长超过34%;共有在职员工3.42万人,科技人员占比较高。2019年IT资本性支出及费用投入达34.97亿元,同比增长35.8%,其中用于创新性研究与应用的科技投入为10.91亿元。2019年科技投入与营收的比率达2.53%。

2019年，平安银行通过全面数字化的经营实现零售人均营收同比增长17.7%。构建"AI+客服"体系，2019年年末AI客服非人工占比达86.1%。2019年借记卡客服服务费用节省约50%，信用卡客服费用节省超30%。

独特的优势 = 对战略的坚定实施 + 时间。特别是对于科技实力、科技人才并不具备竞争优势的中小银行，如何集中"差异点"爆破是很多银行高层思考的问题。

正如廊坊银行党委书记、董事长邵丽萍在访谈中提到，中小银行有自己的特色，也有差异化。在她看来，廊坊银行要做好价值银行，最重要的还是在区域内深耕（见图2-6），与区域的政策结合好，包括支持大兴机场—临空经济区建设、支持服务北京通州副中心周边配套、支持雄安周边的业态发展，都大有可为。服务好区域内客户，分享在京津冀发展的红利。

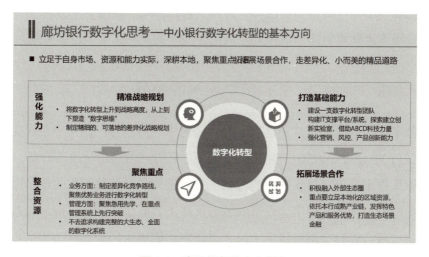

图2-6 廊坊银行数字化思考

资料来源：廊坊银行。

另一个差异化战略的案例是常熟银行。作为深耕小微金融领域10余年的代表性中小银行，2020年年初肆虐的疫情对常熟银行经营影响并不大。常熟银行的业务主要集中在对公贷款中的小微企业贷款和零售贷款中的个人经营贷款，由此构建了符合自身业务发展的特色小微信贷工厂业务模式。近年来小微信贷占比始终在 60% 以上。

常熟银行是全国农村中小金融机构中率先成立服务小微客户的专营部门——小微金融总部的银行机构。其亮眼的小微业务模式的背后离不开数字化改革的支持。在基础架构上，常熟银行启动"瘦核心、大中台、敏捷前台"新一代分布式应用平台建设。在业务流程上，常熟银行小微信贷的客户经理只需要在移动设备上完成标准化的数据收集，信息将自动上传至总行审批中心进行集中整理、分析和审批，极大减少客户业务办理等待时间，提升小微信贷业务效能 2.3 倍。在风险管控上，上线零售金融大数据风控平台，平均风控判别时间从原来的 20 多分钟下降到 15 秒左右。

诚如营口沿海银行党委书记、董事长王学江在一次线上研讨会上所讲，无论是大银行还是小银行，对中国银行业发展来说，数字化转型是唯一的捷径，尤其是小银行更容易通过加大科技投入获得经营回报。

资源不足就避免摊子铺大，把钱花在战略的差异化上，也很有效。

2.1.2 问题 2：如何应对组织的挑战

数字化转型的本质其实是从以银行端为中心向以客户端为中心转变。传统的银行 IT 建设是以银行端业务和流程为主的对内信息化改革升级，在产品上以先推出产品后寻找客户的方式进行营销推广。而数字化改革是以客户端为中心的，银行在数字化改革的战略思路上需要以互联网、AI、大数据、区块链、云计算等金融科技为手段，以向客户提供最匹配的产品类型和最佳的服务体验为目标，满足客户个性化、综合化的金融服务需求。

根据麦肯锡全球董事合伙人 Rahul Mangla 的预测，成功应用数字化技术，通过营收增加和运营降本，银行能够实现高达 40% 的利润提升。

但是所有的技术都离不开人，或者说，人所在的组织。一方面，如何提供技术应用优化原有流程和结构；另一方面，如何从文化的角度去重塑组织，使其更开放、更敏捷地应对需求。

随着越来越多的重复性工作实现了自动化，银行业领先者与落后者之间的主要差距将体现在如何赋权员工（包括一线员工和从事信息化的员工），使其更好地开展团队合作，完成复杂工作。

显然，仅仅做到这些仍远远不够。

2020年，微众银行与毕马威联合发布的一份《透镜OPTICS：定义未来银行》的报告描摹出了银行4.0的形态——未来银行能让客户随时随地、无处不在地获得服务，即进化到"处处皆服务，恰恰非银行（Banking everywhere, never at a bank）"的状态。要达到这样的状态，未来银行将展现数字化（digital）、智能化（smart）、开放化（open）的内涵（见表2-2）。其中，开放化为组织形态，使银行具备无处不在的触角，始终伴随客户和伙伴。

表2-2 未来银行的"三化"模型

	数 字 化	智 能 化	开 放 化
意义	生产资料	生产力	生产关系
价值	核心资产	运行动力	组织形态
作用	无缝感知客户，全面理解客户	洞悉客户需求，创造优质服务	触角无处不在，伴随客户和伙伴

资料来源：微众银行&毕马威《透镜OPTICS：定义未来银行》，2020年5月。

所以，金融科技战略背后其实是组织架构的变革、科技人才的培养和创新文化的培育等全方位的演进。2019年主要大型国有银行与股份制银行的金融科技人才情况如表2-3所示。平安银行的金融科技顶层设计中明确提出人才引领计划，培养复合型的金融科技人才队伍；中国工商银行（以下简称工行）打造金融科技的新布局，形成"一部、三中心、一公司、一研究院"的组织架构；中国建设银行提出的"TOP+"战略表示要加强培育支持创新文化的建设。这些都是通过对组织的调整从根本上实现数字化转型。

表2-3 2019年主要大型国有银行与股份制银行金融科技人才体系情况

银 行	金融科技人员占比/%	金融科技人员数/万人
平安银行	21.87	0.75（含外包）
工行	7.82	3.48
浦发银行	6.69	0.39（总行）

续表

银　行	金融科技人员占比 /%	金融科技人员数 / 万人
中信银行	5.93	0.32（不含子公司）
兴业银行	4.07	0.19
交通银行	4.05	0.35（境内行）
招商银行	3.84	0.33
光大银行	3.38	0.15
中国建设银行	2.94	1.02
中国银行	2.58	0.8（内地行）
中国农业银行	1.58	0.74

资料来源：《中小银行金融科技发展研究报告（2019）》。

《中小银行金融科技发展研究报告（2019）》的调查数据显示，有40%的中小银行还未设立金融科技一级部门或二级团队。相较之下，2020年的调查结果显示，有超过七成的银行设立了单独一级部门，对金融科技的重视程度可见一斑（见图2-7）。

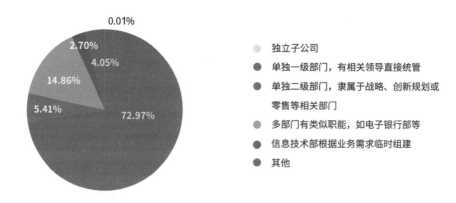

图 2-7　2020 年中小银行金融科技部门组织隶属与建制关系

资料来源：《中小银行金融科技发展研究报告（2020）》。

但是有必要指出的是，这种基于"内嵌化"的组织架构的转变，只是在原有基础上的改进，并没有达到敏捷组织变革的要求。

与银行 4.0 时代的要求和大型银行组织变革的力度相比，中小银行的组织文化转变还有一定差距。如《中国区域性银行数字化转型白皮书》根据调查数据发现，区域性中小银行在数字化转型中面临的最大挑战是部门间沟通困难、权责不清，约 32% 的受访银行将领导力与组织架构转型作为数字化转型的头等大事。这也意味着，部门沟通及权责是否清晰在很大程度上决定了中小银行数字化转型能否顺利推进，同时也成为当下中小银行在组织结构变革中需要不断加强完善的关键内容。

2.1.3　问题 3：竞争还是合作

过去，银行的对手是银行，但现在还有大型科技企业（BigTech）。

传统银行业的运作模式是基于对信息和资金不对称性的掌握，而互联网金融的兴起逐渐打破了信息和资金的不对称性，传统银行客户拥有了更便捷高效、更具性价比、更贴近日常生活的金融服务选择，从而加剧了金融服务由传统银行向新型金融科技公司的迁移。

技术升级推动科技创新，也构造出多层次生态圈。从市场需求与业务痛点出发，金融科技在不断探索中创新变革，正逐步将价值链全方位嵌入客户多元化的场景中，满足端对端的金融需求，推动金融与科技生态的融合共进（见图 2-8）。

在场景融合的趋势下边界逐渐模糊，大大加剧了银行的竞争格局。

以蚂蚁集团为例，微贷业务是集团业绩最突出的板块，截至 2020 年年中期末，公司促成信贷余额 21 536 亿元，其中消费贷 17 320 亿元、小微经营贷 4216 亿元。根据奥纬咨询的中国消费信贷市场规模数据，2020 年年中期末，蚂蚁集团促成消费贷市场占有率为 13.32%。无论是在规模上还是利润上，蚂蚁集团直接或间接参与的金融业务并不比银行逊色，甚至有些已经大大超过了银行（见图 2-9）。

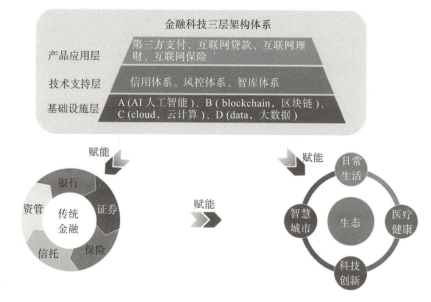

图 2-8　金融、科技、生态相互赋能

资料来源：华泰证券研究所。

注：当前金融科技已形成涵盖产品应用层、技术支持层和基础设施层的三层架构体系，金融服务能力不断提升；同时也通过体系搭建持续赋能生态圈布局，促进行业整体科技水平提升。

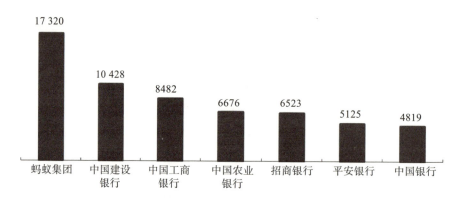

图 2-9　蚂蚁集团消费贷业务 VS 上市银行同类业务（亿元）

资料来源：华金证券研究所。

要不要跟 BigTech 合作？这个问题对很多银行来说甚至是苦涩的——银行本身在除金融场景以外的其他场景存在天然的劣势，目前大多场景入口和流量已被互联网公司和运营商占据，在银行尤其是中小型银行较难争夺入口流量或获客成本太高的情况下，和已经成熟的互联网公司合作似乎成为"没场景又要上规模"的必选项。

根据蚂蚁集团的信息披露，其微贷业务主要通过与金融机构合作的方式实现（见图 2-10）。蚂蚁集团提供技术支持，由金融机构实际放款，截至 2020 年年中期末，已与约 100 家银行开展合作。2020 年年末，蚂蚁集团旗下子公司小贷公司表内贷款余额占比仅 1.68%，361.80 亿元，多数贷款已通过 ABS 证券化实现风险转移。

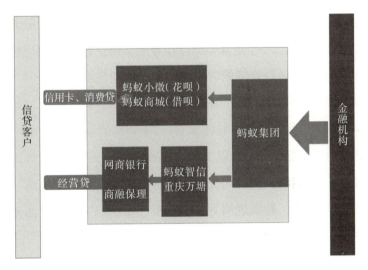

图 2-10　微贷业务中银行如何与蚂蚁集团合作

资料来源：华金证券研究所。

联合还是对抗？前提是将入口优势与银行的金融优势和支付预结算方面的技术优势结合，建立合作共赢的新局面，而不是银行单纯地通过外部企业获得流量客户。其原因一是直接引入流量客户成本较高，二是直接引入的客户相较于培养的客户更易流失，三是易受外部企业控制或终止合作。当然，合作中的"不被动"取决于自己的"本事有多大"。比如，易诚互动董事长、网金联盟秘书长曾硕在访谈中"开出的方子"是：未来的商业银行不再是单纯的引流和吸粉，而是通过开放链接打造闭环的金融生态圈。

2.1.4 问题 +1：中小银行如何应对数字化转型

2018 年年末，中央经济工作会议指出，要推动城商行、农商行、农信社业务逐步回归本源。2019 年年初，银保监会发布《银保监会办公厅关于推进农村商业银行坚守定位 强化治理 提升金融服务能力的意见》，指出"农村商业银行应准确把握自身在银行体系中的差异化定位，确立与所在地域经济总量和产业特点相适应的发展方向、战略定位和经营重点，严格审慎开展综合化和跨区域经营，原则上机构不出县（区）、业务不跨县（区）。应专注服务本地，下沉服务重心，当年新增可贷资金应主要用于当地"。

相比大型银行，区域性银行、中小银行的数量十分庞大，但业务规模、资金实力、科技水平、人才储备等均存在差距。因此，其数字化转型需求更加迫切，也更加需要量身定制的、思路清晰的转型规划。

据互联网数据中心（IDC）调研，50 家区域性银行样本中，超九成的样本已经启动数字化转型工作，具体来看，约 66% 的受访者表示所在银行的数字化转型工作已经启动一年以上且有明确进展，约 32% 的受访者表示转型工作已在一年内启动。由此可见，不管区域性银行如何定义数字化转型、从何处着手转型工作、转型进展到什么程度，至少数字化转型的必要性已经成为行业共识（见图 2-11）。

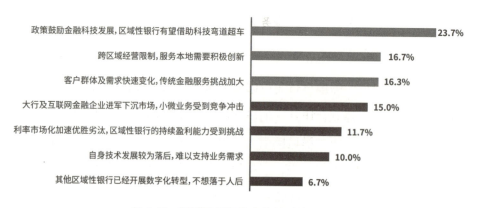

图 2-11　区域性银行数字化转型的驱动力

资料来源：IDC 调研，2020 年。

中国银行业协会与普华永道联合发布的《中国银行家调查报告（2019）》显示，"科技创新与技术进步"连续3年成为银行家最关注的社会发展趋势。面对快速创新迭代的技术发展，很多中小银行感受到了明显的应对压力（见图2-12）。

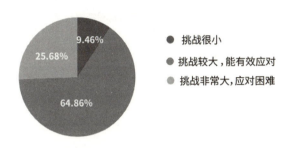

图2-12　金融科技快速发展带来的技术和创新压力

资料来源：《中小银行金融科技发展研究报告（2020）》。

注：超过90%的受访银行表示挑战很大，其中超过25%的银行表示"挑战非常大，应对困难"。这实际上反映出很多中小银行在科技转型中还在被动适应，对于科技的引领作用，虽然从战略和认识上有很大的转变，但是科技应用的实力还未跟上。

根据《中小银行金融科技发展研究报告（2020）》对中小银行的调查，有如下3类数字化转型中的问题被频繁提及——人才难、组织难、数据难（见表2-4和图2-13）。

加上监管部门对城商行的定位为服务本地，对农商行的定位为支持三农，这就决定了区域性银行经营区域受限的先天基因。

表2-4　区域性银行数字化转型面临的3类问题

序号	问题	描述
1	人才难	中小银行面对的一个共性难题是"引才贵、育才慢、留才难"。我国金融科技人才总量紧缺与结构失衡并存，领军型专家、复合型人才和创新型团队更是明显不足
2	组织难	大量的中小银行面临的另一项挑战在于，受制于经营惯性的路径依赖，银行的战略文化、组织体系滞后于技术的发展，进而在不同程度上约束了向敏捷型组织的转变
3	数据难	在数字化转型的过程中，金融科技对中小企业发展的效能如何，在很大程度上取决于对庞杂多元的数据的治理能力

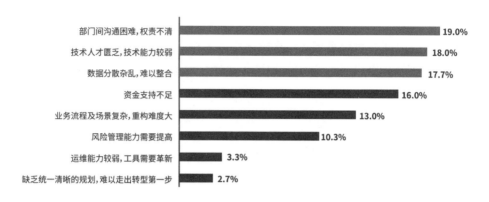

图 2-13 区域性银行数字化转型面临的挑战

资料来源:《中小银行金融科技发展研究报告(2020)》、IDC 报告。

对于这样的困境,不同的中小银行有不同的解法。如中原银行行长王炯在访谈中介绍,2018 年,中原银行就全面启动了数字化转型战略实践(见表 2-5 和图 2-14),明确了"三步走"的战略实施路径。

表 2-5 中原银行个人网络金融服务情况

电子银行业务	个 人 网 银	个人手机银行	微 信 银 行
账户管理	√	√	√
转账汇款	√	√	
投资理财	√	√	√
定活互转	√		
个人贷款	√	√	√
生活缴费	√	√	√
便捷收款		√	
二维码收付款		√	
生活场景		√	√
积分商城		√	√

为保证资产安全性,中原银行开启了数字化转型之路,努力打造科技银行,利用大数据科技,在描述用户画像、提供个性化服务、强化风险管理这 3 个方面实现突破。

通过与其他金融机构搭建科技交流平台和金融研究平台等,中原银行在金融创新方面获得了更大的发展空间(见表 2-6)。

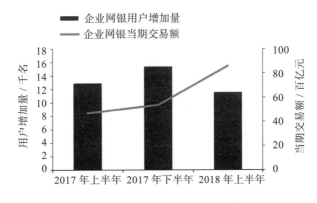

图 2-14 中原银行企业网银用户情况

资料来源：公开信息、国海证券研究所。

而农村信用社、农商行唯有放下"面子"，巧借外力，才能发展。这里的"外力"包括银行间的同台共舞及寻求合作机构的合作。

表 2-6 中原银行与地方金融机构的合作情况（不完全统计）

时间	金融机构名称	战略合作主要内容
2015 年 6 月 24 日	河南省中小企业担保集团股份有限公司	承诺担保业务合作达到 280 亿元
2015 年 10 月 26 日	中信银行	金融业务协同支持
2017 年 10 月 24 日	蚂蚁金服、中原农业保险股份有限公司	农村金融业务合作
2018 年 4 月 3 日	国家开发银行河南省分行	加强银团贷款、金融业务方面的合作
2018 年 8 月 30 日	焦作市智慧金融有限公司	涉及降低交易成本，识别客户风险等方面的金融合作
2018 年 9 月 26 日	中原资产管理有限公司	金融创新合作

资料来源：各金融机构官网、国海证券研究所。

对于"人才难""组织难"等问题，目前一些头部的区域性银行已经有意识地开始转变技术部门的组织架构及晋升制度，设置技术晋升序列，打造灵活的创新小组，希望借此激发技术人才的积极性与忠诚度。对于组织架构，如西安银行、紫金农商行等通过设立领导工作小组、信息科技管理委员会等机构，在顶层设计上加强统筹，带动组织架构转型和机构人才优化，保障数字化战略顺畅执行。

2.2 专家谈

2.2.1 肖钢：产业互联网发展与展望

产业互联网的发展历经数个世代，从简单的信息交互到如今的蓬勃发展。如今的互联网足以承载更多的作用，尤其是对于金融科技。互联网技术的每次更新都伴随着金融科技的升级。因此，了解产业互联网在中国未来的发展，在金融科技的研究中也格外重要。在金融数字化已经成为全行业乃至全社会共识的今天，全国政协委员、原证监会主席肖钢从监管层面深度剖析了产业互联网。

1. 重视产业互联网金融发展

作为曾经的监管者，肖钢对于产业互联网有着自己的见解。在他看来，产业互联网金融的价值不仅仅在于它可以创造的利益各方面，更包含着非标业务数据化、银行数字化转型和产业互联网发展的潜力，这对银行数字化转型有着深远的指导意义。

肖钢认为，一些发达国家在产业数字化领域应用比我国要快，而中国在零售和消费领域更具优势。产业互联网的发展为银行对公业务数字化

受访者：肖钢
（全国政协委员、原证监会主席）

采访者：许小青

转型提供了契机。银行数字化转型和产业互联网发展的有效融合，为创造新业态拓宽了发展空间。

众所周知，过去20年的互联网解决了信息的交互问题，连接了平台与个人消费。发展到"互联网+"的意义在于连接服务，从企业到平台再到用户，使商品与服务快速到达消费者，而方兴未艾的产业互联网是连接不同行业的企业以及企业内部不同的工厂，将用户需求高效地转化为产品或者服务提供给用户。

以数字供应链为例，制造业企业进行数字化转型之后的结果是每一个企业的不同子公司、不同工厂，包括订单、设备、物流、仓单、发票等都可以数字化。但长期以来许多公司的业务是非标准化的，并不能完美复制制造业企业数字化转型标准业务的流程，因此，非标业务的数据化就成了产业互联网金融的难题。

银行对公业务很难做到标准化，所以只能做非标业务。对此，肖钢认为，未来通过产业互联网和银行数字化转型深度融合，不仅有利于解决贷款信息不对称和风控的问题，还可以改进对公的支付结算、账户管理和资金归集，提供多元化的综合金融服务方案。

而这种改变对于银行的运营模式，尤其是银行的对公业务，是一次深刻变革与转型。银行数字化转型与产业互联网经济的连接，极有可能有所作为。究其原因，肖钢解释，产业互联网金融不仅仅是支持小微企业、支持供应链金融，更能围绕产业发展，帮助企业改进人、财、物管理，提高生产经营效率，实现产业与金融共赢。

同时，肖钢也指出了转型中的矛盾问题。目前，不少企业存在"数字化应用不理想"的问题，在数字化转型方面需要投资，但他们面临资金和人员上的困难。有些数字化成本或许能在未来降下来，但现阶段对于部分企业来说仍是难题。因此，需要产业互联网重视平台的作用，对其上下游要有深刻的理解，将产业贯穿起来，才能逐步发挥效益。

2. 建设数字信用的基础设施

在提及信用体系和诚信社会建设时，肖钢表示，诚信社会建设仍然有很长的路要走，未来企业的交易凭证、仓单、税务发票全部数字化以后，多维度的校验体系、不可更改性、可追溯性等特征，也可以极大地促进数字信用体系的构建，这对未来产业互联网金融的发展有积极的促进作用。

以函证业务的数字信用应用举例。

函证业务主要通过第三方核实有关信息，如对银行每笔 2000 万以上的贷款，是需要会计师事务所一笔一笔去核对的，要给借款企业发函，企业拿钱去干吗了？现在经营状况如何？对企业的进货方或销货方也要发一个函。整个流程解决的是信息真实性问题。如果用数字化来解决，且不得更改，那信用就有了。

再比如，每个单位都有公章，很多事都需要盖章。将来印章全部数字化是没问题的。我们的商业汇票为什么不发达？因为商业信用不好，只能靠银行承兑，这样才值钱、才能流转。过去假票很多，企业的信用不好，将来如果企业签发的商业发票、汇票全部都数字化，就有利于防范作假问题。

再比如，仓储、物流中的单据、增值税发票等数字化之后，就可以奠定一个数字信用的基础——利用数字技术来增进社会诚信。是的，将来还会存在作假问题，但有多方面、多维度的校验体系，还有可追溯、不可篡改的技术，即使作假也很容易查出来。

因此，肖钢认为数字信用体系的基础设施建设健全之后，企业和银行都可以受益。该体系健全后，银行的信用放款就会增加，中小企业、小微企业的每笔贷款金额才能扩大，整个生产经营会随之发展。

3. 发展场外股权交易市场

谈及未来金融科技赋能领域时，肖钢认为，金融科技可以帮助建立场外股权交易体系。

因为我国企业数量庞大，到交易所和新三板上市的只是极少数，大多数企业股权透明度不高，很难流通。但如果股份数字化以后，就可能明显增强其透明度，使其具有一定的标准性、分割性，就可以增加其流动性，这就为探索长期困扰场外股权交易的解决方案开辟了新的思路。

这个市场规模极大，未上市、未挂牌的企业股份，因为都是非标的，流动性很差，如果实现股权数字化，对于消除各地投融资者信息不对称、促进股权流动将会起重要作用。同时，数字化股权可以流动、转让，也可以质押贷款，极大地促进了创新创业。

2.2.2 李礼辉：受迫式应变加速金融数字化转型

1. 金融数字化转型会成为长远变革趋势

2020年面对新冠肺炎疫情的冲击，银行业开启了受迫式的数字化转型，这种变化揭示了继往开来、长远变革的趋势。李礼辉说，关于这个结论有3点依托。

受访者：李礼辉
（中国银行原行长）
采访者：许小青

（1）基于对等网络的直线链接机制。过去大家总说"世界是平的"，现在新的数字化对等网络的基础设施建立起来之后，平面的世界可以被折叠，长距离可以变成短距离甚至零距离，生硬的文本往来可以升级为柔软的云端交互。李礼辉举了一个例子："前些天北京气象局预报有暴雨，建议大家在家办公。其实这是一个很大的机制上的变化，基于对等网络的链接机制联立，暴雨可能会影响直接的生产，但不影响办公、开会、讨论问题。"

（2）基于可信数据的数字信任机制。李礼辉说，他把信用机制分为两类，一类是大家讨论比较多的基于大数据技术的数字信用，另一类是基于区块链技术的数字信用。在万物互联的世界中，数字信任机制将解决你是谁、所有权属于谁、指挥权归于谁的问题。试想一下无人汽车的驾驶，无人汽车的所有权属于买车人，但是买车人开车时，指挥权到底在不在他的手上？李礼辉认为，在这些方面，我们其实刚刚开始起步。

（3）基于技术能力的市场竞争机制。过去，企业一般通过规模化经营来提升获客能力和成本控制能力，比如我们希望把银行做大，工行要成为中国第一、全球第一、宇宙第一，我们的两个能力——获客能力和成本控制能力，是通过规模化来获取的。现在不一定了，通过技术创新同样也能获得。所以，成功的技术创新也能创造竞争优势。

有很多新的银行，如新网银行、微众银行，都在走这条道路。他觉得这种基于技术能力的市场竞争机制建立以后，可能会跨越规模。

2. 金融数字化转型面临的挑战

金融数字化转型面临很多非常现实的挑战，李礼辉总结为以下4点（见图 2-15）。

图 2-15　金融数字化转型面临的 4 点挑战

（1）区块链技术瓶颈有待突破。李礼辉指出，区块链技术瓶颈分为两个方面：第一，目前区块链的数据库、P2P 对等网络、密码学算法等基础组件技术相对成熟，但必须进一步达到集成应用的新要求。第二，区块链本身的共识机制、智能合约等新技术有待完善。尽管区块链话题现在炒得非常热，但李礼辉仍然认为区块链到现在还没有真正突破规模化可靠应用的瓶颈。各个国家都没有实现区块链技术的大规模应用。

（2）核心数字技术短板有待补强。李礼辉说，在区块链的共识机制、智能合约等底层技术上，我国目前缺乏自主产权，区块链应用项目大多采用开源区块链底层平台，进行适应性调整开发。而且，迄今为止，大多数操作系统是依赖国外的，如我国银行用的 Windows 系统、很多开源程序，势必导致技术依赖风险。李礼辉认为，数字技术平等是数字经济平等竞争的基石，如果我们在技术上比国外弱，不能够掌握核心技术，就无法在数字经济上进行平等的竞争。

（3）全球货币金融体系有待再平衡。40 年来，我们在金融改革开放、基础设施建设方面，取得的成就是举世瞩目的。但是我们到现在仍然应该保持足够的清醒和警惕，为什么？因为美国仍然把握全球金融体系的主导权，美元仍然占据全球货币霸权的地位。美元在国际货币支付中的比重超过 40%，欧元占比超过 30%，人民币占比还不到 2%。并且，美国高度重视在数字经济时代继续保持美元的全球货币霸权地位。如今对 Libra 的讨论很多。如果 Libra 获得美国等批准，则可能成为可以覆盖全球的金融基础设施和超主权数字货币。

（4）数据孤岛有待穿越。李礼辉说，我国长期实行的以表格为中心的统计体系导致制度性的数据孤岛。例如，工商行政管理局的数据、海关的数据、人民银行的数据都没有打通，甚至人民银行的数据和银保监会的数据也不一定是一致的。这几年，大数据技术的应用推动了数字信任机制的建设和普惠金融的发展，也产生了个人信息滥用和技术性数据孤岛的问题。如百度所拥有的数据里，李礼辉认为有相当一部分应该属于公共数据，还有一些属于个人的信息数据,对这些数据应该怎么界定?目前还没有很好地解决。

3. 金融数字化的前进方向

在数字技术的关键领域掌握自主可控知识产权,在数字经济的关键领域建立全球性竞争优势。

未来应该怎么办?李礼辉从他的角度提出4点建议(见图2-16)。

图 2-16 对金融数字化前进方向的 4 点建议

(1)以人为本。首先,占领数字技术的高地,关键在于人才,在于高端人才领军的创新型科研机构、核心企业。他目睹到过去对于科技投资不少,但是很多投资愿意投给设备或者物,而不是人。

(2)培育数字金融核心竞争力。李礼辉说,这几年的实践已经证明,我国的民营企业在数字技术方面有很大的进步,也有很强的竞争力。但坦诚地说,可能还没有一个国有企业能够超过华为。他认为应该鼓励民营企业在这方面做得更好,应该给民营企业更多的机会。例如,一个大银行跟一个小银行同时看到了一个市场机会,大银行从立项到研发可能需要几个月时间,小银行的产品和服务很快出来了,大银行还在走流程。所以这些问题如果不解决的话,很难让国有企业做得更好。

(3)穿透数据孤岛。在数字经济时代,数据是资源,数据是财富,数据是竞争力。数据的可靠性、一致性和延展性决定数据的价值。所以我们要做两件事。第一件事,穿透行政性数据孤岛,实现公共数据的共享。比如,打通海关的数据、工商行政管理的数据、人民银行的数据、银保监会的数据,还有公安部门的数据，等等，把它们结合起来，成为社会统一的共享数据系统。第二件事，穿透局域性的数据孤岛，建设专业化的数据库。比如，在医疗方面，我们应该建立一个专业化的数据库来共享这种数据资源，进行深入的数据挖掘，发挥它的价值。

（4）新基建求之更优。新基建，特别是在很大程度上利用了数字化技术的新基建项目，拉动经济增长所需的周期更长一些。我们应该求之更优，求之更好；不宜求之过急，求之过快。

4. 融合、固本、穿透，应对潜在风险挑战

李礼辉说，不论是讨论发展、挑战还是讨论风险，核心都是数字金融监管创新接下来走什么样的路的问题。在这一点上各国有不同的做法。

日本侧重金融市场的开放。2017年9月4日，中国采取措施禁止ICO（initial coin offering）交易，但日本在同年9月29日却宣布批准11家虚拟货币的交易所注册、开业，在12月又批准了4家。日本政府在互联网金融领域落后了一步，因此非常希望能借助区块链的技术重新夺回在金融领域的优势。

美国侧重数字金融市场的规范。2016年之前，美国监管主要的关注点是防止虚拟金融等新的技术被用于非法领域。到2017年就开始着重于制度化层面的建设，如美国政府允许企业ICO但是必须经过注册和批准，未经批准、审批的ICO属于非法的证券发行。更重要的是，在2017年7月，美国监管部门联合立法委员会提出了一个《虚拟货币业务统一监管法》，此法律草案对虚拟货币的长处和短处做了很透彻的分析，对未来监管所需要采取的措施、未来市场发展所需要采取的政策做了全面的规定。李礼辉认为这样的举措是值得我们借鉴和学习的。

中国更加侧重数字金融风险的防范。中国制定政策根本的出发点在于防止出现一些金融方面区域性的系统性风险，李礼辉认为这是一个大国应有的担当。风险管理是底线，但要进行更细致化、系统化的管理，还要做很多事情。

如何应对潜在的风险挑战？李礼辉提供了一些思路，概括为3个关键词——融合、固本、穿透。

（1）融合。融合分两种，一种是资源融合，一种是新技术融合。资源融合是指推进技术、资本、数据、市场等资源的整合，以效益为中心重构商业合作模式，提高金融科技的效率和效应。

科技企业和金融机构按照优势互补、利益分享的原则，建立长期合作商业模式。科技企业负责金融产品及服务平台的创新研发和维护升级，金融机构负责销售和管理，双方按照约定规则分享创新产品和服务形成的新增利润。

李礼辉观察到一个现象，当市场上产生某种需求和机会的时候，中小企业和科技机构马上就投入研发，由于他们决策的链条很短，6~9个月产品就出来了，系统就做成了。同样的时间，大型金融机构在做什么呢？可能还在过流程、等审批、招标投标，等所有工作都完成的时候，中小型科技企业已经做出来了，大型金融机构仍然落后一步，所以采取科技企业与金融机构长期合作的商业模式，可能是一个很好的选择。

新技术融合是指推进大数据、人工智能、云计算、区块链等新技术的集成，以效率为中心重构金融服务流程，打造零距离、多维度、一体化的金融服务。如人工智能技术与大数据技术可以融合，建立智能风险管理、智能投资顾问、智能客户顾问、智能投资研究等业务形态；人工智能技术和区块链融合，可以实现可预设、可认证、可检测的点对点的交易，可以引入法律的规则和监督管控的节点，也可以就把几方之间的商业约定写到智能合约里，实现智能交换、监管的同步处理，确保价值交换符合契约的原则，这样在保证交易品质的同时又可以提高监管的效率。此外，身份的认证可以跟区块链的物权技术融合，开发智能支付、智能交易、智能资产托管等系统来提高金融交易的效率。

（2）固本。金融科技在颠覆传统的金融业态，但是并没有改变金融的本质。金融的本质是什么？李礼辉将其归纳为三句话：第一句话是价值融通，优化社会的经济资源配置；第二句话是信任创造，维护市场经济的根基；第三句话是用别人的钱做自己的生意。

维护金融市场稳健发展既需要内部的控制，也需要外部的监管。

金融科技在推动科技创新和进步的同时，也必然会伴生风险和隐患。金融科技发展必须规范有序，防止发生系统性金融风险，坚持保护投资者、存款人的根本利益，是成熟国家金融监管的底线，也是国际社会的共识。李礼辉认为，可持续的金融科技的发展之道应该是勇于创新但固守金融的本源，敢于变革但不触碰金融安全的底线，善于构建捷径但不能走旁门左道。

（3）穿透。李礼辉分析，现在的趋势是折叠的金融业态正在成长，对这种折叠的金融业态应该实施穿透式的监管。

一是金融监管应该穿透线上线下、地上地下，穿透不同产品、不同渠道、不同机构，能够区分法人、区分产品、区分渠道、区分市场，形成一体化、多维度审慎监管体系。"从这个意义上说，实际上对科技创新提出了更高的要求，现在的金融监管在制度上还是分裂的，在技术上也是分割的。如果说像同盾科技或者其他一些机构，能够为金融监管机构打造一种能够穿透市场的产品、系统的话，对金融监管机构会有巨大的价值。"李礼辉说。

二是在数字金融领域，应该立足于防范系统性金融风险，加快法定数字货币研发，研究制定法定数字货币发行制度和数字金融监管制度，引导数字金融健康发展。

三要穿透国际，对于网络虚拟系统应该加强国际监管协调，努力与主要国家达成监管共识，想要做到这一点非常困难。横向比较中国跟日本，日本采取开放的金融政策，而中国对管控金融风险更加重视。那么两国之间达成金融监管共识的可能性有多大？李礼辉觉得这是很有必要的。他认为，国际上要努力建立国际监管的统一标准，统一国际监管一致行动，联合研发可行的技术方案，有效管控资金在"链上和地下"跨国违法流动。

穿透式监管会在很大程度上弥补金融监管的空白和缝隙，所以违规套利将会越来越难以实现。对于金融机构来说，产品的设计不应该基于违规套利的出发点，而应该是基于穿透式监管体系下和穿透式监管法规制度下的产品创新。金融产品和服务创新既要更加注重穿透市场，形成差异化的竞争力，又要主动适应监管的大原则，形成合规的竞争力。

2.2.3 陈静：四大策略助推银行数字化转型

全世界数字金融的发展和数字科技应用的普及与创新，促使各大金融机构纷纷加码"零接触"服务，通过中后台的数字化管理，解决数字金融服务的痛点，促进线上经营、渠道建设生态。中国互联网协会数字金融工作委员会专家委主任、中国人民银行科技司原司长陈静认为，监管层应走在数字金融发展的前列，与金融机构、行业协会、智库、第三方科技公司等密切协作，搭建数字金融监管与行业发展互动的桥梁。

陈静在访谈中表达了对数字金融的坚决支持，而他所期望的是金融监管与数字金融行业的发展实现共生。

数字金融的"土壤"培育和"浇灌"同等重要。一方面是通过数字金融的探索和实践丰富数字金融的案例，为金融行业提供更多的参考，在技术迭代中实现超越，让大型金融机构、第三方科技公司"浇灌"更多的中小金融机构、服务平台；另一方面是金融监管生态与时俱进，透过制度和标准设计促进数字金融行业的健康有序发展，培育良好的生存"土壤"。

受访者：陈静
（中国互联网协会数字金融工作委员会专家委主任，中国人民银行科技司原司长）
采访者：许小青

1. 监管政策助推"零接触"服务升级

数字金融的进程正在走向加速度时代，技术演进和行业生态的进化为传统金融的转型提供了强大驱动。数字金融服务的基础是安全，越是方便的东西越不容易安全——需要通过录像、录音、签名签字、面签等措施规避风险。疫情推动了数字金融、移动金融的发展以及相关信息安全保障工作的加强。

2020年新冠肺炎疫情期间，"零接触"服务得到了监管政策的强有力支持，从另一方面也说明了监管层对于数字金融的认可，并且正在从监管协调层面为数字金融提供良好的政策环境。面对疫情，人民银行、银保监会等反应迅速，充分发挥数字金融"零接触"服务的优势，提出了一系列的指导意见和办法。银保监会发布的《关于加强银行业保险业金融服务配合做好新型冠状病毒感染的肺炎疫情防控工作的通知》鼓励积极运用技术手段，加强线上业务服务，提升服务便捷性和可得性。

针对数字金融给监管带来的挑战，陈静回忆道："人民银行曾组织会议就二维码的安全问题进行讨论，态度很明确，任何新生事物都不可能是完善的，我们要坚定支持发展，而且要不断地完善它。目前的人脸识别确实有不安全的因素，但经过完善后在适当的应用场景，一定会有很好的应用。"

2. "零接触"服务引领数字金融进入实战阶段

当下，不管是大型银行还是中小银行，没有线上业务就无法生存。在大环境之下的竞争也促进了中小银行的进步，倒逼其具有一定的线上服务能力。虽然中小银行和大型银行还存在一定差距，但生存压力的切肤之痛会加速其在线上服务方面的布局和能力的提升。疫情过后，人们的生活习惯和社会常态的变化必然会对金融服务提出新的要求，银行等金融机构必须与之相适应。

疫情是一次"零接触"服务的检验。疫情下，银行机构纷纷发挥自身科技优势，优化线上渠道，加强线上服务和应用，为企业和个人提供便捷的线上化服务——在数字化转型过程中对"零接触"服务的发展已有很好的基础。数字金融的发展不可能"一蹴而就"，需要监管部门、金融机构和行业的共同努力。现阶段,数字金融的发展既有创新,也有不小的"痛点"和"难点"。陈静阐释,数字金融的发展创新面临 3 重挑战:一是加强顶层设计,做好统筹规划;二是进一步转变观念,增强创新发展意识;三是切实把握市场需求,突出发展重点,求真务实。

"随着数字金融的发展,银行要整体提高风险防控能力,攻防兼备。"陈静特别提到,数字金融的风险问题不容忽视。现阶段,信息技术、移动互联网技术等发展突飞猛进,包括云计算、大数据、人工智能、物联网、区块链等,银行金融机构需密切结合业务的创新与发展的重点来加强应用。

3. 四大策略发力,走稳数字化转型之路

陈静认为,金融机构的线上化服务类型和渠道更加广泛,更加普惠化,更加方便和安全。如果用一句话阐述金融数字化转型的核心,那就是"变革、务实、合规"。具体讲,需要从以下 4 个方面聚焦发力。

(1)深耕数字金融服务的客户端服务。数字金融的发展有非常雄厚的客户基础,但至今仍以年轻客户群为主,有关资料介绍,25~40 岁的客户占 80% 以上。这次新冠肺炎疫情中,因为封闭隔离,不方便去银行网点办理业务,有相当比例的中老年客户不会、不敢使用移动(手机)银行、移动支付等服务,甚至包括一些上了年纪的高级知识分子、领导干部。这真应该引起高度重视。在我国庞大的中老年客户群当中,数字金融服务还有很大的深耕空间。

陈静认为,当下,应进一步做好现有的、先进的数字金融服务产品应用的推广,深耕客户端。这比一味追求更全、更新、更快的产品更为现实和重要。他呼吁银行金融机构的创新与发展应包括:使数字金融服务产品的客户界面更加友好、简洁、易操作,更安全;积极发展针对中老年群体的个性化服务产品。

同时,陈静强调,要切实加强相关的宣传、培训工作。要做好"零接触"金融服务,必须先做好"有接触"的客户介绍、培训等工作。通过电视台、网络、银行培训班等多种渠道和形式,运用好微信、抖音等社交平台和新媒

体形式，对数字金融服务的安全性和便捷性进行更充分的宣传，让更多人能真正领会和享受到数字金融服务的好处。如今，数字金融服务已经渗透到人们生活的各个层面。客户群的进一步扩大，可使更多的客户分享我国先进的数字金融服务，同时，可有效降低对营业网点服务的需求、降低运营成本。

"金融机构之间的竞争归根结底是服务质量和成本的竞争。线上金融服务成本低，更方便，是金融机构间竞争的重要方向。竞争力主要体现在有更好的人机界面，使用更简便、快捷，容错性好，同时更安全可信。"陈静说。最近十几年，我国数字金融服务发展十分迅速，已是世界先进水平。陈静认为，当前正是推动数字金融发展的重要机遇期，各大银行应立足于自身的特色服务，进一步找到数字金融的发展方向，在差异化的竞争中谋求金融服务质量、客户认同感、效益的提升。

（2）加强金融信息化基础设施转型建设。陈静表示，随着 IT 技术的发展，金融信息化已经被提升至金融机构发展的战略层面。信息化程度的高低决定着金融机构在市场中的核心竞争力。他同时指出，金融机构在过去的信息化建设中主要依靠"主机"架构，成本较高且不灵活，呼吁要进一步重视信息化基础设施的转型建设。

"应提高金融机构信息化基础设施的适应性、安全性和经济合理性。IT 架构要有足够的弹性、可扩充性和安全稳定性。在逐步向云计算和分布式架构方面转移的基础上，为大数据、人工智能应用提供可用的、低成本的算力支持。"陈静强调。

行业竞争带来的切肤之痛倒逼小银行加速布局线上化，打造线上服务的产品，提升相关能力。中小银行的数字金融更偏向于差异化策略，通过精准的客户群定位、多元化的金融场景服务来获客、黏客。

"当下，不管是大型银行还是中小银行，没有线上业务就无法生存。线上服务或移动支付做不好，就没有生存的能力。疫情期间则是对这种线上服务能力的检验。"陈静说。然而，线上化的经营业务存在很多"痛点"，科技投入较大，应用成本过高，以及数字银行的网络安全难度大，因此，突出重点、抓住主要应用、搞好应用成果试点、搞好标准体系建设、建设与管理好 IT 基础设施、高度重视网络安全保障等十分紧要。

对于城商行的信息化建设，陈静建议应聚焦主要业务而非面面俱到，通过夯实银行卡、网上银行、移动银行和小额信贷等业务，带动和加快数字金融和信息化建设。另外，在布局云计算、大数据、人工智能的应用中要多寻求外部合作，充分利用市场机制，与金融科技公司等寻求广泛合作，逐步建立良性的互相依存的关系，而非单打独斗。

（3）强化数字金融风控保障，全面提升风控管理水平。如何采取更加有效、方便、经济合理的信息安全防范手段，是数字金融长期面临的管理、技术挑战。

在陈静看来，数字金融服务的基础是安全。唯有可信的、安全的金融服务才可持续。而金融信息安全保护工作的基础是对参与金融交易活动人员的真实身份的识别。数字技术的发展使得密码、生物识别、大数据分析等均得到了广泛应用。

他指出，我国银行金融机构的风险防控虽然取得了显著进展，但仍然面临严峻挑战，主要反映在应用的新技术多、虚拟化应用多、集群化应用多、分布式架构多等方面，安全保障缺乏经验，还不能完全适应金融风险尤其是系统性风险防范预警的要求。

"要进一步重视金融风险防控能力。银行所有金融服务和应用的基础是信息安全。随着线上服务和'零接触'服务的推进，风险防控的意义更为重要。"陈静表示，高度方便、快捷的互联网金融应用与信息的安全性、隐私性是一对矛盾。

安全是集技术、管理和主动防范意识于一体的综合治理问题，不能幻想一劳永逸地彻底解决相关问题。数字金融的治理需要顶层设计，从良性循环的角度和创新思维去看待数字金融的优势，引导行业有序竞争。

陈静表示，目前的数字经济都是在虚拟的环境下进行的，这对安全提出了更高的要求，越方便的东西也就越容易犯罪。中国人民银行曾在指定全球信息科技发展规划时提出了两大支柱体系：第一个是金融标准化体系，第二个是信息安全保障体系。在金融领域，没有绝对的安全，只有足够的安全，绝对的安全需要的是无限的投入，因此要平衡好方便、快捷以及安全之间的关系。

（4）加快金融监管信息化、现代化建设。经济、社会的高质量发展离不开金融的高质量服务，金融的稳定和高质量发展需要健全的金融监管。"要提高监管能力，利用现代金融科技手段和包括人工智能、大数据等在内的先进技术提高中国金融监管水平。在提升监管效率、水平、降低监管成本方面下功夫。"陈静认为，疫情过后，"零接触"金融服务有望迎来更显著的发展，但随之而来的风险防控任务也更加艰巨。这就需要将先进技术应用到监管事务中。

在陈静看来，我国金融服务整体水平发展很快，这就要求监管也要同步跟上——一方面注重金融监管本身信息化水平的提升，另一方面对数字金融的创新与服务要进行恰当、科学、适度的监管。数字金融的监管更多地依赖于网络与数据。

作为一名技术出身的管理领导，陈静强调，金融监管要精准、科学。在掌握被监管对象大量数据的基础上，对合规性做出准确合理的判断。在更加先进的技术辅助下，进一步提高对监管数据采集的密度、精度和分析的及时性、准确性。在广泛的金融科技应用中，数字银行的监管协调更需要科技的力量，二者相辅相成。

4. 未来银行的样子

在被问到未来银行是什么样子时，陈静总结了4方面特征：未来银行是网络环境下的全方位金融服务，范围涵盖支付、信贷、理财、投资、避险等方方面面；未来银行应是方便、便捷、安全、易用的银行；未来银行应做到真正的普惠，与实体经济、社会发展高度融合；未来银行应合规合法，是低风险、持续发展的银行。

2.3 实操者谈

2.3.1 杨兵兵：银行数字化转型面临四大问题

疫情攻坚，金融抗疫战线并肩作战，银行等金融机构的身影无处不在，不少银行机构围绕疫情防控需求，积极推广线上业务，优化丰富"零接触"服务渠道，降低疫情防控企业融资成本，创新金融服务方式，他们走在抗"疫"前线。

其中，中国光大银行在集团发挥产融结合优势，助力打赢疫情防控阻击战 20 条措施下，迅速行动，创新特色服务，通过"抗击疫情"业务绿色通道为防疫最急需的行业打开资金之源、金融科技优势保障线上服务等担当了助力疫情防控和复工复产尖兵。在与中国光大银行副行长杨兵兵的畅谈中，我们碰撞出无数有关数字金融的火花，这些观点无不体现他对数字金融发展趋势、数字金融建设的难点与关键点的独到深刻的洞察与理解。

受访者：杨兵兵
（中国光大银行副行长）
采访者：许小青

1. 数字化的意义

在数字金融如火如荼的实践中，我们看到数字金融的春天到了，同时也看到了喧嚣背后的迷茫。疫情防控惊醒了梦中人，正如杨兵兵所言，这是一个不断创新、日新月异的行业，数字金融的技术、场景和生态无时无刻不在演进，稍不留神，就会被时代所抛弃，这恐怕才是中国光大银行数字金融布局的动力。在这次疫情中，数字金融部稳健运行，确保了金融服务不间断。

杨兵兵认为银行数字化转型不仅是机遇，更是责任。首先，商业银行数字化转型是响应数字经济发展需求的。《中国数字经济发展白皮书（2020年）》显示，数字经济正在高速发展。2019年我国数字经济增加值规模达到35.8万亿元，占GDP比率36.2%。按可比口径计算，2019年数字经济名义增长15.6%，高于同期GDP名义增速7.85个百分点。在2019年的政府工作报告中，有27个省的政府工作报告都提到，2020年要加快数字经济建设、加快数字化转型。这样高密度的推动和促进，也意味着社会在快速变化。2020年7月30日，中央政治局召开会议，对下半年政策以及工作目标定调。会议提出"加快形成以国内大循环为主体、国内国际双循环相互促进的新发展格局"，布局"内循环"是会议的重要亮点之一，引发市场广泛关注。杨兵兵注意到，推动"内循环"的3个方向是消费、三农、科技创新，而科技创新在其中具有带动作用。此时此刻恰恰也是外部交往的关键时期，因此科技创新促进内循环的重要性不言而喻。

其次，银行数字化也是因客而变的发展趋势。科技创新必然带来整个社会到企业的变化，涉及市场主体的数字化转型——无论它本身是数字化的企业，还是传统企业。当整个经济体系发生变化时，金融机构应该思考的是怎样服务好数字经济。这其中必然要有新的金融服务方式去适应数字经济，我们称其为数字金融。数字金融是从金融内部发展产生的，但也有它天然的使命，就是随着经济发生变化，金融服务于经济，自然要去适应它们的变化。对银行业而言，推进数字化转型去适应数字经济对产品和服务模式的新要求，正是其中之意。

我们很清晰地看到，个人客户与企业客户的金融需求在变化。如今出门，只需要查一下有没有带手机，以前则需要带个名片夹，名片夹里放张卡、几百元钱。现在这些都可以甩掉，只要带着手机就行。个人客户也一样，特别是数字时代原生的"Z世代",他们有显著的特点,也对金融提出新的需求,比如,随时随地、知我所需、量身定制(见图2-17)。

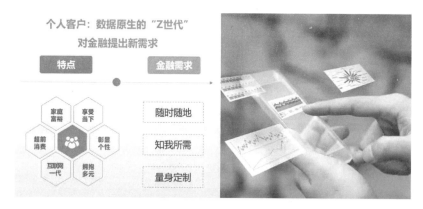

图2-17 "Z世代"特征

企业是由一个一个的个体组成的,在个人有这么强烈的需求的变化下,企业对于数字化的需求同样越来越大。因此,在中国光大银行与企业合作的时候,基本上有两种方式:一种是传统的业务存贷款进程之后用一些数字化的服务跟进,这样可以使服务黏性更高,同时还带来了新的授信后管理的方式——因为依托于数字化服务,我们对客户更加了解;另一种方式是通过数字金融业务切入,"撕开"一个和企业合作的口子,之后再跟进传统的金融服务。杨兵兵觉得,无论是传统金融服务还是数字金融服务,其实都是一对互相补充、互相促进的为企业服务的新形态。

2020年突发的新冠肺炎疫情也促进了各银行数字化的进程。疫情暴发催生了后疫情时代下的新业态、新模式。一是线上服务新模式,如我们特别关注的在线教育、互联网医疗。二是产业数字化转型,如产业平台化发展生态、传统企业数字化转型、"虚拟"产业园和产业集群,以及基于信息技术的"无人经济"等。三是新个体经济。四是共享经济新业态。这些变化客观上是对数字金融产生了长期的影响,杨兵兵总结了4个方面。

第一,疫情加快银行数字化发展战略。线上化成为特殊时期业务延续性的关键,促使银行全面加快数字化转型进程。

第二，疫情改变了人们的消费和工作习惯。居民建立远程办公和学习等消费习惯，客户重塑对数字渠道服务的价值。

第三，疫情促使产业互联网发展进程加快。传统企业线上化需求更加迫切，新兴产业社会价值更为凸显，新基建拉开帷幕，新型智慧城市建设加速推进。

第四，疫情助推监管政策适应性调整。监管政策积极支持"零接触"金融服务，探索银行远程开户等创新模式。监管层陆续出台了一些适应性的政策，如2020年7月17日中国银保监会发布的《商业银行互联网贷款管理暂行办法》，杨兵兵认为这些政策落地是令人振奋的，也正面推动了市场的发展。

疫情的肆虐使线上化服务迫在眉睫，这背后需要强大的技术支撑、服务架构和人员支持。前期数字金融的竞争和投入进入"白热化阶段"，但到了检验成果和效果的时候才能看到数字金融的魅力。中国光大银行作为国内最早发展数字金融的股份制银行之一，一直致力于数字金融的开拓创新：2019年6月，中国光大银行电子银行部更名升级为数字金融部，是全行个人及企业数字金融业务的统筹管理部门，致力于进一步落实数字金融战略，承担全行数字化业务的统筹管理、数字金融业务落地的平台建设及创新业务的试验田和孵化地共三项角色；2019年12月，中国光大银行和中国雄安集团数字城市公司共同发起建立"数字金融科技实验室"，该实验室以"定标准、建平台、创产品、育人才"为指导方针，以雄安新区战略需求及信息化建设为导引，立足双方长期合作，致力于逐步打造区块链商业化应用研究、技术创新和人才培养的高地。

关于数字化，杨兵兵也谈论了"零接触"的概念。在很多人的理解中，"零接触"就等于线上化，就等于数字化。杨兵兵认为，所谓"零接触"，如果只是简单地将线下渠道走到线上，而没有用智能化的技术手段衍生出一些新的服务方式的话，可能仅仅就是线上化而已，离真正的"零接触"还有很长一段距离。未来，云计算、大数据等技术不再像今天一样带着"创新技术"的帽子，而是成为基础性技术的一部分，助力金融行业的数字化。

2. 银行数字化道阻且艰

银行在数字化转型的过程中会面临各种各样的问题,杨兵兵总结出如下4类(见图2-18)。

图2-18 数字化转型面临的问题

(1)思维问题。首先,最根本的问题是思维问题。其根本上是一个"认知问题"——说到底是以"什么为中心"的认知变化。

"以网点为中心"这种思维惯性对数字化转型有很大的影响。由于时代的原因,以网点为中心是自然而然,改变需要时间、需要事件。银行的一线员工是谁?网点的柜员、理财经理、大堂经理肯定是。远程银行的客户代表是不是?手机银行的运营人员是不是?数据中心的运维人员是不是?这次疫情对大家的思维已经改变了很多。

再比如说,银行业在做大量智慧网点的建设,同时我们也在思考网点的价值。客户为什么要到网点去?银行为客户带来了什么价值?建设智慧网点绝不能是设备的堆积,而应是有人的服务。智慧网点应该是让在网点里工作的银行人员有一个智慧的助手,让他对客户的理解不是一个平面,而是一个立体画像,从而更好地去解决客户的问题。

(2)投入问题。当今谈投入其实好多了,因为大家都在投。但有一个细节,投给创新项目的时候,大部分银行给这个创新项目的研发投入,比如买设备,但上线之后的营销费用、宣传费用不太好给。那些不属于科技类的投入怎么给?

但是科技创新的目的绝不是上线的那一刻，那只是一个开始，还需要配套的营销、宣传把产品推广出去，而这些配套不在科技部手里，科技部也决策不了这些费用，因为他们是以上线为目标的。当业务部门接过来之后，如果当年没有充分的预算，最后创新的成果可能出不来。

（3）容错问题。对业务和机制创新中的失误和错误没有建立容错机制，会导致创新积极性不足。

（4）场景问题。银行最早的场景是"网点"，那新的场景在哪里？手机银行也是一个场景，但手机银行的场景跟我们使用支付宝、微信这些场景有很多的不同，这些都是我们面临的问题，需要很多思考。银行应当对场景有所判断并精准布局，毕竟早进入早占位，该投入就得积极投入。

在杨兵兵看来，场景的价值链接是多层次的。他和中国光大银行的数字金融部一直在做用户管理。第一层次是定义用户。第二层次是用户分层，并按照用户或客户的状态进行针对性的转化程序，以推进将用户转换为客户的第三层次。先通过大数据分析用户习惯，然后通过适合的服务和产品将用户连接起来，这样才能真正将用户、场景、价值进行有机的链接。

数字金融的布局需要了解客户、了解同行的先进经验，更需要保持旺盛的精力投入其中，从产品思维转向用户思维，再转到生态思维。杨兵兵一直强调，数字金融的技术开发者、产品设计者、中后台管理等都应深入用户，将银行金融业务嵌入技术流程之中，用技术思维满足金融服务的需求。

想要解决好这四大问题，银行要将数字化转型全面展开，要找对银行数字化转型突破点，要建立与数字化转型相适应的生产关系。

讲到全面开展银行数字化转型的关键，杨兵兵说中国光大银行对此做了3个维度的思考：业务数字化、数字业务化、数字化治理（见图2-19）。首先是业务数字化。中国光大银行一直在整理自己到底有多少服务、有多少产品、处在什么样的阶段。其实现在经常会多个阶段并存。比如电子化这个阶段已经过了——中国光大银行的所有业务、服务都是电子化的。但是到了线上化、移动化和数据化的过程，可能就有一些距离。就好像银行有个手机银行,并不代表银行就拥有了更多的数据。这里有两个问题需要解决:一是手机银行的埋点,去更深入地了解客户的技术;二是手机银行的这些数据有没有有效入仓。比如客户转了 100 元,如果只关注账户的"业务结果"是不够的。如果银行能把这些交易信息、交易过程和细节都记录下来,我们对客户的了解其实远超过银行的需求。杨兵兵说,互联网公司做大数据的目的其实就想了解两点:客户有没有钱、有多少钱;客户的钱什么时候走、什么时候来?而银行恰恰就拥有这些数据,银行不用迷恋互联网公司的大数据,只要稍微努力,就会拿到更多的信息。其次是数字业务化,即开放智能生态。最后是数字化治理。"其实把这三者解构下来之后,或者把它们三个组合在一起,我觉得也许这就是一个数字化的银行,或者说,是一个数字化转型工作的整体。"杨兵兵说到。

图 2-19 开展数字化转型的关键

银行数字化转型的突破点也有 3 个(见图 2-20):开放平台的建设、行业场景的拓展、数据资产的经营。三者没有先后顺序,永远都是并行的。关于开放平台的建设,杨兵兵总结了 3 个阶段。第一个阶段是"独自开放"。具体来讲,"独自开放"可能就是一个部门的一项业务。第二个阶段是"各自开放"。各个部门都发现了原来开放业务真的很好,所以每个部门都从自己的产品出发,普惠、零售都做,"百花齐放"是很好,但问题来了,基础平台如果不一样,"各自开放"一旦出现问题,整体难以控制。作为资深风险管理专业人士出身的杨兵兵指出,这就是数字金融面临的最大风险——一旦一个点出问题,根本没有办法判断,因为它"各自开放",也就各自标准。

中国光大银行正处于第三阶段，换个词叫"全面开放"。"全面开放"的第一个本质是要建立一个企业的开放平台，全行都在平台上面，技术平台是一家，百花齐放是业务，不是技术。"全面开放"的第二个本质是行业场景的拓展。在细分行业里，越细分的市场其实越存在场景的蓝海，我们称之为"行业切入"，最后实现行业"生根"。"全面开放"的第三个本质是数据资产的经营。如何深入挖掘应用，进行数据共享，布局数据资产业务，都是突破口。

图 2-20　银行数字化转型的突破点

最后，要建立与数字化转型相适应的生产关系（见图2-21）。怎么做到呢？第一是树立担当意识。银行人员要理解银行数字转型不仅是机遇，更是责任，肩上要有充分的使命感，要拥有斗争精神，去直面"不被理解"的挑战，没有这种精神，即使顺势而为也不会有很好的结果。第二是提升治理能力。以专业委员会举例，未来在数字化转型道路上会有越来越多的偏技术的问题，需要由专业委员会提供专业建议和选择。第三是建立敏捷组织。敏捷（agile）是一个偏科技的说法，但其实内核是：响应、协同和共享。第四是塑造风投理念。比如科技投入，如果把它理解为成本，银行的决心就会跟收入同频。科技费用的成本这么高，能不能有足够的战略定力继续投入呢？科技的投入应是持续性的，而不是一次性的大规模投入。第五是形成"容错"文化，科技创新要有免责办法。

建立与数字化转型相适应的生产关系应做到：
① 树立担当意识（使命、责任、斗争精神）；
② 提升治理能力（从局部到全面）；
③ 建立敏捷组织（响应、协同、共享）；
④ 塑造风投理念（是"资本"不是"费用"）；
⑤ 形成"容错"文化（"三个区分开"、创新保障）

图 2-21 与数字化转型相适应的生产关系

3. 未来银行的样子

杨兵兵临摹了他展望中未来银行的样子：未来银行将是无所不在的银行。长期看，银行将在确保合规合法、保持核心业务价值的前提下，逐渐将服务延伸到更加广阔的数字生态。一是银行服务将具备"随时、随地、随需"的特征，银行服务不再是一个单独的实体，不需要消费者进行复杂的甄别和选择，而是成为生产、生活行为的一部分，在消费者需要的时候自动完成金融服务。二是银行产品创新不再是一项完全依靠内生资源的封闭性工作，而是立足创新生态，针对消费者实际需求，打造综合解决方案中的一部分。

未来银行同时也将会是高度智能的银行。从长期看，商业银行的盈利能力将不再依靠简单的规模和传统经验决策，必须依靠智能决策、集约化发展才能保持竞争优势。一是洞察智能，将数据的获取、分析自动化，提高未来银行海量数据处理能力，形成自动化、智能化的客户分析和客户洞察，并将这些洞察转化为产品、服务及客户体验。二是产品智能，从数据中自动发现业务规则，洞察业务风险。三是渠道智能，为未来银行与客户的交流、交互带来全新的界面，创造新的交互体验，推动实现开放银行。四是流程智能，使未来银行实现流程智能化、自动化、无人化，继而提高效率、降低成本。

2.3.2 蔡新发：仅仅3年，零售AUM破2万亿元，平安银行转型做对了什么

金融科技与银行转型不谋而合，在经历了拓荒和开垦后，数字化战略成为未来银行变革的核心。在疫情防控的关键时期，以"零接触"服务为依托的线上金融迎来了新的机遇。

疫情对于数字化银行而言是一个转折点，作为业内零售银行数字化转型的典范，平安银行在这次疫情的实践检验中展现了数字化布局的优势，也让业界关注到数字化所产生的巨大经济和社会效益。

1. 平安银行的"变"与"不变"

2014年，马明哲董事长新年致辞的题眼是"变与不变"，他说变的是策略和平台，不变的是"在竞争中求生存、在创新中求发展"的理念。

受访者：蔡新发
（平安银行行长特别助理）

采访者：许小青

2014年，平安银行的确有所改变。当年平安银行把自身定位从"中国领先的个人金融服务集团"，转变为"国际领先的科技型个人金融生活服务提供商"。从中国到国际，从金融到科技，客户范畴变了，平安银行的生意边界变了。

2016年，平安银行正式开启其零售银行深入转型的大幕，并用了不到3年时间，实现加速化发展。

2019年，平安银行将综合金融服务模式描述

为"一个客户、一个账户、多种产品、一站式服务"。这其中，依托平安集团的综合金融优势，平安银行打造了"线上＋线下""金融＋科技＋生态"的综合金融产品体系和服务平台，也为业务的转型发展提供了巨大的发展空间。

从 2016 年到 2020 年，平安银行综合金融的方向不移，国际领先的志向不移，始终打造"国际领先的智能化零售银行"的战略定力不移，除了综合金融优势外，终究离不开敏锐的战略决策力、强大的战略执行力、领先的科技能力，还有"多看三五步"的自我革命、自我颠覆的魄力和勇气。

2. 零售黑马 VS 零售之王

2020 年一场突如其来的疫情打乱了银行业的节奏，随着第一季度报告的披露（见表 2-7）、第二季度报告的呼之欲出，以零售为特色的平安银行和招商银行也更受市场关注。作为股份制商业银行中的零售翘楚，两家银行零售业务根基截然不同。

表 2-7 平安银行、招商银行 2020 年第一季度（Q1）业绩对比

指标	平安银行		招商银行	
	2020 年 Q1	同比增减 /%	2020 年 Q1	同比增减 /%
营业收入 / 亿元	379.26	16.80	766.03	11.42
净利息收入 / 亿元	247.7	19.24	457.56	5.50
净利润 / 亿元	85.48	14.80	277.95	10.12
资产总额 / 亿元	41 322.98	4.90	77 661.14	4.70（较 2019 年年末）
吸收存款余额 / 亿元	25 668.57	5.30	51 964.53	6.60（较 2019 年年末）
零售客户资产 / 亿元	21 369.31	7.80	79 000	5.20（较 2019 年年末）
零售客户数	9 864.05 万	1.60	1.46 亿	1.39
拨备覆盖率 /%	220.35	17.20	451.27	24.49
新生不良生成率 /%	2.42	0.30	0.83	-0.30
不良贷款率 /%	1.65	持平	1.11	-0.05
逾期 60 天以上贷款偏离度 /%	92	-4.00		
逾期 90 天以上贷款偏离度 /%	78	-4.00（较 2019 年年末）		

资料来源：平安银行、招商银行 2020 年第一季度报告。

从两家银行公布的 2020 年第一季度报告看，平安银行是领先招商银行的，营业收入比为 16.8%/11.42%，净利息收入比为 19.24%/5.5%。从零售客户资产增速上看，即使在疫情影响下，平安银行零售客户资产仍较 2019 年年末增长 7.8%，高于招商银行的 5.2%；在零售客户增速上，平安银行也略胜一筹，1.60% 高于招商银行的 1.39%。

但从资产质量指标来看，招商银行领先平安银行一步，招商银行不良贷款率下降 5 个基点，平安银行未变；招商银行拨备覆盖率是平安银行的两倍，且提升 24.49%，高于平安银行的 17.20%。

虽然平安银行资产总额及资产质量与"零售之王"招商银行还有一定距离，但平安银行在零售业务、金融科技方面已经形成了一定的"护城河"，就像在 2020 年 5 月 14 日平安银行召开的股东大会上胡跃飞行长所说，"我们把招商银行当作持续学习的榜样，新三年会将降低负债成本作为工作重点，这样既能保证持续的盈利表现，也能更好地控制风险，逐步缩小与招商银行的差距"。

3. 背靠"金山"：构筑零售转型护城河

平安银行的崛起并非偶然，其逆袭最大的优势是什么？

对其他银行来说，拓展客户需要两步：找到客户和让他成为客户。但对于平安银行的零售业务拓展来说，只需一步，就是充分挖掘集团的优质客户资源，用创新的产品、优质的服务，使他们变成银行的客户。

谈及平安银行的优势，平安银行行长特别助理蔡新发在访谈时说，目标清晰的发展战略、突出的综合金融优势、强而有力的执行能力、卓越领先的金融科技、完善的敏捷创新机制是平安银行最大的优势。也是因为这几方面环环相扣，加速了平安银行零售转型的进程。

（1）目标清晰的发展战略。"智能化的零售转型，招商银行当然做得早，它可能十几年前就做了，但是在这一波转型中，我们应该是最先、最早而且最坚定地去做，这就是战略。"蔡新发说。

平安银行的远见在于早在2016年便确定了一个比较正确的战略：坚定不移地推进零售转型，致力于打造"中国最卓越、全球领先的智能化零售银行"，持续深化"科技引领、零售突破、对公做精"的十二字策略方针，这种战略不是权宜之计，也不是为了短期的业绩，而是一种长远的规划。

（2）突出的综合金融优势。蔡新发回忆，当时选择去做零售转型的时候，平安银行不是一时兴起，而是看到了内部零售业务的增长潜力。

首先，信用卡、汽车金融（"汽融贷"）、"新一贷"三大零售产品尖兵"三箭齐发"。之所以这样布局，自有其深意，比如：信用卡可快速获取客户流量并建立协同银行，打造账户能力；"汽融贷"可继续在汽车金融领域保持先天优势；"新一贷"可抓住消费金融市场的快速发展机遇，通过差异化"深耕"和中产下沉，服务更广阔的客群。

其次，"客户迁徙"成为平安银行零售业务发展的重要手段。将集团优质个人客户资源通过"以客荐客"模式进行迁徙转化，将银行的账户能力通过插件、接口等技术手段与集团各线上平台如平安好医生、汽车之家等的场景、流量相结合。依托综合金融优势，在平安银行信用卡及汽车金融业务等方面进行零售转型重点突破。

最后，除了客户资源，平安集团金融全牌照还能提供综合金融服务，"传统金融+'衣食住行玩'"，从客户端到产品端，打开了零售业务爆发式增长的"潘多拉盒子"。

（3）强而有力的执行能力。"平安银行一直强调的是执行能力，战略一旦确定，我们就非常坚定地去做。"

蔡新发谈到，平安银行的内驱就是强大的执行力。零售是先投入后产出的，上市公司又要向当年利润负责任，这就有矛盾。短期利润和长期战略要取得平衡，就需要总行领导层有这个视野和决心。

以物理网点的对公分离为例，平安银行采取的是自上而下的强行分离，将网点打造为零售业务的增长极，打破了总分行到支行网点的层级壁垒，实现了很多银行梦寐以求的转型。总行内实行零售大事业部，事业部的总裁、分支行行长进行不定期的"头脑风暴",深挖一线业务痛点,优化执行层面的决策疏导和信息传递机制,进而对市场快速反应。

(4)卓越领先的金融科技。

◆ 舍得"巨投",才成巨头。

"科技引领金融,金融服务生活",平安银行的"科技引领"战略当然不是心血来潮,早在2013年就已浮现在马明哲董事长的年报致辞中,并真正付诸行动。

◆ 整体布局,统一规划。

近几年,平安银行确立了深化"金融+科技"、探索"金融+生态"的战略规划,以人工智能、区块链、云计算、大数据和安全等五大核心技术为基础,深度聚焦金融科技领域,不断提升竞争力。在集团统筹指引下,包括银行在内的各专业子公司在金融科技方面开展分工合作。

平安科技、金融壹账通和陆金所等科技公司负责人工智能、区块链、云计算等核心技术的研发;包括银行在内的各专业公司依托上述平安核心技术,结合自身业务特点,在满足监管合规要求的前提下进行金融科技应用场景创新。

同时在创新的过程中,各专业公司也不断加强与集团沟通,推动科技的核心技术升级、完善。蔡新发以金融壹账通为例,平安银行与金融壹账通、陆金所紧密合作,一方面将合作方的产品在平安银行进行打磨,形成标准化、模块化产品,再向中小行业推广,另一方面平安银行可以借助合作方将自己的"新一贷"、信用卡代理等推广到中小银行,以实现互利互赢。

◆ 执着科技,舍得投入。

平安银行的科技员工占比大概有19%,而招商银行的科技员工占比只有10%左右,其他银行大多在10%以下,且根据年报显示,平安银行2019年年末的科技员工数量较2018年年末增长34%以上,IT资本性支出及费用收入同比增长35.8%,这表明了平安银行对金融科技的执着追求,而这正是支撑平安银行数字化转型的核心力量。

相对于其他行的后知后觉，平安银行通过技术引领、数据引领、模式引领、人才引领，将前沿科技全面运用于产品创新、客户服务、业务运营和风控等经营管理的各个领域。据了解，平安银行有 5 个项目入选国家六部委金融科技应用试点，11 个中台项目全部投产，智慧财务、云计算、AI 及智能风控等一系列成果落地，大幅降低运营成本，实现了数据驱动下的智能化运营。

（5）完善的敏捷创新机制。如果一个团队只在内部纵向沟通，就会变得不透明，很被动，就像一个个谷仓，不能很好地利用公司或其他部门的优势资源，这就是"谷仓"带来的弊端。

平安银行率先在内部成立了创新委员会，零售板块创建"创新车库"。蔡新发介绍说，任何团队和有产品意识的人，想做什么都可以做，在这个谷仓里面，发现服务能力不够的时候，就可以进入"创新车库"项目。通过这种机制建立对产品设计和开发的机制，而且"创新车库"是有奖励的，从入库到出库大概是 6 个月。

同时，平安银行零售条线内部专门建立"客群综合经营委员会"，涵盖信用卡、贷款和财富管理的各位总裁，对于跨团队的一些重大事项一起来决策、来裁判。零售转型团队是横向的，大概有 10 多人。他们每天关注一些创新的项目，由分管领导亲自抓落实，解决问题。这种快速响应的决策团队支撑了整个零售板块的发展，为网点改造、零售转型、口袋银行等提供了组织保障。

4. "零售突破"说到做到：AI Bank 开启转型新征程

言信行果，说到做到。比照平安银行 3 年来零售转型的承诺与成效，我们看到了平安银行的胜利成果。谈及零售转型的成功经验，蔡新发认为有以下几点。

（1）确定合适的战略：从"1234"到"3+2+1"再到"四化"。"确定一个适合自身发展的战略，找到兼顾短期、中期和长期的战略目标，还有长短板的分析。这是最重要的。"蔡新发说，在转型初期，平安银行通过大规模的集体讨论、学习和互动，达成转型的共识，将管理层的思想意识统一到战略引领之中，建立起以零售先行的战略。

- "1234"战略。

"1"个尖兵即零售 LUM。尖兵先行，成效显著，零售 LUM 成倍增长，成为全行应收和利润的主要贡献力量。

"2"即大数据能力和账户能力两大能力。大数据应用，如精准营销、千人千面、用户体验和风控。账户能力提升方面，通过将智能主账户深度融入平安集团"五大生态圈"，切入客户生活场景，为广大客户及用户提供场景化、无感化服务。

"3"中的 SAT 为"社交媒体＋客户端应用程序＋远程服务"。如今，SAT 模式已经成熟，组织（垂直管理）、网点（智能新门店）、产品（AUML 产品体系不断丰富）转型已见成效，可谓"3 新 3 变"。

"4"即以综拓 SAT 模式、家族传承办公室模式、传统银行升级模式、B2B2C 模式"四轮驱动"。

经过 3 年磨合，综合金融模式不断深化。2019 年，平安银行零售转型进入了第二阶段：打造 AI 内驱的 "3+2+1"经营策略。

- "3+2+1"战略。

"3"即全力发展"基础零售、私行财富、消费金融"三大业务模块。

"2"是指提升"风险控制、成本控制"两大核心能力。

"1"即构建"1 大生态"驱动融合。以 AI 为内驱动力，自上而下打造业内首创的 AI Bank。

在面向零售转型的新阶段，平安银行采取零售持续升级策略。承接全行"数字银行、生态银行、平台银行"三张名片的新定位，推出"数据化经营、线上化运营、综合化服务、生态化发展"的四化新策略，推动零售业务转型在全新的阶段换挡升级。

（2）找到支持这些战略的方法和步骤。

- AI 助力，向卓越零售银行迈进。

蔡新发表示，银行在做零售转型时面对的客户是社会上的普通百姓，同时这些百姓也是京东、淘宝、滴滴的，这样银行与这些电商之间就会形成市场竞争，客户的体验也会有所提高。平安银行深知改变客户的体验关乎口碑和形象。

在打造自身的特色时，平安银行经过探索，找到了以口袋银行、智能门店为核心的服务平台，使其成为 AI Bank，将客户的痛点转化为零售转型升级的动力，提升客户口碑及品牌影响力。

◆ 从客户的视角出发：以客户为中心。

传统商业银行客户与互联网客户的需求和期望存在着较大的差距，那么银行该如何去做？

蔡新发谈到，首先，商业银行需要做的是学习互联网公司的先进经验，从客户体验的缺乏中寻找懂客户体验、以客户为中心的资源，包括互联网的产品团队和技术团队。他以自己分管的团队为例，每个事业部招一个首席技术官，由他再去寻找靠谱的团队，重视客户体验，认同以客户为中心的经营理念，迅速搭建各个零售业务板块的事业群和团队。

同时，在原有的客户迁徙基础上，优化客户分层分流与承接经营模式，为前线提供客户承接技能、工具包、数据及营销推广支持，助力集团迁徙客户的落地承接，在首次接触中充分挖掘客户潜能，力求提升网点产能。

其次，培育以客户为中心的学习文化，建立敏捷运营机制。通过资源调配和业务的紧密结合，让科技人员、业务人员共同参与决策，并且设立首席技术官和首席体验官，进而为客户体验的产品和服务不断进行测试，直达客户的痛点和需求。

（3）用互联网思维经营银行。"我们在做事情的时候是有步骤的。2018—2019 年，我们做的叫 AI bank，就是将 AI 科技应用到银行业务；2020 年，我们提出了平台化、生态化、数字银行三张名片。自 2016 年开始，从步骤到战略到细节，呈螺旋式上升。"

蔡新发介绍，平安银行零售 AI 战略借鉴了领先互联网企业的"AI 大脑"设计，强调对人能力的提炼与复制，更加聚焦"银行人"的能力，重点打造"AI Banker"。

围绕"客户为中心",平安银行以客户体验高、见效快的"口袋银行"为突破口,接着进行智能门店的改造,将客户体验、智慧运营的轻型化理念融入网点改造,迅速建立起业内知名的智能门店。同时,在口袋银行以及各类型的 App 开发上,平安银行打破传统银行层级的烦琐程序,借助专门的团队去设计应用手机银行 App,开发各类程序,在高效率的运作下迅速搭建线上和线下融合的平台。

5. 场景生态:共享模式下的"造渠"与"建桥"

场景化营销要求银行能够在具体的场景中识别客户的需求并且能够针对这些需求采取相应的营销行动。在如今激烈的竞争环境下,对"场景"的争夺也成了许多银行零售业务的竞争热点。

平安银行生态化伊始,就依托平安科技在客户、账户、场景衔接等领域实现底层共享,从而跳出了产生新业务竖井的窠臼。此外,更是将生态化转型类比为"象群效应"。目前平安银行正从生态的共业者向生态的引领者转型升级。谈及生态反哺零售转型,蔡新发从以下 5 个方面进行了分析。

(1)公私联动机制。平安银行通过公私联动实现批发业务,比如代发业务,一个公司员工是行内代发工资客户,员工均可以办理信用卡,进而还可以引入房贷、小微企业贷款等。

平安银行的公私联动不仅仅是指部门的合作,而是寻求产品和服务的联动,拓展客户黏性。近年来,平安银行通过构建智慧城市、智慧医疗等对公科技赋能网络,致力于构建"AUM+LUM+ 经营平台"的对公业务经营思路,聚焦重点行业、重点区域、重点客户,实现 AUM 与 LUM 高效联动,建立统一获客平台和经营门户,为零售业务的拓展开辟了更多的渠道。

(2)"五大生态圈"建设。平安集团用科技手段积极布局"金融服务、医疗健康、汽车服务、房产服务、智慧城市"五大生态圈。"五大生态圈"是集团的发展战略,是集团"金融 + 科技""金融 + 生态"发展模式的重要举措。平安银行根据自身战略,确定了打造"平台和生态银行"的关键举措,与平安集团"五大生态圈"形成融入与共建的关系。

蔡新发介绍了平安银行与集团生态的共生共赢。

- 金融服务生态圈。

平安集团金融服务生态圈提供涵盖保险、银行、投资领域的多元化金融服务，实现各类金融消费场景的无缝衔接和闭环交易，并通过"开放平台＋开放市场"完成资产与资金的线上链接，落地了金融壹账通、壹钱包等多个金融创新平台，满足客户全方位金融需求。在传统金融领域，平安集团充分发挥生态圈协同效应，为客户提供"线上＋线下"、智能化、全场景、"一站式"服务。在金融科技领域，平安集团将金融服务行业经验与领先科技融合，提升服务效率、赋能经营管理。平安集团区块链技术在金融、智慧城市等领域落地应用，成为有效破解中小企业融资难题的重要载体。

- 医疗健康生态圈。

平安集团构建了涵盖"用户—服务商—支付方"的全方位医疗健康生态圈，通过平安好医生、平安寿险、平安养老险、平安健康险等公司服务广大线上线下个人客户；通过平安智慧城市业务中的智慧医疗团队及平安好医生平台赋能政府监管部门和医疗服务各参与方；通过平安医保科技建立的智能化医疗服务平台赋能医保局、商保公司等支付方。

平安银行将平安好医生、平安健康险集成到私行权益，来服务更高端客户，提升客户的黏性，带来增值服务。在智慧医疗、健康合作方面，平安银行和平安医保科技联手打造健康空间站，创建门店健康生态新模式，客户可以在健康空间站自助完成多项人体关键指标的检测，实时生成检测报告，并可以实时连线专家在线解读报告及问诊；在完成检测后，也会向客户推送家庭风险测评，帮助客户检视家庭成员风险保障缺口，为客户提供金融服务契机。这也是平安银行持续依托生态赋能、打造平安健康银行的初步尝试。

- 汽车服务生态圈。

平安集团建立了"看车、买车、用车"的全流程汽车服务生态圈，通过汽车之家、平安产险、平安银行、平安融资租赁等公司，服务广大车主，赋能汽车制造商、经销商、修理厂等汽车服务提供商。汽车金融生态是银行打造平台银行、生态银行的重要组成部分，聚焦于识别客户及汽车金融行业结构性需求及痛点，回归场景，以客户需求为核心，最大化集团内部资源，重塑个人客户"购车＋金融"的模式及旅程。

◆ 房产服务生态圈。

平安城科作为平安集团在房产生态圈的重要布局，逐步构建智慧建造生态圈，打造智慧"规、建、管"一体化平台，助力政府打通信息孤岛，逐步实现数据融合。

◆ 智慧城市生态圈。

平安集团智慧城市业务以优政、兴业、惠民为目标，以"分级分类建设新型智慧城市"为使命，推动城市可持续发展、引领信息技术应用、提升城市综合竞争力。

（3）资源共享模式。平安银行的业务合作模式有其特殊性，依托于集团内的汽车贷款、车险、寿险以及各大业务板块的协同，逐步形成了一种特殊的资源共享模式。与其他银行强调的资源共享不同的是，平安银行有比较完善的绩效考核体系，有充足的员工资源，没有所谓的壁垒和限制。其优势在于打破了传统部门的限制，将员工拓展业务的积极性和客户开发的深度结合起来，从而促进零售业务的可持续增长。

（4）App 月活用户。蔡新发认为，互联网平台有其自身优势，但是传统商业银行仍是线上和线下融合的主流，关注 App 月活用户（MAU）的主要目的是增强客户黏性，通过各个产品配置和服务添加，吸引更多客户的日常应用。事实上，MAU 并非零售业务的终极目标，更像是一个晴雨表，能够帮助银行做出及时的反馈，帮助商业银行完善产品和服务。

提升 App 月活用户最核心的是要触达客户需求，不断完善线上化平台的应用功能和体验，给客户提供个性化的服务。2020 年一季度报数据显示，平安口袋银行 App 注册用户数 9 621.90 万，较 2019 年年末增长 7.5%。AI Bank 建设成果高效支持了数据化运营、线上化运营能力的快速构建及完善，2020 年一季度 AI 客户经理月均服务客户数较 2019 年月均水平提升 109.2%。

（5）开放与融合。结合自身优势和市场环境，平安银行主要通过开放银行战略推进与合作伙伴探索场景共生，实现场景化获客、营销。通过开放银行，平安银行打造平台化的产品服务体系并使其能够根据业务场景，以"搭积木"的方式快速构建"金融＋非金融"服务。同时，对合作伙伴开放输出金融服务，最终走向市场融合、跨界竞合，优势互补，共同服务客户的共赢局面。具体如下。

- 对集团内开放输出。

对集团内开放输出，集团产品服务引入口袋App，构建集团层面的金融生态，融入集团发展战略。

- 开放口袋App流量。

引入客户高频使用的外部生活场景，构建"口袋金融+生活"，推动去中心化场景引入和共建，从而实现银行服务与"衣、食、住、行、医"诸多场景闭环经营。

- 推进产品及服务能力建设。

结合行业场景需求，将多类型金融功能整合，模块化输出，坚持产品与服务创新，围绕客户不同需求设计线上化产品服务，进一步完善成品体系搭建工作，提供场景化综合金融服务及非金融服务。

平安银行零售开放银行1.0平台已于2020年3月底投产，完成17个API产品，114个API接口，包括账户、理财、支付、保证金类产品能力。同时，平安银行已与蚂蚁集团、京东、携程、滴滴等多家互联网头部公司开展相关合作。

6. 智能门店：零售服务最后一公里

"我们不会抛弃网点，我们只会让它更加智能。"这是平安银行自行探索出的网点转型新样板。2020年，平安银行推动零售新门店持续进行数字化升级，全面推进门店数字化经营管理，用数字定义门店，用数字读懂客户，用数字驱动经营。

（1）用数字定义门店。一是智能大数据选址。基于客户App登录轨迹热点以及周边3公里社区生态画像，为门店选择最佳的门店位置。

二是双店经营精准服务。通过打造"线下门店精准开门、线上门店24小时营业"的双店生态化经营模式，为客户提供无处不在的服务。

三是门店私域流量经营。把门店定位为社区影响力中心，链接客户的生活场景，持续构筑线下私域流量经营闭环。通过双店经营模式，打造多元的沙龙平台、智能门店生态圈及附近公益，为客户提供更丰富的社交化服务，不断提升门店的影响力。

（2）用数字读懂客户。一是定义客户旅程的各个阶段，持续细化进店客户分群。根据客户数据情况切分 8 个营销阶段，结合客户从毕业入职到退休养老的生命阶段形成 9 类细分客群，聚焦门店场景精细化经营提升。

二是基于客户喜好标签为客户准备特色服务。同时，通过建立 1 个综合化团队加 N 个专家团队支持的"1+N"厅堂服务和空中客服服务模式，借助 Facebank（远程柜面）、"iPad+ 机器人"、网点服务预约平台、口袋银行家队伍管理智能平台等数字化工具，持续升级门店综合化服务能力，覆盖客户服务和咨询触点，为客户提供全渠道、一站式的综合金融服务。

三是建立服务反馈闭环。通过离店 NPS 客户满意度调查等方式了解客户声音，持续迭代优化，打造极致服务体验。

（3）用数字驱动经营。平安银行充分利用人工智能上线了 AI 行长助理和 AI 陪练机器人等，同时基于大数据提炼行员作战地图，洞察最优服务过程路径。从智能门店生态圈线下优惠到 NPS 用户调研等 12 大门店场景出发，围绕重点客群，总结提炼一线优秀作战经验，绘制队伍作战地图，不断结构化营销内容、洞察最优经营路径。

受访者：王炯

（中原银行行长）

采访者：许小青

2.3.3 王炯：中小银行兼并重组来袭——一场引领未来的数字化转型之战

在 2020 年前的数年中，中国银行业反复上演"西西弗的神话",一次次面临失速失衡的险境,又一次次滚石上山,虽然不复曾经的高光时刻,却仍然沐浴着"银行业"光环下的余晖,所困扰的似乎只是市场竞争加剧、盈利能力下降、发展增速放缓。但新冠肺炎疫情到来,市场利率不断下降,地方中小银行又承担着为中小微企业融资输血的重任。可让利之下,让本就资本补充困难的中小银行陷入了质量与发展的困境,不良率的攀升也给转型发展中的经济埋下了隐患,成为金融改革的一项大事。在此背景下,为补齐短板,中小银行合并重组的案例集中爆发,意在"抱团取暖":江苏农商行入股镇江银行;无锡农商行和江阴农商行共同设立徐州农村商业银行;攀枝花市商业银行、凉山州商业银行共同组建四川银行⋯⋯

其实,这种整合浪潮很早之前就已开启。2014年12月,由河南省内13家城商行合并而来的中原银行正式挂牌成立,尽管脱胎于良莠不齐的小城商行,但中原银行却在成立之初就提出"打造面向未来的科技银行、数据银行"的口号。5年间,从重组起航到香港上市,从制定蓝图路径到敏捷组织实施,从非金融服务场景的打造到"上网下乡"的推进,从深化数字化应用能力到展望未来银行⋯⋯这家年轻的城商行不仅在银行业的颠覆间把握住了数字化转型的机会,成为中小银行转型的标杆,更化解了小城商行的历史包袱,成为中小银行兼并重组的典型成功案例。

1. 生逢转型岔道口的抉择

早在2005年,作为区域金融中心建设的一部分,河南省就希望能将经营良莠不齐、风险抵御能力弱、行政色彩浓厚的小城商行们重组为一家实力雄厚的股份制商业银行。2013年年底,河南省委开始正式启动此事,整合过程是采取"$13 + X_1 + X_2$"的方式,"13"是指收购河南省规模较小、发展能力有限的13家城市商业银行。"X_1"是在未参与整合的4个省辖市吸收合并1家规模较大的城区农信社或通过其他方式设立分支机构。"X_2"是在有限考虑老股东的情况下根据需要引进战略投资者,增资扩股。

"在彻底化解历史包袱的基础上,整合部分城商行组建一家资本实力和抗风险能力较强、品牌影响力较强、服务能力更强的区域性股份制商业银行,既是遵循金融产业发展规律的主动之举，也是有效提升地方金融资源配置效率、增强地方金融产业市场竞争力和风险防控能力的现实选择。"中原银行董事长窦荣兴多次坦陈中原银行的成立初衷。

筹备组建的那两年，中原银行的筹建团队在忙于各家城商行的清产核资、股权和公司管理机制设计的同时，也看到了银行业被迫面临的颠覆式挑战。

一场红包大战，移动支付迅速打败了银行所占领的支付高地；P2P创业高峰来临，银行面临的不仅是失去"不那么重要的"长尾客户，揽储压力也与日俱增。在中原银行挂牌前2个月，蚂蚁金服正式成立，成为互联网金融科技公司的领军者。在2014年年底的一次论坛上，马云喊出了"银行不改变，我们就改变银行"的口号。

互联网金融的冲击呼啸而来，大多数传统银行却仍在"躺着赚钱"——面向政府平台、企业的批发金融带来低成本收入，影子银行和刚性兑付的行业约定让它们可以将资金投向任何高收益的资产。

然而在经济新常态的大背景下，银行业绩增长已现疲态，监管对银行影子业务、资本约束、公司治理规范趋严的态势初现，考验银行对资产负债表的精细化管理。中原银行虽然刚成立，但已经嗅到了"转型"的味道，也早早意识到了未来风向，幸运的是，与许多银行囿于固有机制而无法迅速反应、调整发展战略不同，他们可以直接将前瞻的思想赋予这家正在打造中的新生银行。科技、零售、数字化成为这家年轻城商行突破的"风口"。

变是必须的，那么该怎么变呢？此前也有一些银行提出数字化转型，甚至拨款数十亿元，但是只带来了"装备"变化和概念沉积。"这种数字化转型能不能支撑实战？能不能支撑业务的发展？能不能带来经营模式的变化和运营效率的提升？"

在中原银行行长王炯看来，数字化转型是一场全面战役，是对前、中、后台的一体化变革，不仅是对线上金融的布局，还需要以客户为中心打造智慧银行，以科技为支撑，充分利用互联网、云计算和大数据实现银行业务拓展，确保中原银行未来银行业务行业领先。

2. 数字化转型的战略路径

"中原银行的数字化转型实际上始于 2018 年年初,当时我们对银行业的发展趋势进行了分析与判断,如何做好自身的数字化转型,并没有标准答案和方法,但可以明确的是,数字化转型是一项系统性工程,非某一个部门或者条线的责任,亦非技术手段应用的浅尝辄止,而是一场由内及外的自我革命。"王炯说。

2018 年,中原银行全面启动数字化转型战略实践,明确了"三步走"的战略实施路径。

(1) 从敏捷银行建设入手,推动数字化转型工作。"银行在推动数字化转型的过程中,不仅仅是简单地依靠技术、数据来改善自身业务,实际上它是一个系统工程,其中首要的就是要改善组织架构,所以我们采取以敏捷银行作为起始点推动数字化转型,适应以客户为中心的管理模式和经营方式的变化。"王炯介绍道。

组织敏捷化打破了部门之间的藩篱,通过敏捷转型,中原银行在理念、架构、技术支撑层面得以转变,数字化转型的生产力得以加速释放。

(2) 通过敏捷组织的转型,提升数字化应用能力。2020 年 9 月,中原银行全行的组织敏捷化完成阶段性目标,在这个阶段,中原银行提出了 3 项重点工作。

- 深化数字化应用能力。

通过规模化推广大数据用例,将数据应用到业务管理和经营中的方方面面;通过数据驱动,开展精准营销,提升运营能力,更好地满足客户需求。

- 构建总分行一体化的营销体系。

围绕以客户为中心的经营模式,通过同步的分支行转型,建立具有中原银行特色的"三轨制"数字化营销体系,真正实现总行对分支行的"减负"与"赋能"。王炯介绍,中原银行在经营渠道上采取"三轨制":一是纯线上闭环的销售体系,二是"线上+线下"的销售体系,三是纯线下的销售体系。

- 提升数字化产品创设能力。

通过搭建产品货架,构建产品创新赛道,打造常态化产品创设、创新机制；通过市场筛选，探索打造爆款产品，提升分支行业绩。

（3）从运营能力的提升，转向商业模式的创新。"未来银行的竞争实际上不是银行与银行间的竞争，而可能是银行和其他业态在服务细节、发展倍速等方面的竞争，因此我们必须要从运营能力的提升转向商业模式的改变。"

王炯认为，只有对商业模式进行提前布局才能适应未来不同业态之间的竞争。

3. 未来银行生态的数字化构建

"未来的银行肯定是一种开放的生态，它应和客户的业务经营、日常管理紧密结合起来，为客户的生产经营赋能，提供'随时随地'的服务。"

王炯坦言，数字化转型对中小银行来说的确是个严峻的考验：一方面，因自身科技实力水平对数字化转型心存恐惧；另一方面，受限于中小银行股东及监管的压力，多数中小银行通过和科技公司合作来快速实现转型，但在此过程中，银行充当的更多的是资金的通道，数据、风控等实际内容并不被银行掌控，进而很难提升自身的数字化能力。

也是在这样一种背景下，中原银行更加明确数字化转型的定位——"构建一种合作的生态"，通过构建生态提升自身能力。

（1）科技合作生态。中原银行在近两年与科技公司的合作中采用到岸开发的方式，对系统进行量身打造——科技公司需按照中原银行自身的微服务和分布式的架构，在由一定比例银行技术人员参与的情况下依照银行自身相应的规则进行开发，科技方面的知识产权和源代码属银行所有。通过这种科技生态，提升自身持续迭代的能力，构建长期的合作模式。

据王炯介绍，中原银行在对新一代信贷系统、企业级反欺诈平台、临期管理、催收和贷后管理平台等涉及银行经营管理、风控能力方面的基础开发均采用这种合作模式。

（2）与场景结合的业务生态。"商业银行未来的业务都要和个体、生态等各种场景结合在一起，所以在转型的初期，我们在构建新的零售业务组织架构时,就尝试成立了场景部落,依托高频生活和工作场景延伸金融服务。"

在王炯看来,"金融+用户+场景"的跨界合作会成为常态,无感金融、无界金融应时而生,多方通过共享渠道、共建生态圈,实现互利共赢。基于对未来银行的理解,中原银行着重打造了四大场景。

◆ 吃货地图。

吃货平台既是获客平台,又起到了很好的黏客作用。它不仅挖掘出河南省 18 个地市 108 个县 5000 多个乡镇最具特色的美食和店铺,而且与客户的权益有机结合。对于消费者来说,最直接的好处就是可以享受到便捷和实惠;而对于入驻商户来说,相当于让入驻商户免费与中原银行共享客户,帮助"位居深巷"的特色美食店被更多人熟知。

◆ 智慧社区。

这是集线上缴费、一键保修、社区公告、社区活动等功能于一体的批量化、场景化获客平台。业主只需要关注微信公众号,认证业主身份,即可在线享受物业管理服务;物业方只需在平台操作、梳理信息,即可实现物业管理服务。通过为疫情防控提供技术支撑,智慧社区取得了突飞猛进的发展,3 个月内上线社区数超过 97 000 个,覆盖客户近 370 万人,活跃客户接近 100 万人。

◆ 智慧教育。

中原银行针对郑州等地市 K12 教育,推出专门服务,完善教育产品体系,助力校园生态建设。通过校园一卡通平台和教务管理系统,使应用场景触达到教学管理、学生安全、教育咨询、缴费充值、教育培训、助学贷款、签到考勤、财务管理等方方面面。

◆ 聚商平台。

该平台以"赋能小 B 客户"为目标,2019 年 1 月开始推广,目前使用客户数已接近 30 万人,占河南省小 B 客户总数的 1/4。据了解,疫情期间,中原银行还推出了"聚商快贷",利用"零接触"的方式为小微商户提供信贷资金支持,同时持续让利实体经济,为小微商户纾困发挥积极作用,为更多小微商户带来融资便利。

王炯展望,未来中原银行将致力于四个场景的互联融合,形成"飞轮效应",促进场景之间的相互引流,使场景服务更好地和客户需求有机结合。

4. 完善风控体系的数字化赋能

风险管理能力是检验银行经营管理能力的"试金石",也是银行发展过程中从规模扩张到内涵式增长的基础支撑能力。尤其对中小城商行而言,受经济增速下滑与新冠肺炎疫情不良影响,以及资产质量劣变、贷款管理不审慎的合规压力,金融科技浪潮对现有经营模式产生冲击,因此,构建线上化、数字化、智能化的风控体系,推进精细化的风控,不断降低成本,提高银行盈利弹性就显得尤为重要。

王炯直言,由13家城商行合并而来的中原银行成立之初就面临不小的风险压力。面对历史包袱,中原银行提出了"三年达标、五年清零"的工作计划,通过降旧控新,着力化解历史不良资产的同时致力于构建有效的风险管理体系。

(1) 打造风险管理的基本架构和制度授权体系。在持续优化风险治理架构的同时,中原银行形成了前台、中台、后台三道防线共管的工作机制。先后出台了近150项风险管理制度。完善风险组织架构,强化对分支机构的风险垂直管理,对分行风险总监等重要岗位实施总行委派机制,并对关键岗位人员进行异地任职和轮岗交流,增强风险条线人员的独立性。全行授信政策、授信额度和较大项目的审批由总行统一管理,同时加大检查和违规处罚力度,保证风险管理体系的有效性。

(2) 加强风险管理系统建设。从2016年开始,中原银行着手建设风险管理系统,基于全线上化、全数字化管理模式的新一代全生命周期信贷管理系统已于2020年7月上线。在整个授信过程中,首先由客户经理在前端完成对客户资料的收集,然后反欺诈平台对风险进行预警把控,业务通过审批后实现自动放款,贷款发放之后,系统还会按要求进行日常管理、临期预警和到期催收。

(3) 把控风险定位。"选择什么样的客户,就会有什么样的风险。"王炯说。在客户的选择上,中原银行始终坚持稳健的风险定位。一是以河南区域经济战略为导向,推动重点项目建设。二是基于行业研究员、专家意见、制度保障对河南主流行业和企业进行风险把控。通过行业建模,对企业进行等级评定，分别制定营销模式和产品组合。三是围绕城市有房一族推出专属贷款产品，其中"永续贷"产品不仅在河南市场上推出，还和17家银行联合创新，推动该产品在全国中小城商行的落地。

（4）将风险防控和产品有机结合。对于风险控制，不仅要通过产品，还要通过数字化的方式，加强风险预警、临期管理，加大风险管理的力度。例如，通过银行产品参与到生产企业客户的产供销流程中，与客户的生产经营活动有机结合，从而在有效提升客户服务能力的同时提升风控能力。

5. 打造特色金融的数字化基因

现在的中原银行，资产规模超过7000亿元，员工13 000人，盈利能力稳步提升。在数字化转型中，中原银行探索出了一条特色化发展之路。

（1）"上网下乡"，推进普惠金融。中原银行数字化转型的另一面，是金融服务的深度下沉——抢滩农村金融。这既是践行普惠金融的责任之举，又不失为在乡村振兴战略中寻找蓝海机遇的明智选择。

中原银行2016年便提出了"上网下乡"战略。通过建立一支队伍、搭建一个农村普惠金融服务系统、构建"四位一体"的风控模式、携手一个合作伙伴对农村金融进行深耕细作。

所谓"上网"，就是继续坚持"科技立行、科技兴行"，结合互联网发展趋势，不断完善科技信息系统，探索互联网金融服务新模式，大力发展移动金融、线上金融，加强线上营销体系建设，提升综合金融服务能力。

而"下乡"，则是积极进行机构下沉，加快县域支行、乡镇支行、村镇银行、普惠金融服务站"四位一体"渠道体系建设，把优质的金融服务和先进的金融产品、金融工具推广到广大县域、村镇，填补农村金融服务空白，抢占农村金融市场蓝海。

经过多年发展，一方面，县域以下存款的增长已经构成中原银行存款金融服务增长的重要力量，占比约60%。另一方面，中原银行涉农贷款的投放量也在逐年递增，使得金融活水源源不断地润泽河南的广袤乡村。

中原银行的"上网下乡"战略取得了丰硕成果，在全国形成了城商行惠农服务的示范带动效应。与此同时，中原银行还在打造"乡村在线"平台，把乡村治理、资金流转、村民社交、文化建设及支撑乡村振兴的信息和教育资源，与金融服务有机地结合起来，为乡村实现可持续的健康发展提供科技助力。

（2）资源优化，重视人才培养。一方面，中原银行强调合理安置新老员工，激发工作活力。对于老员工的安置，王炯表示，通过实施接地气、有实效的转型措施，合理进行岗位分流、业务调整，大力推进总分支营销体系落地，老员工也找到了合适的工作岗位和发展道路，这也是中原银行能够形成凝聚力、有效推动全行数字化转型的重要因素。在"三轨制"营销渠道中，线下仍是重要一环，开展区域性客户活动及日常金融服务仍要依托于线下网点，老员工仍有用武之地。

此外，中原银行在全行推行了26个大数据用例，支行员工平均每天要处理60笔营销线索，这些都需要老员工的参与。再者，在属地化客户体系的打造及特色化客户服务模式的创建中，仍需要有经验的市场经理进行合作洽谈。与此同时，中原银行还加大对老员工的培训，并在尊重个人意愿的基础上实施"三退政策"，从而腾出更多工作岗位。这几年，中原银行每年还通过校园招聘的形式引进大量新员工，为发展补充新生力量。

另一方面，中原银行注重外部引进和内部培养并用，培养科技人才。王炯表示，在数字化转型实践过程中，IT部门与业务部门是合作伙伴关系。IT人员需要懂业务，业务人员需要懂技术。为提升人员的素质能力和结构价值，中原银行多措并举打造复合型T型人才。

首先，大力充实总行科技队伍，持续优化重要岗位人员配备，加大科技基础平台与信息安全人员投入，逐步实现关键技术自主可控。其次，调整组织结构，将科技人员和业务人员组成跨职能小组，通过多项目、多岗位的历练和传帮带的模式，在协作中相互理解、相互学习、提升素质。最后，通过敏捷转型使业务人员和科技人员更加融合，给他们提供更大的施展空间，包括向业务方面的转型，进而留住科技人才，同时采用弹性薪酬，激发员工工作积极性。

6. 中小银行兼并重组浪潮下的转型思考

新冠肺炎疫情的到来，使本就经营岌岌可危的一些中小银行的风险更加凸显，中小银行资本补充迫在眉睫。2020年7月16日，银保监会城市银行部副主任刘荣在媒体通气会上也提出，支持部分省份因地制宜，推进中小银行改革重组。2020年上半年，中小银行兼并重组的动作频繁出现，作为当初由13家城商行兼并重组的成功案例，王炯结合中原银行自身实践经历，分享了中原银行的治理经验及对中小银行转型的建议。

（1）文化宣导与科技治理。中原银行的治理理念包含5个方面。一是统一管理，统一法人理念。总行统一制定规则，所有人需按照总行的规则立规矩、定制度、建机制，并按照既定的考核机制进行经营管理。二是统一核心业务系统。中原银行从筹备初期就启动IT系统大集中项目建设，从全行层面强化科技治理。三是确定以结果为导向的市场化机制。健全市场化的人员引进、晋升、退出和激励考核机制，实现了"干部能上能下、收入能高能低、人员能进能出"，营造了干事创业的良好氛围。四是注重员工交流。尤其是总行和分行干部间的交流，同时，借助培训与交流座谈等进一步促进全行员工多维度、多层次融合。五是文化宣导。通过对中原银行"稳健、创新、进取、高效"的企业文化核心理念宣导，促进全行员工凝心聚力，充分激发组织活力。

（2）发挥优势，构建生态。"中小银行的优势就是决策链条比较短，对当地市场比较熟悉，便于构建以客户为中心的经营生态、业务合作生态、技术合作生态等。"

在王炯看来，中小银行有自己的优势，包括地缘优势、人缘优势等。中小银行在转型发展过程中，既要脚踏实地，充分发挥自身优势，又要顺应趋势，在未来赢得先机。在技术上，可以和有技术优势的一些科技团队进行合作，并做到对关键系统的有效掌握，既降低中小银行科技投入成本，又可以提升自身技术能力。从发展趋势上来讲，中小银行要与同业银行、其他金融机构、跨界企业，实现数据共享、场景融合，共同携手，联合创新，从而实现"无界""无限""无感"的全新客户体验，打造因需而在、无处不在的智慧型未来银行。

"明智者总是变机遇为财富"，展望下一个5年，中原银行正在迈向未来银行的领军者道路上砥砺前行。

2.3.4 江海：搏击C端红海之后的B端新布局

"九天开出一成都，万户千门入画图，草树云山如锦绣，秦川得及此间无。"被诗仙太白比作难于上青天的蜀道，显然没有限制巴蜀大地上的想象力，蜀郡太守修建的都江堰水利工程沿用至今，北宋交子成为金融史中的第一张纸币。巴蜀先民的启示录里，没有墨守成规，而是另辟蹊径，跳出固有思维寻找破局之道。

2016年，新网银行在这片土地诞生，这一"想象力"在诞生之初就被编写进基因。正如新网银行行长江海在《数字金融百人访谈》中提到，新网银行从成立之初就坚持"技术立行"，在金融之外寻找解决金融问题的钥匙。2020年12月28日，新网银行度过了自己的4周岁生日。4年，时间让"想象力"变成了"生产力"，新网银行打破了传统银行"存款立行"的既有模式，通过开放平台之路，走出了一条差异化竞争之路。

受访者：江海
（新网银行行长）
采访者：许小青

3年一小成，新网银行业务已覆盖全国，目前客户总数超过5000万，累计发放贷款超过1.4亿笔、金额超过5300亿元。截至2021年6月末，新网银行净利润为4.28亿元，同比上升8%，环比增长39%；不良率为1.04%，较2020年年末下降0.15%；拨备覆盖率为379.84%，显著高于监管要求标准，约为行业平均水平的2倍，显示出较强的抗风险能力。下一个3年，新网银行将继续锚定数字银行，继续开掘技术红利，与主流银行优势互补、共赢发展，用源头活水滴灌整个普惠生态。

1. 技术闯出"祁山道"

（1）以无法为有法：信奉技术的原力，开创一个开放平台。"有无相生，难易相成"，作为新网银行的第一位员工，江海看待问题的方式，有着蜀人固有的达观，善于观察事物的积极面。2016年6月，新网银行获得当时银监会的批准开始筹建，江海担任筹备组组长，银行的牌照是手里最重要的"王牌"。

"和主流银行相比，新网银行没有分支机构、没有客户经理、没有现金业务；和互联网巨头的金融板块相比，新网银行没有原生客群、没有自有场景、没有特殊数据。"但江海并不认为这是新网的劣势，反而能让新网银行挣脱历史包袱，走出一条轻量化运营之路。

2018年一度被称为开放银行元年，当"开放银行"这一主题词出现在各大圆桌论坛时，新网银行的"开放连接"战法已经渐入佳境，江海和他的团队在成都天府三街用金融科技后发先至，以黑马之姿闯入开放的新赛道。

江海是一个技术信奉者，他相信没有技术解决不了的问题，只有今天的技术解决不了的问题。在新网银行1.0的版本中，江海的团队在API接口上开足马力，封装整合多类型金融功能模块，化"连接"为"传输"，将更安全、更便捷、更高效的金融服务精准触达普惠金融所需的小微群体，持续解决普惠金融发展的技术可行性和商业可行性问题。

在移动互联、云计算、人工智能等科技手段的加持下，新网银行正在实现全流程数字化运营，这也成了一步"先手棋"。2020年新冠肺炎疫情暴发后，"零接触"服务成为银行业十大热门词汇，在《金融时报》的评选理由中，新网银行被认为是：发挥零接触服务优势，积极加大与政策性银行的转贷款业务合作，利用政策性银行稳定和低成本资金为小微企业提供信贷支持，带动降低小微企业贷款利率。对于C端客户，新网银行搭载的开放平台将金融服务以标准化的接口嵌入各种互联网场景，实现了金融服务入口的虚拟化和泛在化，让用户能够随时随地获得放在云端、伸手可及的金融服务；对于 B 端合作伙伴，它将账户、支付、风控各种业务能力封装起来，模块化、组件化输出，让合作机构迅速具备运用能力。

（2）以人才为王牌：不惜茅庐三顾凝聚一队"攻城狮"。"三顾频烦天下计，两朝开济老臣心"，新网银行往北17千米，诗圣杜甫的诗句就镌刻在武侯祠的门楣上。"三顾茅庐"也成了惜才的代名词。新网银行成立之初，江海背着双肩包，频频北上、东进，四处招兵买马，新网银行整个技术团队中有五六十位专家就是这样一步步被招进来的。在新网银行的技术团队，有50%来自北上广深和境外，其中有很大部分曾经在互联网巨头和大型银行工作，他们都是产品、科技、运营、风控等领域的专业人士。

"这是成都金融科技人才最大规模、最成建制的一次集中引进。"江海将这形容为孔雀西南飞，这些人才也成了新网银行的中流砥柱。

自新网银行成立以来，数字科技人才队伍成了全行的发展之基和立命之本，目前具有算法、大数据、在线安全等技术背景的员工占比达70%以上。据公开信息，在19家民营银行中，新网银行的科技人员占比靠前。

"我们希望一直坚持做为主流银行补位的业务，去做他们没有涉及或者说没有有效覆盖的业务，只做技术能够有效管控风险的业务。"江海说，基于这一定位，新网银行在人才引进方面，主要是招聘有技术背景的人，而且区别于主流银行单通道发展的架构及外聘的形式，新网银行在组织架构上，创新性地提出让有科技背景的同事来成为业务部门管理层的重要成员，通过业务实践的方式培养自己的金融科技人才；同时聘请大量顾问，以建设一个外脑和智库的方式去柔性引进行内有需求的一些专业领域的金融人才和行业人才。

新网银行过去的成功离不开技术，未来的发展也必然依靠技术，"技术立行"是新网银行从成立之初就秉持的战略，也是新网银行"与众不同"的特色之一。

2. 风控布下"八阵图"

（1）高频迭代风控模型，筑牢数字化智能风控体系。2020年，中国人民银行成都分行公示了第一批金融科技创新监管试点应用，新网银行的《基于多方安全计算的小微企业智慧金融服务》项目入选，这一面向小微企业的金融服务模式和运营模式，可以有效提高金融机构风控能力和授信水平，解决小微企业融资难、融资贵等问题。

做金融就是做风控，远隔千山万水、没有线下尽调，通过移动互联网能否对客户进行清晰画像？自研的风控矩阵能否守住银行的门户？业界一直有人认为，大数据风控尚未穿越长周期，值得观望。

江海并不认同这一说法，他始终认为，没有任何一种方法论经历了周期的检验，以往的方法论都是基于专家经验，但现在大数据的宽度和厚度能够弥补长度的问题。大数据风控是人类历史上伟大的实验，因为它能在短时间内做大量的样品和足够广的覆盖面。"传统的数据方法论周期确实比较长，但是它的广度和厚度是无法和数字化风控相比的。"为此，新网银行打造了一套智能化风控体系。

新网银行是全国首批全面运用机器学习技术进行零售信贷风险决策的银行，着眼于数字化精细风险管控，打造了全天候、高精准的大数据智能化风控体系。自主研发的反欺诈系统综合运用了人脸识别等技术手段进行反欺诈分析判断，可并发执行数百条反欺诈规则并实现毫秒级响应。自主搭建的信用决策模型，构建了风险量化模型和风险特征指数，运用人工智能等技术进行客户全方位画像，定制授信额度及贷款利率，实现精细化、差异化风险定价。

新网银行从筹建开始即着眼于搭建以互联网在线风险管理为主的风险管理模式，从组织架构、人员、系统建设等多方面建设互联网化的风险管理体系，从而搭建一整套完善的在线风险管理体系。运用先进的数据挖掘算法，开发和部署了超过10类以上的风险量化模型和风险特征指数，对客户的风险进行多维度判断和预测；同时采用大数据量化驱动的流程作业管理模式，利用基于数据集市、反欺诈系统、评分模型等多种风险量化技术，对客户的信用风险、欺诈风险、交易风险、潜在价值、流失可能性进行量化评估分析，实现了自动化的信贷审批，以及贷中、贷后风险管理。

（2）扫清普惠金融的障碍物，在金融之外寻找"钥匙"。"解决金融问题的钥匙往往在金融之外。"江海认为，目前金融行业面临的难题是如何做到既"普"又"惠"，"普"意味着要降低门槛，提高金融风险的识别能力；"惠"就是要降低成本，提高金融业的精细化程度，尝试解决 C 端长尾客群和 B 端小微企业贷款难、贷款贵的问题。

"高维决策、高频迭代"的风控能力或许能铸成这把钥匙。江海解释说，高维决策就是把它当成一个复杂的系统，一定要坚持做一个风险矩阵，做矩阵式防控，从多个维度去评估风险，而不能做单点防控；高频迭代，在这个过程中要保持对风险的敏锐观察，通过风险的表现，随时快速地迭代风险模型和策略，这是一家银行保持自己核心能力的要点。在持续运营中，效果开始显现。

- 800 多万次"阻击战"。

新网银行自主研发的反欺诈系统，不但拥有传统银行类风控模型，也将机器学习信用模型应用到实时授信决策中，并在不断探索将深度学习、强化学习等人工智能的前沿算法在信贷业务中落地应用。新网银行风险政策团队也借鉴了 AB 测试框架，同时在线对比多组授信策略的表现，根据实际表现自动切换流量，实现授信策略快速迭代和不断自我更新。

同时，通过综合运用人脸识别、生物探针、设备指纹、关联网络等技术进行欺诈风险判别，可并发执行数千条反欺诈规则，实现毫秒级响应。自开业以来，新网银行反欺诈系统有效阻断各类攻击 800 多万次，自营业务欺诈损失率小于百万分之一。

- 行为数据"白盒"模型。

传统风控依靠财务数据，对零售客户授信需要客户提供银行流水、房产证、收入等证明，但这些数据都是"低维、低频、低可信"的粗颗粒数据，最终会导致银行往往只能对头部客群进行授信，不能真正做到普惠金融。数字化风控则是围绕客户唯一的身份ID，依托全场景、全方位的互联网应用所沉淀的"高维、高频、高可信"的行为数据进行客户画像，能够对大众长尾客群进行授信。

风控要素从财务数据到颗粒度很细的行为数据，风控模型从基于财务数据的简单现金流预测模型到基于行为数据的高维变量决策模型，数字技术让C端长尾客群和B端小微企业贷款难、贷款贵的问题得到针对性解决。在"车联网"重卡汽车贷的场景，新网银行开始研究通过重卡汽车的移动定位、ETC数据来推测司机的营业收入，并运用到贷中实时预警。结合车联网的行为轨迹数据，可以监测客户是否从事物流工作，以及收入和支出成本，从而通过这种实时数据为风控决策提供有效支撑。

如切如磋，如琢如磨。新网银行的技术人员往往通过换位思考，去寻找漏洞（bug），像福尔摩斯一样，去细节中寻找端倪，一张身份证、一个耳机，都可能成为判定的维度。依靠自建的信用决策模型，新网银行确定了千人千面的贷款额度及贷款利率。

◆ 密码学搬来多头借贷的克星。

"怎么防范客户缺乏自控力、过度借贷？通过共享机制构建一个防止多头风险或者欺诈风险的防火墙，然后构建一个对B端的山，构建一个对C端客户的过度借贷的拦截网，这是一个行业问题。"

2020年11月26日，新网银行联合银联数据，发布了"实时多头"共享平台，探索解决风险数据覆盖不全、更新不及时、数据污染严重等行业瓶颈问题，通过技术手段实现在核心数据不出库的情况下实时共享信息，为金融诈骗和黑中介的拦截提供新思路。说到这个平台，江海表示，搭建这个平台的意义，一方面，金融机构希望能够通过数字技术的运用，让金融服务特别是信贷服务，从一个头部平台的专属品逐渐变成一个大众客群的消费品或者快消品，且在较短时期能够防范多头欺诈，防范黑产风险，保证金融机构的资产安全；

另一方面，C端客户通过这样的共享机制来构建一个防止多头风险或者欺诈风险的防火墙，对C端客户的过度借贷形成拦截网。

平台的最大意义在于既实现了跨机构共享，又保证了数据不出行，有效保护客户隐私。"实时多头"共享平台、"烽火台""碎纸机""追踪器"的创新应用让技术变得更有意思，数字化风控将成为行业发展的标配。

3. C端演武"小试牛刀"，B端蓄势舰队出海

"过去4年可以说是新网银行的探索期，也是业务发展的第一波小高峰。这4年，新网银行走出了最初的迷茫期，完成了业务方向的初步探索，形成了对银行业务全流程的数字化的理性认知，建立了对技术管控风险的充分信心。"江海说，新网银行的劣势其实也是优势，它是一张"白纸"，可以从零起步。新网银行在没有资金、客群、数据、综合服务等太多优势的情况下，唯一能做的就是比别人"快半步"。"'快半步'是我们非常重要的生存之道！"江海说。

过去4年，C端客群的普惠金融服务一直是新网银行的主战场，从3100万客群的服务中修炼出了一套以行为数据逻辑为内核的战法，这也为随之而来的B端战场蓄势待发。

（1）联合大行滴灌小微，构建差异化的普惠金融新生态。"隆中一对，天下三分"，在三国文化盛行的成都，难免让人将思考和策略相互联想，正如《隆中对》中所强调的联合的重要性，大小联合更是发挥叠加效应的最优路径。

新网银行以数字风控见长，国有商业银行的业务服务范围比较广，资金成本相对较低，"场景共建、生态共享、联合研发与运营"的银银合作模式能为客户提供更优质的产品服务，有利于实现银行体系内信贷资源的优化配置，充分展示了"普"与"惠"的互补优势对提高小微信贷产品的可得性和覆盖度的重要性。

小生意人的算盘"算得精",一分、一角都要用在刀刃上。不少生意人坦言,疫情过后挣钱都不容易,只要生意能运转下去,能少借点就少借点,压力小一些。而对于银行来说,这样小额碎片化的借贷需求,就像是"在针尖上跳舞",考验的是银行精细化运营、对金融科技的"微雕"功力。

江海坦言,随着各大银行金融机构加大对小微企业的服务力度,普惠金融的阳光经过层层渗透,已经照耀到了具有一定规模的小微企业,他们可以从银行渠道拿到低成本的资金,但是对于街边小商户、夫妻店这类更草根的小微商户来说,银行的钱却相当稀缺。一口锅养活一家人,一笔钱可能助力他们实现一个小梦想。街边夫妻店在复工复产关键阶段,对实体经济起到了巨大的推动作用,他们更应该得到银行级的金融服务。

据了解,目前符合额度50万元以下、"随借随还"模式的信用类普惠金融产品非常少,而新网银行推出的"好商贷"产品便是一款"随借随还"模式的个体经营数字信贷产品,具有"全在线、全实时、全客群、全信用"的特征。客户全程线上自主操作,既符合常疫情时代下零接触式金融服务的需要,也兼顾了小微群体自雇运营为主、无暇线下申贷的客观事实。在业务全流程方面,"好商贷"产品实现了基于机器学习和人工智能技术的自动化审批,做到了秒审秒贷,为客户节约了申贷和用信时间成本。"好商贷"产品能够高度适配小微客户"短、小、频、快、急"的用款需求,满足小生意人精打细算的诉求,产品上线以来,获得了小微商户的众多好评。截至2021年6月,新网银行累计发放小微贷款207.59亿元,2021年上半年累计发放小微贷款79.65亿元。

(2)BC端联动:开启未来增长的"第二曲线"。初心决定为什么出发,目标决定到哪里去。新网银行从成立以来,打破了传统银行"存款立行"的既有模式,以在线信贷业务为突破口,依靠技术创新、模式创新、流程创新走出了一条"与众不同"的互联网银行发展之路。谈及未来,江海认为,移动互联网、大数据、云计算等解决了C端消费者"风险识别难"和"作业成本高"的问题，而随着 5G 技术、物联网等新技术的广泛普及，未来新的风口——数字产业金融已初具雏形。

2020 年 12 月 14 日国务院常务会议决定，从 2021 年 1 月 1 日起，对动产和权利担保在全国实行统一登记。原由市场监管总局承担的生产设备、原材料、半成品、产品抵押登记和由中国人民银行承担的应收账款质押登记，以及存款单质押、融资租赁、保理等登记，改由中国人民银行统一承担，提供基于互联网的 7×24 小时全天候服务。

"这说明我们即将迎来一个'万物可押'的时代。"江海说，在此政策机遇之下，数字技术正在快速夯实基础设施建设，未来有望进入一个"万物互联"的时代。当"万物可押"遇到"万物互联"，当政策机遇与技术机遇完美实现共振，江海认为，这对金融机构来说，是开展数字金融的风口，更蕴含着巨大的机会，为金融服务实体经济提供了更为有利的发展环境。

基于此，新网银行面向小微企业的纯线上、纯信用企业金融产品也即将推入市场。"我们坚信，用技术手段可以逐步解决小微企业融资难、融资贵的难题，B 端、C 端联动发力之下，我们也将蓄势再出发，为解决普惠金融难题做一点贡献。"这也将在未来成为新网银行继续增长的"第二曲线"。

"合抱之木，生于毫末；九层之台，始于累土"。2020 年是新网的蓄势之年，也是"空中加油"的一年，经历了第一波业务发展的高峰之后，未来新网银行将继续秉持"技术立行"的发展战略，配合主流金融机构做好数字普惠金融的"补位者"，扩大小微群体的服务半径。

"阵而后战，兵法之常；运用之妙，存乎一心"，面临的环境一样，客户需求的本质一样，商业模式的实质也大同小异，剩下的就看谁能真正沉下心来，坚守初心。江海在奔跑，今天 4 岁的新网银行也将在践行数字普惠的道路上继续奔跑。

2.3.5 邵丽萍：廊坊银行，一家城商行逆袭背后的数字化基因

20年前，城商行为化解地方金融风险而生；20年后的今天，金融科技创新、数字化转型等互联网金融浪潮又将城商行推上风口浪尖。作为城商行后起之秀，廊坊银行成长为区域佼佼者的探索转型之路，为其他城商行提供了更多启示。

1. 回望：廊坊银行的逆袭之路

作为廊坊银行重组起航的掌舵者和见证者，廊坊银行党委书记、董事长邵丽萍介绍了廊坊银行的逆袭之路：挺住了"活下去"的艰苦崛起期，经过了"活得好"的自省调整期，廊坊银行目前正在"活得久"的"三步走"战略规划中精耕细作。

（1）活下去："控风险、调机制、聚人心"。"接任行长后我就思考，我们要做什么？首先要知道有什么，在这个时候该做什么，明白这个阶段只有先把业务做起来才能'活下去'的道理。同时做了之后不要再像过去一样'踩雷'。所以，经过董事会、经营层及麦肯锡顾问的综合研究，我们提出了以县域金融为主体的一体两翼的战略。"

邵丽萍介绍，正是抓住了京津冀一体化带来的县域经济细分的市场，又恰逢北京周边的县域进行城镇化转型，廊坊银行用3年时间，将这家濒临倒闭的小银行打造成走在河北城商行中前列的千亿级银行。

受访者：邵丽萍

（廊坊银行董事长）

采访者：许小青

（2）活得好："区域精耕、行业精耕和客户精耕"。"活得好，在摘掉高风险行帽子之后，按照战略规划，我们将用两年时间只做存量结构调整，不做规模的增长，就解决了存量业务中的历史问题。"

邵丽萍说，中小银行有自己的特色，也有差异化，对于廊坊银行，从2017年开始的两年时间，以"区域精耕、行业精耕和客户精耕"为核心，调整业务结构、压缩同业资产、主动控制资产规模，向零售和数字金融转型。

（3）活得久："零售转型下的价值银行"。"什么叫活得久？我们定义为做'价值银行'。'价值银行'是一个长久的事，要打造出百年老店，做蓝筹股，要让投资者认为持有便会增值，不靠快速发展，不靠规模，靠什么？稳健的可持续增长的核心竞争力。我们定的就是向零售战略和数字银行转型。"

邵丽萍说，自2019年始，在"精耕京津冀创新发展的价值银行"的战略框架下，廊坊银行各方面都稳健发展，零售业务占比超过50%，大数据应用不断提升，向数字化银行转型纳上议程，计划再用3年时间，在资产负债、风险管理、数字银行及配套组织体系建设方面取得关键性的突破，打造一个有特色、可持续发展、区域领先的价值银行。

"在制定战略时，抬头看天空；在打磨策略时，低头看脚下；在落地实施时，把握好节奏。战略指引的只是方向，在战术上一定要随着市场变化不断调整，要有市场敏锐度和强有力的执行力，确保不打折扣地落地。"为者常成，行者常至。正是基于这种看得清、想得透、行得稳的特质，廊坊银行在逆袭之路越走越稳。

2. 从容：因"疫"施策

谈到此次疫情，邵丽萍说，突如其来的疫情对不同行业都有很大影响，银行也不例外。例如，网点业务断崖式下滑、各家银行数字化转型步伐加速、优质信贷资产缺乏、银行资产质量承压增大等，因数字化水平和资产在行业配置方面的差异，不同银行受疫情影响程度也不同，针对疫情，廊坊银行迅速反应，积极应对，采取了有效措施。

（1）研究对冲策略，防范风险。邵丽萍说，疫情后，廊坊银行关于经营的第一件事就是研究策略对冲疫情的负面影响，在每周例会上制定应对客户流量下降、资产质量可能恶化等多方面影响的应对方案。

（2）积极投入科技资源。疫情最大的改变就是业务从线下到线上放量，邵丽萍说，廊坊银行第一时间加大对线上产品、线上金融服务模式的投入，网上银行、手机银行7×24小时全天候不间断为客户提供账户管理、网上汇款、在线支付、理财等服务，鼓励客户使用线上渠道办理金融业务。

（3）坚决执行国家及监管部门的相关政策。邵丽萍说，疫情一开始，廊坊银行就联系当地政府第一时间捐款捐物，及早恢复网点运营，配合抗疫物资和资金调配，积极践行社会责任。

除此之外，邵丽萍介绍，廊坊银行还通过开通疫情防控金融服务绿色通道，助力小微企业"不抽贷、不断贷、不压贷"，与受疫情影响的困难客户同舟共济，加大对实体经济尤其是涉及疫情防控客户的金融供给，对于医护客群给予优先办理绿色通道，加大对医院、居民社区及应急建设项目等重点单位的现金供应，通过网点、官网、微信向广大客户公告、宣传电子银行等方式办理金融业务等10方面举措打造金融抗疫。

3. 破局：打造数字化银行核心竞争力

疫情触发了金融机构数字化转型和"零接触"服务的加速键。不管是大型银行还是中小银行，均加速了线上布局的步伐。数字化转型需要有持续稳定的资金投入，需要慎之又慎的科学决策，需要有全行一盘棋的战略聚力，也需要有专业的人才支撑，对于中小银行而言并非易事。

邵丽萍认为，数字化、线上化是银行业发展的整体趋势。大部分银行目前都在发力于数字化建设——前台精准营销、中台数字化风控、后台数字化贷后跟踪等。

但在她看来，这些并不能完全打造银行的核心竞争力。长期而言，银行数字化转型真正的核心在于将数据作为生产要素，从组织架构到业务流程围绕数据的采集、加工、使用及产品输出，形成闭环机制，从而真正实现数据驱动。这才是未来银行发展的核心竞争力，也是真正意义上的数字银行。

如何打造具有核心竞争力的数字化银行？邵丽萍介绍了廊坊银行的实践路径。

（1）围绕核心要素，打造全新的组织模式，建立独立发展的数字银行。"数字银行不会改变银行行业本质，所以一定时期传统银行线下的网点不能抛掉，但是未来必须要能够建立以数据为核心的整体运营体系，这是长远的，作为数字银行发展的核心竞争力，就是要围绕核心要素，打造全新的组织模式，建立独立发展的数字银行。"

邵丽萍很肯定地说，所谓独立发展的数字银行，就是要在产品设计、风控手段、人员激励、业务流程等方面跟传统银行不一样，不是简单地从线下搬到线上。真正的银行数字化转型，不能仅仅从一个业务层面来操作。

（2）打造强有力的科技赋能技术和能力。邵丽萍以今日头条为例，称未来银行要从用户的特征和行为出发，利用特征数据和行为数据对其进行用户画像，定制精准服务，使打造的产品更有针对性，这就是科技互联网业务的能力。只有发力于此，才能在数字化转型中占有立足之地。

（3）要以大数据风控能力建设为突破口，拥有自主风险定价的能力。"如果没有风控能力，所赚的价差远远抵不上本金的损失。所以做线上业务，最核心的能力就是自主的风控能力。"邵丽萍说，如果风控能力达不到，开展线上业务预期达到的降低成本、增加获客的目标也就无从谈起。

此外，目前中小银行大部分是跟一些科技公司或头部互联网公司合作，如果合作过程中银行没有系统参数及平台数据的自主权，那么未来数字化银行发展及客户管理会有很大问题，这就需要银行增强实力，建立自己的风控模型。

在疫情之后，廊坊银行更加注重风控。

第一，疫情之后，对风控更严格、更谨慎。对整体业务发展，本着服务实体、区域划分、行业优先、风险可控的原则。

第二，加大对大数据的运用，特别是对线上风控模型建设将投入更多的资金。

第三，对受疫情影响且国家政策重点保护的行业，开通风控方面的绿色通道。

第四，更加完善风控的组织架构、人员及制度流程，提高效率，以尽快响应企业的呼唤。

"站在企业的角度，我们要审慎发展，但在流程机制方面，出于客户服务的考量和适应数字银行的转变，我们会采用敏捷性组织，让客户需求能在第一时间得到反馈。"邵丽萍说。

（4）实现线上、线下联动的 OMO 模式。"数字化不会改变银行自身属性而是增加了更多模式、催化运营理念和营销方式方法的改变。但这种转变不会一蹴而就，线下业务在目前来看仍是基础。"

邵丽萍说，传统银行的线下网点拥有自身优势，在其支撑下，才有建设数字银行的能力和资金。数字银行可以利用技术实现线上化，但是除了纯线上业务经营以外，还需要把线上和线下场景融合起来，将地推团队和网点结合起来。

"水泥加鼠标形成天网、地网、人网。由此也形成了和大的互联网平台公司的差异化竞争，因为有些纯互联网银行或拥有金融属性的互联网公司没有线下网点，缺乏客户体验环境。"邵丽萍形象地解读。

（5）加强客户关系管理能力。邵丽萍说，客户关系管理是非常重要的。随着业务线上化，客户与银行沟通到了线上，而线上客户的情感看不见，只有通过线上客服，但是现在大部分银行对空中客服还不够重视，而且客服人员更多情况下只是简单地回答客户问题。廊坊银行将来会对一些既懂业务又具有良好沟通能力的人才进行培训，在空中客服中增加对客户的挖转、迁徙，起到一定的留存作用，这也是与传统银行有很大差别的。

4. 开放：中小银行数字化转型危中寻机

不同类型银行通过开放银行进行数字化转型的关键是市场效率与产业竞争问题。大型银行与中小银行虽然面临着相似的外部环境，但自身能力和禀赋差异很大。在数字化转型过程中，大型银行可能更适宜通过自我赋能实现开放生态的建设，而中小银行则可能更需要借助外力的合作赋能来促进转型发展。

在邵丽萍看来，中小银行在数字化转型中的痛点主要体现在两个方面：一方面中小银行起步晚，客户基础、产品服务方面与大银行相比相对较弱；另一方面，投入有限，大银行动辄上百亿元左右的科技投入，这对中小银行而言是不可能的量级。

面对区域限制的"先天不足"以及疫情过后中小银行和大银行在数字化发展方面差距或将进一步拉大的危机，邵丽萍表现得处变不惊，这份从容或许正来自于"知己知彼"的自信。

与六大行和一些股份制银行不同的是，我国城商行在发展中还会面临监管部门对区域牌照的限制及资源壁垒。

邵丽萍认为，区域牌照的先天限制是无法改变的，但这并不意味着城商行在未来发展中无路可走——差异化战略正是中小银行的发展机会。

（1）创新文化，孵化互联网"数字银行"。"传统银行的思路往往是把风险和条件预设好，再对客户进行筛选，符合条件的才能被系统接纳。而数字银行对待客户的思路更像'漏斗型'，对所有用户首先是开放和接纳的态度，然后再按照银行的标准一点点地漏下来筛选"。

邵丽萍结合廊坊银行在数字银行建设方面的实践和领悟谈到，传统银行和数字银行在模式、系统和理念上都有差异，传统银行如果只将数字银行作为部门建设，未来的路将很难。

她强调，传统银行业务不能丢，但是传统银行在选人用人上更需要互联网思维和金融思维的兼具者。她说，廊坊银行目前以孵化互联网公司的态度成立了"数字银行部"，虽然表面是个部门，但是在产品、渠道、风控、考核等方面均有自己的独立体系，具备充分的发展空间。

"不管叫事业部还是叫互联网，它有一套自己的独立体系，前期需要投钱，需要很多配套的措施，银行要用区别于传统银行的机制和理念去支持，这样，数字银行才能够越走越远。"

在邵丽萍看来，数字银行投入产出综合算账后，短期内收益的提升不会立竿见影，面对大家的争议，一把手需要用长远的发展战略眼光看待问题，从上向下灌输，并配以一些特别的支持政策。这个时候，企业文化中是否具备创新的氛围、对待新事物的理念及颠覆传统的思维就显得尤为重要。

（2）守住优势，攻克新机遇。如果说大银行的长远发展是依靠平台战略的话，那么中小银行则更应该发挥地域特色，在垂直化场景中做深做透的同时，更要有清晰的定位并且持续聚焦。只有这样，中小银行的优势才可能逐步显现。

廊坊银行在逆袭中充分发挥区域先发优势、产品优势，深耕本地。在谈及如何守住这种优势，攻克新机遇时，邵丽萍用发展的眼光谈到了如下几点。

一是抓住"都市圈"新机遇，发挥杠杆作用。"从线下业务看，现在中国经济正向都市圈转型。我们做过分析，从世界的角度看，巴黎经济圈、纽约经济圈、东京经济圈的发展带动及辐射作用不可小看，未来中国的北京都市圈，是我们难得的机遇，一定要抓住。"邵丽萍说，对于中小银行，要跟着大势走，利用区域优势，起到杠杆作用，带动其他银行来投资当地经济。

二是聚焦"价值银行"，深耕区域。在邵丽萍看来，做好价值银行，最重要的还是在区域内深耕，与区域的政策结合好。服务好区域内客户，分享在京津冀发展的红利，同时，将区域业务做好，体现出一定的社会价值，尽当地法人银行的责任和义务。

三是践行"区域连接器"作用。相较于大行在区域里设置分支行而言，城商行在当地多为总行，与地方的交融会更深。通过与当地政府、工商、税务等各资源部门的对接可以更深入了解客户的真实情况，在贷款的办理、风险的把控、数据的获取等方面将会更加高效。

邵丽萍以廊坊银行"爱农贷"为例："我们跟世界银行集团国际金融公司（IFC）合作的项目，获得国家农业部支持和产品试点奖励，但是要获得正规数据支持必须到省农业厅，再细的数据就要到市里的农业局。在这些方面，地方银行的优势是很明显的。"

"所以我们可以在区域内做区域连接器，把场景化、信息化的平台与区域的这些数据和客户连接起来，形成中转站，区域外的地方银行或互联网公司与我们合作，共同分享区域内的经济发展红利。"

四是发挥线下网点优势，错位竞争，把区域模式做精做透，做特色银行。数字银行和科技手段改变不了银行的本质，借助物理网点和线下服务的优势与大平台错位竞争。邵丽萍以支付宝、微信二维码收款为例，在区域营销时，通过地推模式给予一定的优惠政策、贷款优惠等，将地方模式做精做透，形成区域输出，这种错位竞争是中小银行应对较大平台的一个出路，目前有些小银行已经在当地市场走出自己的一条路。

谈及未来，邵丽萍感言，廊坊银行会把握大势，抓住京津冀都市圈的发展机遇；充分发挥杠杆作用，带动更多银行对该区域经济发展支持和助力；与此同时，聚焦价值银行的发展战略，在数字银行转型中充分理解差异化竞争与自身优势的内涵，打造出区域性的线上经营模式。

2.4 合作者谈

受访者：曾硕
（易诚互动董事长）
采访者：许小青

2.4.1 曾硕：数字化转型，银行和金融科技如何乘风破浪

新冠肺炎疫情改变了我们的世界，生活方式、生产方式及数字金融生态正在发生变化。在数字

金融发展的"红利期",传统银行与金融科技的"强强联合"火花迸发。在数字经济和数字金融的"喧嚣"背后,一个执着且低调的金融科技公司——易诚互动一直守护着"金融服务生活"的信念,默默耕耘多年。这份坚持让它赢得了"中国网上银行领跑者"的美誉。通过深度访谈对话易诚互动董事长曾硕,我们以一家金融科技公司的视角洞见商业银行数字化的未来。

1. 穿行于商业银行转型"赛道"的"挑战者"

我们身处于一个剧变的时代,加之疫情的冲击,使我们的思维发生了根本的改变。未来银行不再是一个场所,而是一种服务,打破了"隔离"的界限,将金融服务和产品通过万物互联接入客户的手机界面,融入人们的数字化办公空间。在数字化的浪潮中,大家都逐渐认同"专业的人做专业的事"的道理。在疫情催化的数字化进程中,以"零接触"服务为主的新业态,离不开银行在科技服务上的服务伙伴。

数字化对很多商业银行来说是一个全新的领域,甚至是一片蓝海。但对于曾硕率领的易诚互动却是一个"老生常谈"的话题。10年来,易诚互动见证了中国银行业从早期的网上银行、手机银行到全新的智能化、数字化金融体系,曾硕感叹道:"从事计算机行业的人都有个经验,'实在不行就重启一下',其实转型的时候观念也需要重启,这就是一个清空的过程。"他说,如果观念中充满着传统和常规的沉淀,就会缺乏想象力,很难去察觉到 5G 对数字金融的影响。那么,这片蓝海对我们的经营和发展究竟意味着什么?

曾硕总结道,近 10 年来紧跟商业银行数字化转型的心路历程,"没有舒适区"是这位出身于自动化控制、投身于金融 IT 30 年的理科生最洒脱、最直白的感受。这份对技术的执着和数字化未来的信念支撑了易诚互动的探索与前进。商业银行的数字化不可能一蹴而就,需要技术迭代,更需要花大力气去布局、升级和改革,没有完美的技术解决方案,缺乏系统的数字化路径,金融科技将成为"舶来品"。曾硕笃定数字化金融是传统银行转型的机遇期,这次疫情是一次深刻的数字化革命的"洗礼"。

在数字化金融的"赛道"上，同业竞争是非常残酷的，没有精进的技术支撑和夺目的产品是难以立足的。曾硕的视野很广，眼光独到，他认准了数字化金融这条路，并且在金融科技的应用领域不断深耕细作，因而能够与行业领先的互联网巨头站在一起。

2019年3月20日，易诚互动与蚂蚁金服并肩携手，联合发布新一代移动银行解决方案——"猎豹平台"，致力于解决金融机构App快速开发、数字化生态运营等金融科技转型难题，帮助金融机构打造以数据驱动的移动银行，优化用户体验、提升移动网络渠道效能。

"猎豹平台"集成了mPaaS系列技术架构和"移动+云化+生态"的构架师团队，沉淀8大工具、6大业务场景，提供可定制、可运营的移动金融业务处理能力，能够为银行业App带来极致的用户体验、成套的业务组件模板，同时提供完善的数字化运营能力，形成一个完善的移动银行生态。

曾硕在访谈中屡次提到了新网银行——一家诞生于数字化金融时代的互联网银行，从出身就融合了传统银行与金融科技的基因。曾硕认为，新网银行的成功是互联网与数字化金融的正确方向。年报显示，新网银行2019年实现营业收入26.81亿元，较2018年同期的13.3亿元增长了100%；净利为11.33亿元，较2018年同期的3.68亿元增长了207.88%（见表2-8）。

表2-8　新网银行2017—2019年营收数据

单位：万元

营 收 数 据	2019年	2018年	2017年
营业收入	268 066	133 504	35 856
营业支出	137 784	87 756	58 376
营业利润	130 282	45 747	（22 521）
利润总额/（亏损总额）	130 212	45 672	（22 541）
净利润/（净亏损）	113 318	36 838	（16 933）

资料来源：四川新网银行股份有限公司2019年年度报告。

超前的金融科技布局是银行成功的重要原因。曾硕提到了3个关键词：互联网化、数字化和中台化。他进一步解释：互联网化，主要强调借鉴互联网的经营模式；数字化则强调这种经营模式的观念和能力；而中台化就是银行在完成互联网化、数字化经营过程中所需要重构的支撑。三者是相辅相成、缺一不可的关系，共同服务于银行的转型。曾硕认为，数字化的转型需要的是一种发展策略的共鸣，而不仅仅是技术支持和方案提供者。

2. 拥抱互联网思维，势必打破传统的路径依赖

在搜索引擎上搜索曾硕，会搜到一篇2012年的文章，那时的曾硕被称为"中国网上银行领跑者"。现如今，易诚互动紧随潮流，为即将到来的5G时代摩拳擦掌。从手写存折到计算机上的银行柜员系统，这条信息化之路是曾硕亲身走过的。十几年前，人们对信息、互联网的虚拟性保有一种朴素的怀疑。连春晚的相声也打趣当时看起来与现实世界交集不多的互联网："在网上，没人知道你是一条狗。"

在新一轮的数字化的背景下，曾硕坦言，既然要帮助银行建立数字化，就得先从自身数字化转型做起。易诚互动作为科技公司，本身就受着传统基因的束缚。这也让他总在思考自己是否敏捷，是否能在数字化转型方面与银行感同身受。也许这种感同身受是一种技术的完美追求，其背后是他对数字化技术应用的"工匠"思维。

许多来自大互联网公司的人员频频来到银行进行有关数字化转型的演讲，其内容总是离不开技术、架构等方面。尽管他们在专业性上有可取性，但很难让银行的人员产生共鸣。曾硕认为，金融科技公司只有先做好自己的数字化转型，才能给客户带来更有价值的帮助。

在数字化时代的互联网上，大数据不但知道谁是谁，更会知道每个人的特征。这种时代的剧变，让曾硕永远紧绷着自己的神经，因为一旦思维不转变，"后浪"就会拍死"前浪"。曾硕常挂在嘴边的一句话就是"走出舒适区"。因为信息透明化，银行之间提供的业务存在高度同质化，金融科技服务商提供的服务也不具有差异化。"只有翻过自己的舒适区，才能看到新的曙光。"

曾硕分享了早期参与中国工商银行网上银行项目的经历。早在20世纪90年代中期，时任南天科技集团金融系统集成部总经理的曾硕就带领团队

建立了国内最先进的柜员系统，之后他考察了当时的西班牙第二大商业银行。2000年，他成立了易诚世纪，开始深入探索利用Java体系构建银行前端多渠道整合平台，并将之付诸实现的专业化道路。中国工商银行网上银行系统于2001年6月成功上线，随即成为国内业务覆盖最全面、交易量最大、注册用户数最多、社会效益最突出的网上银行。

时至今日，曾硕仍然在金融科技的道路上"精雕细琢"，他没有沉浸在过去的业绩中，而是走在了时代的前列，追逐着数字金融的梦想。互联网思维成了他不断创新、追求卓越的原动力。技术的美妙在于，用技术的方案、艺术的思维和实干的理念，去创造一个美好的数字化金融新生活。我们在曾硕的身上看到了那份"执念"。

3. 敏捷团队、场景融合：数字化的未来版图

传统银行的团队融合需要很大力气，短期内要改变是非常困难的。一方面是囿于商业银行自身庞大的组织系统和人力结构，融入数字化面临着部门主义、业务壁垒与风险管理的障碍，流程再造的难度显然比较大，打破体制的束缚需要金融科技的贯穿，更为紧迫的是打造数字化的团队。

曾硕认为，数字化转型需要建立一个敏捷的组织，不是传统以部门为核心的管理驱动模式，而是真正的围绕以客户为核心的数字驱动的敏捷性组织。对银行来说，这一切都是围绕商业银行的获客、活客的经营活动，以客户为中心来改造现有的业务模式，运用互联网思维去变革传统银行的展业获客路径、活客经营手段，是重点钻研的内容。

在谈到营销渠道建设时，曾硕以直播电商举例。如今头部的直播电商背后都有庞大的团队，这个团队包含拍摄制作、选品外联、直播人员、广告投放等多个部分，其实这就是一个敏捷团队。这样的模式是值得银行去学习借鉴的，可以围绕相似的体验建立与之类似的敏捷团队，甚至打通银行之间的部门壁垒去建立敏捷团队。

在新的电商直播模式下，相对于"李佳琦们"带货的化妆品、食品、数码3C等产品，银行的金融产品可能并不是那么直观，但是具有生活属性的

产品具有脱颖而出的潜力，如留学贷、旅游贷、移民贷等产品就因为具有可定义的产品属性，从而自然拥有其特定的消费人群。更何况，这些品类还能同时与旅行社、留学中介、移民中介等机构进行合作，渗透到生活场景，延长其生命周期，增加垂直度，逐渐形成客户生态。

易诚互动的独特之处在于，在金融业日新月异的变化背后，曾硕和他的团队每一步都踩到了"风口"，扎根10年数字化金融的征程，如今来看更多的是一种坚持。疫情前期，很多的金融科技公司朝着数字化金融蜂拥而至，大量的商业银行纷纷"跟风"，但是，易诚互动的特别在于，它一直在探索商业银行和金融机构内部的数字化基因。

在生态金融概念下，曾硕更多地谈到了银行的场景融合。在强监管下，银行在全场景融合的拓展多少有所受制。在大流量场景被互联网公司挤占的现状下，银行则需要抓住线上线下融合的场景，甚至重新定义银行自己的新零售。"场景金融、生态金融，都是耦合在一起的。"未来的商业银行将聚焦于"外场景内生态"，对外开放连接全场景经营，对内建立客户生态全旅程服务，全景全程，不再是单纯的引流和吸粉方式，而是通过开放连接打造闭环的金融生态圈。

有的人在不确定的时代看到的是机遇，有的人看到的是革新与精进，也有的人看到了挑战和困境。金融行业作为剧变时代感知力最强的领域，"乘风破浪"需要的不仅仅是内生性成长，更需要金融科技力量的"护航"。许多商业银行开始谋求从场景过渡到生态，这是一个极大的挑战。金融科技公司给了商业银行场景金融很多启发，客户标签、旅程化设计和内部的数字化结构，等等，无不在寻求一种生态，而不仅仅是渠道。

4. 数字化与金融科技的"追梦人"和"布道者"

曾硕认为，产品、技术和方案才是价值的体现，这种"布道者"式思想贯穿了他的创业史。互联网思维的日新月异容不得半点"骄傲"，从最早的柜员系统，到中国工商银行的网上银行，再到网金联盟和互联网银行的概念，最后汇成了数字化金融的大江大河。

数字化的"喧嚣"背后有时候会模糊银行数字化的转型。对于庞大的商业银行体系而言，数字化除了工具和技术，更多的是一种全新的理念和思维，包括获客的思维、数字化营销，以及寻求数字化的"金融+生活"。曾硕认为，数字化和数字金融更多的是从自我去清空，自我转型，如果缺乏数字化经营的思维，对数字化营销认知度不高，就很难去构建一个数字化的生态和场景金融。内化是一个过程，这个过程并不短。

目前各大商业银行都在加快布局金融科技和数字化转型，中小银行也紧跟大行，投入了很多的资金、技术和人才。这种潮流一方面代表了传统银行对数字化的诉求，或者说是一种认可，在同质化的竞争中寻找立足之地；另一方面也表明了银行转型的焦虑，互联网金融和金融科技的发展非常快，倘若没有专注、革新的思想，未来将很难立足。在不断变化的过程中找到合理的定位，不确定性成为重要的经营要素。

曾硕认为，数字化一定要服从于这家银行的经营策略，每一家银行的管理层、资源和客户类型不同，很难用放之四海而皆准的技术方案，因此在不确定性的常态下需要的是一种应急管理和变革的能力。客户、经营和市场的不确定性越来越高，因此，数字化转型是建立在这种不确定基础之上的，目标是建立对不确定性的管理能力。如同这次疫情一样，"零接触"服务是商业银行的应急管理，通过数字化搭建业务、场景和产品，满足人们的生产、生活和金融服务需求，支持企业复工复产，帮助小微企业解决燃眉之急。

曾硕对中小银行的数字化持谨慎的态度，虽然数字化是未来的主流，但是目前的金融科技投入大、周期长，对于中小银行来说，必须考虑，持续的投入和回报率的平衡。5G时代，包括云计算、大数据和区块链等，这些科技应用的发展变化速度非常快，因此，银行的数字化转型决策，一定要建立在自身的资源禀赋、差异化产品服务策略以及内部组织能力等基础之上，尽量选择渐进且持续的迭代方式，避免过大的改革带来的风险和未知数。

2.4.2 周旭强：中小银行数字化转型一定要打破"流量依赖"

随着2020年下半年各个大行的科技子公司强势入主，金融科技市场的竞争更加激烈。非大行系金融科技公司在这样的大背景下如何直面竞争，如何打造核心竞争力？又如何能与更多的中小银行合作，助力银行数字化转型发展？未来金融科技市场又会出现哪些变化？

作为金融科技公司的标杆企业，一家扎根成都的金融科技公司——新希望金融科技有限公司（以下简称新希望金融科技）成立两年多来一直非常低调，但却在悄无声息间迅猛发展。截至目前，新希望金融科技已在全国服务了近100家商业银行客户，仅在2019年就助力合作商业银行发放了百亿级零售信贷业务。新希望金融科技如今已进入国内金融科技公司第一梯队，实现了人工智能技术与零售信贷业务流程的深度耦合，能够为合作银行提供涵盖获客、风控、运营和系统四大体系在内的数字零售信贷整体解决方案，极大降低了金融机构运用AI的门槛，助力中小银行快速推进数字化转型。

受访者：周旭强
（新希望金融科技执行总裁）

采访者：许小青

1. 银行数字化转型变得"既重要又紧急"，金融科技公司顺势起飞

从一个较长的时间轴来看，所有具有"密闭空间"和"人员聚集"特征的商业形态都将在疫情时代受到反复冲击直至解构。银行业也不例外，多网点的分销体系、大集中的信贷审批和科技开发模式都将受到严峻挑战。疫情加速了银行数字化转型发展的节奏。伴随互联网进入下半场，工业互联网加快了数字化转型的步伐，有远见的银行从业者其实已经驶入了新赛道，银行业务逐渐开始从具象的"场所"向泛在的"服务"转化。

在新希望金融科技执行总裁周旭强看来，危机的出现并没有改变银行业未来发展的大趋势，只是让这场数字化变革更加明面化，也更加刻不容缓，加快数字化转型进程变成了一件"既重要又紧急"的事情，各大银行尤其是中小银行已经深刻意识到数字化转型带来的业务方式、审批模式、获客逻辑的巨大变化，也在金融科技上跃跃欲试，开始投入人力、物力，探索快速数字化转型的路径。

可是银行尤其是中小银行金融机构，数字化转型并非易事，要真正实现各项业务的线上化、数字化乃至智能化，不仅仅是观念上的转变、组织架构上的调整，更需要技术的强力支撑。

2. 有需求有痛点，就会有市场

周旭强认为，金融科技公司顺势起飞的势能已经形成。银行要实现数字化转型，其业务本身的核心逻辑并没有变化，其要做的是利用大数据、云计算、人工智能等数字技术的手段，对银行原有业务流程的效率和成本进行重构调整，使效率提升、成本下降，实现银行产能、效能的指数级提升。

但周旭强认为，数字化并不简单等同于线上化，更不等同于完全抛弃线下展业，产品的线上化仅仅是数字化的第一步，IT底层系统架构、风控、运营都是银行数字化转型发展的重要环节。

在他看来，银行业的数字化转型，对于原本具备技术底层能力和强大资源后盾的大行来说，似乎并不是一件难以推进的事情。但对于更广大的农村金融机构及中小型银行来说，所面临的困境其实并非岔路口的选择问题，很多时候是看得清未来，却难以到达未来。他认为，客户数字化认知弱、数据获取和更新难、县域及农村小微企业质量低、客群分散、触达成本高；存贷比普遍偏低、技术人才占比少、数字化风控能力弱、信贷产品创新和供给能力相对薄弱以及体制机制不够市场化等痛点，是目前农村金融机构和中小型银行在发展中所不可避免的。

以村镇银行为例，国内有 1600 多家村镇银行，但其体量小、员工少，资金实力、技术实力相较其他同业金融机构来说都比较薄弱。在业务推进过程中，对公业务方面优质企业少，还随时面临着城商行、农商行的巨大竞争压力。村镇银行要发展，必须要聚焦于做小、做微、做零售，客群相较而言要更加下沉，这样才能有自己的差异化发展空间。

而要推进小额、分散的零售金融业务，比较有经济可行性的方式，就是选择一些技术领先、性价比较高的金融科技公司提供技术服务，同时发挥自己在当地的优势，通过线下网点、客户经理的优势，把差异化客群的线上金融服务快速做起来。

3. 最快 19 天，帮助中小银行构建零售信贷整装生产力

但如何真正让一家中小银行拥有全面数字化展业的能力？于缺乏数字化转型"武器"的金融机构来说，数字化转型的关键在于突破"大流量获客能力""强技术风控能力""精运营服务能力""高并发支撑能力"四大难点。而应对四大难点，金融机构需要相应的创新能力加持。周旭强对此深有体会，在他看来中小银行有几大痛点。

（1）获客引流。大多数商业银行过去主要以对公业务为主，平均每次的额度均在亿元级别。但是想要涉足零售金融领域，商业银行就必须与 C 端分散的小微客户打交道。与大型的互联网公司相比，他们更欠缺"高效率、低成本"的获客方式。

（2）风险防控。过去商业银行往往依靠线下客户经理对客户进行尽调，填写纸质材料后在银行内部后台系统进行人工审批，成本高、效率低；而如果想要运用新的技术手段，又面临着技术薄弱、人才短缺的难题。

（3）IT系统建设。商业银行较缺乏内部协调良好的系统集群，一套完整的系统由多个细小模块组成，尽管不同的系统模块之间的耦合性较强，但是系统并发处理能力会随之减弱。有的中小银行在进行数字化转型的过程中，没有提前进行系统规划，而是"依葫芦画瓢"，模仿其他银行的做法；或者自己的IT系统出现什么问题，就在维修替换的过程中进行升级。看似在不断迭代升级，但是没有系统架构，往往是单点看着还行，但内部系统协同效率不高，外部体验不好，最终适得其反。

（4）业务运营。当用户积累到一定程度之后，仍使用较为古板和原始的手段来提升客户的转化率，效果并不理想。

针对这些痛点，一些科技企业尝试为商业银行提供解决方案，往往是单个系统的生产力工具，但当银行将很多生产力工具拼凑在一起时，未必能够形成最高效的生产力。

在周旭强看来，他们往往只能解决其中的部分痛点，并没有提出相对完整的解决方案，而后者正是新希望金融科技的强项。周旭强透露，目前新希望金融科技聚集全员力量，已经打造出全流程、全要素的天翔（CROS）智慧零售平台解决方案，该平台提供的服务涵盖了银行零售信贷业务获客、风控、运营和系统支撑的全业务流程，覆盖贷前营销获客、数据集成、平台接入、反欺诈调查、信用风险评估、贷中交易侦测、客服、调额、清结算、客户运营，以及贷后逾期催收、互联网法庭等全部服务内容，涵盖零售信贷业务全流程、全要素，可让银行具备零售信贷整装生产力，全面改变传统的零售信贷作业模式。该平台具有"一个入口、十项全能"的大零售整合能力，即让大零售业务能做到"一个入口"统筹起来，同时实现"十项全能"：能做线下，也能做线上；能做消费贷，也能做经营贷；能支持信用贷款，也能支持担保贷款；能自营信贷，也能承接助贷；能放贷款，也能吸收存款。

在新希望金融科技服务过的案例中有这样两家银行。一家是内江兴隆村镇银行，成立于2010年，是全国首批十家市级总分行制村镇银行之一，该行通过引入AI技术，推出"网上通"，实现零纸质材料、零接触服务、1

分钟放款的网贷服务,通过"线上申请、秒速审批、循环额度、随借随还"实现数字化的网贷体验,具备"额度高(最高30万)、利率低、速度快、手续简、免接触"的特点。新希望金融科技的数字化成果为内江兴隆村镇银行"立足县域、支农扶小"注入了鲜明的数字化动能。另一家是莱商银行,其把产品创新的重点放在"快"上,在推出"蜂蜂贷"线上信贷产品的同时,运用金融科技赋能线下金融服务场景,先后推出了蜂蜂复工贷、蜂蜂抵押贷、蜂蜂光伏贷,依托济南市发改委信用数据推出了蜂蜂市民贷,目前正在尝试电商贷、物流贷等场景化金融产品,在获客场景化、作业标准化、风控精细化等方面收到了很好的效果。

周旭强透露,这样的天翔(CROS)智慧零售平台,已经过大量实战检验,可实现快速上线。合作银行可以在几乎零开发的情况下,让业务在1~2个月内快速部署上线,截至目前,最快的纪录是19天,助力合作银行生成完整的数字化生产力,快速抓住市场和客户。

4. 打破"流量依赖",用"四个一"建立私域流量池

在谈到中小银行数字化获客的问题时,周旭强直言中小银行在获客或流量运营方面,不能重度依赖互联网公司。

在过去几年里,很多银行跟互联网巨头做助贷引流,确实获得了一定的利润,但问题在于,银行并没有获得客户,与互联网平台合作程度越深,合作规模越大,对银行来说未来就会越被动。另外,如今互联网的流量也越来越贵。一方面,互联网平台之间的竞争加剧,导致平台自身黏客的成本逐步提升,间接导致金融机构引流的流量价格越来越高;另一方面,随着多家金融机构入驻互联网平台,头部互联网平台渐渐掌握话语权、议价权;更重要的是,目前已经出现同一客群的多头借贷现象,这对银行等金融机构的风险控制来说,提出了越来越大的挑战。

周旭强建议,在数字化转型的大背景之下,建立自己的私域流量尤为重要,也是摆脱流量依赖的可操作路径。

他认为,中小银行虽然在数字化发展方面有所滞后,但其线下的资源优

势却没有得到足够的利用。几百个银行网点、几千个客户经理、良好的本地关系资源，这些都是发展私域流量的坚实基础。但如果用传统的方式获客，让客户提交一堆纸质材料获得金融服务，这是无效且无法快速扩大资产规模的，只有利用金融科技快速线下拓客、线上运营，才能真正为私域流量客户服务好。

为了让中小银行快速发挥线下优势，新希望金融科技的解决方案是线上、线下双轮驱动。银行客户经理线下展业时，新希望金融科技提供可实时生成带参数二维码的前端营销工具，该营销工具具备团办、合伙人招募、业绩排行、客户管理等先进的营销管理功能，可大幅提高银行客户经理产能；而线上获客方面，则支持对接各类电子渠道、优质场景及资产平台。

天翔（CROS）平台将用一分钟左右的时间完成对进件申请客户的反欺诈及信用风险评估，完成机器自动审批，银行可快速实现零售转型"一次扫码""一分钟完成客户进件""一分钟系统自动审批""一生授信"的"四个一"目标。

相较于传统的业务流程及风险控制方法需要线下材料和线下调查审核，天翔（CROS）平台具有全在线营销协作、全在线业务流程、全在线自动审批能力，可对个人及小微客户进行全在线的风险评估，业务流程和风险控制流程全部在线完成。更为重要的是，天翔（CROS）平台具有基于市场数据面向每一个陌生客户进行风险控制的"全客群"作业能力。也就是说，任何一个有身份证的客户都可以用这一套系统进行风险控制，这大大地扩大了中小银行的数字化获客范围，为中小银行建立自己的私域流量池打造了坚实的基础。

5. 零售仍是主要方向之一，小微和三农或成新热点

过去的三五年里，零售业务是很多银行争相发展的热点，因为对公信贷随着经济周期波动变得越来越难做，同业市场也受到了较多的政策限制，而零售业务是风险相对较低、价值相对更高的"蓝海市场"。

在周旭强看来，零售业务现在主要服务的是我国 4 亿城镇人口，但是全国县乡人口总数有 10 亿，随着中小银行数字能力的逐步提升、线下客

户经理对私域流量的深度挖掘，县乡的零售金融服务渗透度还有巨大的空间（见图2-22）。周旭强认为，今后零售业务仍然是一个重点方向，但并不是唯一的方向，随着技术的发展，小微金融业务也会成为新的热点。如今零售金融业务可以用大数据、现代化的风控、人工智能的算法模型去做客户审批。但小微金融业务仍然是以人工线下尽调为主，长期以来小微企业融资难、融资贵，最大的问题在于"风险难控制，作业成本高"，由于规模小、发展阶段参差不齐、数据记录不规范等，小微企业的各类数据不完整、不真实是较为普遍的问题，这也在一定程度上阻碍了小微企业数字化进程。

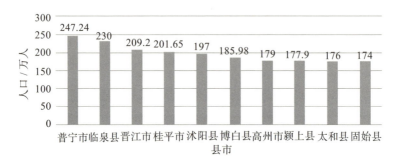

图 2-22　中国十大人口县市

资料来源：中商产业研究院数据库。

然而随着5G技术和物联网技术的逐步成熟，以及整个供应链体系信息流、物流信息、仓储信息、产品信息的线上化，未来有望对小微企业的各类行为信息进行真实、实时、高频的采集与分析。结合现在越来越透明的政务数据，银行在分析判断一个企业的风险程度时，不仅可以依靠它自己的经营数据，也可以分析它上下游的行为数据，再结合政务相关数据，进行脱敏、合法化处理以后，在多维信息的综合分析判断之下，把现在针对个人的零售贷款的量化风险管理的方法论，运用到中小微企业身上，再结合地方政府的一些补贴机制、惩戒机制等，未来有望真正利用金融科技高效地服务中小微企业。

周旭强介绍，在新希望金融科技服务的银行中，桂林国民村镇银行践行普惠，以服务三农、城乡居民、个体工商户、小微企业为己任，主打"三农"金融、小微金融，拥有深入农村区域的网点与客户经理团队。在数字化转型过程中，桂林国民村镇银行敢于利用新技术、新形式为客户提供无接触、零纸质的普惠信贷产品，为薄文件人群提供随手可得的金融服务。

而新希望金融科技也已经针对这样的趋势做好了准备，目前天翔（CROS）平台除了能支持消费金融、小微企业主经营贷、信用贷款、抵押贷、担保贷、双向联合贷、助贷承接、信用卡风控、互联网存款等全门类产品之外，也正在研究小微企业数字化金融解决方案。

6. 中小银行与金融科技公司合作共赢，良性发展

在周旭强看来，银行业的数字化转型在 2017 年刚刚起步。到 2020 年下半年，银行数字化所处的阶段称为成长阶段，从产业生命周期发展来看，最终会进入震荡阶段。从成长阶段到成熟阶段，应该还有 3 年左右的时间。目前，各银行数字化转型正处于成长中期，很多银行已经有了自己的数字化金融产品。

但数字化不是"0"和"1"的概念，传统的纸质进件变成线上化进件是数字化的初级阶段。随着技术的发展和数字化的重视程度逐渐加强，银行会逐渐地让业务的各个流程，整个系统的后端流程、组织架构、协同方式、业务节点、风控系统等都得到优化变革，使每一个环节都进行彻底的数字化，所以数字化不是"0"和"1"的概念，在"0"和"1"之间还有 0.1、0.2，一直到 0.9，这要看每家银行的数字化程度有多大。单纯的智能设备堆砌与整体系统的数字化重构完全不同，真正的整装生产力革新才是数字化转型的优质结果。而新希望金融科技是给银行做数字化技术服务的，随着服务的深入，给中小银行提供解决方案的数字化程度，也会让合作银行的数字化转型程度不断去靠近"1"。

在谈到数字化转型趋势下商业银行与金融科技公司之间的竞争合作关系时，周旭强认为，银行和金融科技公司未来的合作关系会是共生共赢、良性发展，未来一定是双赢的。过去讲甲乙方，甲方把乙方压迫得利润很低，这个局面未来可能会改变，中小银行和金融科技公司一定是共生共赢的关系，甚至会出现相互的优胜劣汰。银行可以找 10 家金融科技公司服务，服务能力好的，生存下来，服务能力差的被淘汰。但是未来所有银行都在做数字化转型的时候，一些优质的金融科技公司也会反向地去淘汰银行，淘汰那些机制僵化、行动缓慢、效率低下的银行，逐渐降低给这些银行提供服务的力度，将资源更多地投给效率更高、发展更快的银行。

随着中小银行不断依托金融科技建立起自己的风控能力之后，金融科技公司的生存空间又在哪里？对此，周旭强认为，风控能力的建设，特别是零售信贷的风控需要大量的数据积累、样本训练、业务实战才能做好。对于中小银行来说，需要经历外部引进、内部消化吸收，再达到自主掌控，需要一个不断迭代的过程。

新希望金融科技现在服务的一些中小型银行也是这样，新希望金融科技先提供一个零售信贷转型整体解决方案给中小银行，中小银行拿到之后，自己先学习、消化吸收，然后在不断推进业务的过程中实现风控系统的优化迭代。

而中小银行建立起自己的风控能力之后，又会不会影响金融科技公司的发展呢？周旭强认为，一家有理想、有抱负的金融科技公司不应该惧怕这种情况，因为事物是不断向前发展的，只有持续创新才能不去忌惮这个问题。如果有这个顾虑，就说明其产品和服务是静态的。客群在变化，市场在变化，银行跟银行之间的竞争也在加剧。一个优秀的金融科技公司，只有通过自己的持续创新，让自己变得更强大，持续为银行提供价值，才能在市场竞争中立足。

7. 未来银行：无处不在、知我所需、千人千面

周旭强描述的未来银行，首先是无处不在的银行。得益于成熟的移动互联网技术，数据的互联互通已经无处不在。金融服务的去中心化成为趋势，实体的银行网点不再是业务办理的主要场所，AR/VR 等技术将任何场景变成业务的入口，真正实现金融即服务、场景即业务。如在 4S 店，AR 技术自动识别场景、车型等，允许客户在卖场隔空获得一笔贷款；而在售后环节，同样可以借助 AR 眼镜完成整车评估和即时抵押或二手车出售，全程不需要任何辅助和资料，实时办结。VR 技术则可以让任何场景成为银行，专业

服务可以在沙发、浴室等任何位置获取，通过VR设备和专业人员随时"面对面"。

周旭强也说，当前的银行服务主要是客户上门寻求支持，而在未来，得益于数据的互联互通，银行将能够提前预知客户金融服务需求，从更专业的视角主动提供金融服务。例如，商人定期需要经营贷款，以往都是主动申请，未来，银行将通过资金流数据提前判断是否贷款、贷多少、还款方式等，甚至帮助企业进行资金预判，提供超出预期的专业服务，也能助力自身业务全场景增长。

在移动互联网时代，借助大数据技术，已经出现了一些定制化的金融产品。在未来，这将成为银行服务的标准配置。每一个客户因为自身身份的不同、需求的不同、经济实力的不同、未来资产变化的不同，将得到完全不同的服务方案。无论是亿元巨款还是分毫资金，银行的金融服务进入"微雕"时代。用户无须提交任何资料就能完成身份识别与信用评价，从而获得完全不同的金融服务。而且这个服务是随时变化的，根据用户的个人情况即时调整，在风险管控与用户收益上实现最大化平衡。

受访者：刘绍伦
（德勤中国金融服务业管理咨询合伙人）
采访者：许小青

2.4.3 刘绍伦：数字化转型中，金融科技应该回归本源

一直以来，数字化转型都是银行内部从业

人员的讨论热点。在受疫情影响的 2020 年结束之后，映入我们眼帘的除了各家银行陆续发布于互联网的年终盘点，还有依旧历历在目却已经与我们挥手作别的 366 个日夜。

在这个创新驱动的发展黄金期，技术使用者将逐渐转变为技术生产者，科技创新将逐渐成为经济增长的引擎。然而，挑战与机遇同在，同时银行业也正在经历一个加速变革的时期。随着新型银行和金融科技公司的崛起、消费者数字化体验期望的上升，数字化转型已成为银行业乃至全球银行业的必然选择。当前的新冠肺炎疫情促进了客户和业务从线下向线上的转移，也促使商业银行加快了数字化转型的步伐。

到了 2021 年，新冠肺炎疫情的阴霾依然没有完全消散，对于金融科技的讨论声也依然没有停止。未来银行是什么样子、数字化转型需要哪些驱动力等问题在银行人士的口中已不新鲜，如果换一个角度呢？德勤中国金融服务业管理咨询合伙人刘绍伦作为咨询行业资深从业者，立足于自身行业角度，向我们分享了对银行数字化转型的见解。

1. 刘绍伦眼中的数字化

刘绍伦作为资深的金融行业战略和运营咨询专业人员，在过去的 10 多年时间里一直致力于银行业的全行战略、业务转型咨询，服务于政策性银行、六大行、中小银行与城商行、农商行。他专注于为大银行做战术落地，也为中小银行做战略规划。如此丰富的履历，让他对数字化转型有着很深的见解。

随着数字化的开展，刘绍伦也看到了银行数字化转型中的一些怪现象。比如，在他的看法中，领导者应带领数字化决策，而非数字化决策选出领导者。一个敢于变革的领导者更容易带领数字化转型走向成功。而如果事情反过来，可能会发生领导力与人力资源的错配现象，刘绍伦已经看过太多失败的案例。再比如，过度地抬高数字化的意义，盲目追求数字化带来的利润，又在发生风险问题之后将问题归咎于数字化风险，对此，刘绍伦指出，有些时候更要回头看看基础的风险经营、风险管理，或者业务本身。

2. 数字化拐点：数据价值是核心

从 2010 年开始，刘绍伦就为某国有大行提供流程建模和数据建模。后来他又带领团队为某大行做其金融科技子公司的战略，这些经历让他记忆犹新，因为在当时，这些算是遥遥领先的"创举"。

在谈到业务与科技结合的话题时，刘绍伦认为业务与科技结合的拐点起于 2018 年。2018 年之前的互联网企业开始做金融业务，客观上对银行有很大的冲击，这也使得银行业开始醒悟并思考这次冲击的内核是什么。

刘绍伦指出，这种冲击其实是基于对数据价值的积累。在初级阶段只是单纯分析客户及业务本身，再进一步，就是把数字化能力体现为一个银行在核心能力建设之中必不可少的一部分。尤其是百信银行作为直销银行的设立，更是体现了银行发展新内核的价值。

他认为，金融科技的发展与演进也遵循着"科技发展曲线"，即某一新兴科技在一定时间内就会平台化。根据观察，他发现银行在过去两年内对金融科技的认识愈发加深。他说，这是一个必然的趋势，也是一个好现象。

2019 年，大多数银行将金融科技认为是奢侈品，认为有钱的银行团队才能去做数字化，规模大的银行团队才能做数字化。但是在 2020 年遍布全球的新冠肺炎疫情的催化之下，金融科技的平台化速率远超以往。对于整个银行业来说，金融科技不再是奢侈品、概念化的东西，而成了现实的刚需。

为了更好地解释数据价值的重要性，刘绍伦举了一个真实的案例。在江浙沪一带有两家规模差不多的城商行（以下简称为 A 行、B 行）。基于江浙沪地区产业链有聚集性的特征，A 行敏锐地察觉到了用数字化手段做供应链金融的重要性。于是 A 行借助数字化力量掌握了当地上下游企业的物流信息、财务信息、风险信息，并与第三方专业机构合作搭建供应链金融平台生态。该供应链金融平台可以使上下游企业与核心企业进行直连，覆盖了周边以纺织业为主的各县市。A 行反过来给地方政府提建议，即根据企业的情况，提出符合当地振兴长三角经济一体化的建议。因此，在 A 行所覆盖的几个县市都会有一些引导性的政策。

但 B 行坚守了传统的思路与展业方式，当地的上下游企业已经被 A 行用平台固定住了。以往，核心企业会在当地规模较大的银行手里，而上下游企业则会选择更小的银行开展合作。但在 A 行的平台出来之后，这一切规则就被数字化的赋能打破了，这种数字化的平台和生态的建设，使得 A 行在竞争中脱颖而出。

3. 数字化能力：并非是竞争的决定性因素

虽然刘绍伦一直在强调数字化转型的必要性，但他并不认为银行数字化程度会直接决定银行间的竞争，或导致后进者被淘汰。他说，银行的本质一直是金融，数字化能力只是竞争中起催化作用的因素。

以市场的感知层面为例，数字化能力领先的银行确实可以比数字化能力较弱的同行更敏锐地发掘到用户的痛点，并从中捕捉到商机。但这并不意味着后者无法开展业务，后者可以借鉴前者的策略，但可能会导致在竞争中一直处于模仿者的地位，无法延伸出对客户需求、用户体验的满足。

4. 中小银行转型的问题：来自 3 个方面

在谈到中小银行转型面临的问题时，刘绍伦认为主要存在以下三点。

第一是成本高。银行的数字化转型是方方面面的，而不是某一项业务的数字化。这其中要考虑银行原有的系统，它的成熟度是否可以支撑。很多城商行的核心系统都非常陈旧，自己的核心系统不能支撑业务现有的要求，就更别提去支撑这种数字化。同时，一些比较好的金融科技的技术，已经出现了聚集和垄断的方向。简而言之，就是定价权。技术提供商对定价权的垄断，对中小银行来说，可能难以承担。

第二是人才问题。虽然数字化应用可以从方案提供商那里买来，但维护和应用还需要高水平的人才。很多城商行地处三线、四线城市，吸引人才和留住人才是一个问题。薪酬待遇不高、与企业文化格格不入都可能导致人才流失。

第三是切入。数字化转型的重任承担是一个棘手的问题。科技部、网金部、零售部等任何一个业务部门都很难往下独自推进，也很难说转型应该先从哪个层面进行精准的切入。对中小银行来讲，这是一种软性变革的方式，换言之，这属于软性变革的挑战。

5. "支着儿"中小银行转型：先找准业务特色

根据多年咨询行业的经验，刘绍伦为中小银行数字化转型提出了自己的想法：先立足，找准自己的业务特色。他发现许多中小银行在做产品和业务的时候，并不知道如何找到切入点，干脆一拍大腿决定先进行中台建设，而忽略了自身特色，这样很容易误入歧途。

从战略层面上说，刘绍伦认为只有一个主要问题：数字化的体制和思维问题。罗马并非一日建成的，科学的管理体系及方法论也不可能在短时间内形成，而是需要一个摸索的过程。

从战术层面上说，在数字化转型中业务链上要做的工作非常繁杂，量也非常大，但一定要向前努力推进。这其中首先是要找准策略，银行本身到底是做大而全的数字化转型，还是做精而专的数字化转型？这种对于策略的抉择取决于自身的基础水平、成本投入、业务痛点和转型紧迫性，是没有普适性答案可言的。

其次需要转型立即见效。在数字化的推行过程中，银行的高层人员，甚至是网金部本身都会对理解存在部分偏差。传统的科技转型具有成本投入大、周期长、见效慢等特点。现在的数字化转型应当避免效率低下地硬干，应当做了一点东西就有一点东西可以见效，让业务部门或者数字化使用部门能够尝到数字化转型的甜头，以换取后续在数字化转型中的全力配合与理解。

最后，要做到普惠基层。数字化在如今有一个公认的成效和价值就是精准节省成本。这对于银行广大的基层网点人员来讲，是一个痛点。居高不下的物理网点成本一直是令银行业头疼的难题。数字化倘若要做普惠的业务，就一定要把数字能力提供给基层。以刘绍伦最近为邮储银行提供的服务为例，邮储银行在数字化建设中十分重视对基层、对分行的数字化赋能，让数字化的价值成果普惠到基层员工，这种做法在行业内起到了很好的模范带头作用。

随后，刘绍伦介绍了一家澳大利亚银行的案例。这家银行明确了自己的业务特色并将客群定位为在澳留学生群体。其借用数字化手段从BBS等平台获取大量的客户线索和大量的客户数据信息，该银行会采用与培训学校、社区学校的合作，寻求与留学生租房、消费贷款的业务联系。而且根据澳大利亚留学生的特点，例如会对选择会计专业的留学生推销购房贷款（因为选择会计专业的在澳留学生移民倾向较高）。该行不断聚焦客群，并积累数据、积累合作，这是找准业务特色的典型案例。

6. 未来银行：回归金融本源

刘绍伦坦言，在思考未来银行样子的时候，他的脑子里并没有思考金融科技以及数字化的问题。他认为未来银行应该是一位非常资深且专业的金融专家。很多人会将未来银行形容为一家科技公司或是一家大数据公司，但他认为，应当追本溯源。

这其中包含两个重心。第一，银行的本质就是金融机构。其终极目的应该是打造最强的金融专业性和能力、最强的社会公信力，经营也应该稳健。第二，不应该践踏科技，但也不要过度神化它。数字化不是让银行起死回生的稻草，而是催化剂。当银行业普遍把科技从奢侈品变成一个必需品的时候，大家可能不提数字化了，因为科技已经成了最基础的能力。在目前数字化的红利之下，其实金融的风险管理能力提升了。

在谈到银行与监管的关系以及二者相处边界时，刘绍伦提出了两点建议。第一点是尊重监管，敬畏风险。他看到有很多银行、互联网公司入股独立法人直销银行。这本身是好事，但不能借着做创新、尝试互联网等方式去试探甚至挑战监管的底线。第二点是要理解监管。因为监管也在改革，也在创新。中国监管所面临的市场很多都具有首创性，他们需要一些有担当的银行或者有想法的银行帮他们去做一些尝试。这些银行可以在监管尝试探索的时候跟监管积极沟通、充分暴露，反倒可以赋能监管。

2.4.4 吴辅世：数据为王时代，本土金融科技新势力崛起的"秘密武器"

后疫情时期，全球地缘政治、经贸、科技都将发生大变革，中国银行业与整个中国社会数字化进程正产生强烈共振。对于中国本土的金融科技公司而言，如何趋利避害，尤其是抓住银行业数字化转型的历史机遇，既是挑战更是机会。2021年，在金融科技领域，基于AI技术的智能营销、知识图谱与图数据、计算机视觉、智能语音技术及智能客服等方向的应用及技术，值得重点关注和探索。不少本土科创企业也正在积极布局，甚至早在几年前就已经进行了"超前部署"，积极谋篇布局。索信达，一家以AI技术和人才为取胜之道的金融科技新势力亦在其列。这家本土科创企业是如何开拓细分市场的？它又有怎样的"秘密武器"？

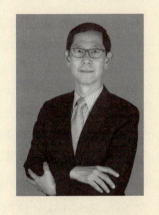

受访者：吴辅世
（索信达控股CEO）
采访者：许小青

1. 千亿级市场

疫情人流管控带来了"零接触服务"浪潮，作为传统银行营销主阵地的线下网点，正不断被银行自家App及小程序等互联网应用所取代，而银行的营销逻辑，也越发依赖于大数据、人工智能等技术手段，并不断加大相关投入，甚至直接成立科技子公司。来自银保监会的数据显示，2020年，银行机构和保险机构在信息科技方面的资金总投入分别为2078亿元和351亿元，同比增长 20% 和 27%。从金融科技发展的角度而言，随着监管部门诸多新规的颁布，在鼓励金融科技创新的大前提下，更加看重风险的把控和消费者权益的保护，过去那种"野蛮生长"、泥沙俱下的行业逻辑已成过去式，那些具有硬科技实力，在垂直细分赛道拥有专业服务能力的创新企业，也在大浪淘沙中逐步涌现出价值。

被称为"港股金融 AI 第一股"的索信达控股（03680.HK），正是在疫情下逆势大扩张的案例。在 2019 年年底登陆港股市场之后，一度被资本低估的这家企业，在过去一年股价最高涨幅近 5 倍，完成了资本市场的逆袭。不同于同业的扩张路径，这家从深圳走出的本土企业，通过并购和人才引进，目前已拥有颇为国际化和高端化的人才队伍。

以索信达控股的管理层和技术骨干为例，大多拥有国际一流企业的从业经历，或者来自于 SAS（赛仕软件，全球最大的数据分析软件公司之一）、Teradata（天睿公司，全球最大的大数据分析和数据仓库解决方案供应商之一）等在数据领域赫赫有名的国际大公司，或者来自于安永、德勤、IBM GBS 等全球领先的跨国咨询公司。对此，索信达 CEO 吴辅世表示："我们在 2020 年对于人才团队和产品研发已经做出前瞻性的投资布局，同时在市场拓展上已打下深厚的基础，我们非常有信心在 2021 年保持快速发展势头，把索信达为大型银行服务所积累的技术和产品带给更多的金融机构，为中国金融行业数字化转型做出贡献。"

不止如此，对于吴辅世和他的团队来说，在推动金融行业客户数字化转型之外，在产业链上取代昔日的老东家成为价值链的上游，尤其是在这个千亿级的细分市场中，索信达希望提供国产化的高价值产品与服务，而这个细分市场过去几乎都是被外企所垄断。

这样的一个目标与雄心，才是这家本土金融科技企业的战略布局，而中美博弈的现实，又使这种基于"国产替代战略"的布局有了落地的可能性。

2. 人才为王

熟悉人工智能的人都知道，算法、算力、大数据是最核心的三要素，而

AI人才又是驱动这三要素的钥匙，因此，真正的人工智能公司，最核心的竞争力就是人才，尤其是稀缺的高端人才。吴辅世也一再强调人才的极端重要性，作为索信达企业文化的一部分，随处可见的数学家画像，以及用杰出数学家命名的各种会议室，让这里充满了"国际大厂范儿"，完全不像是一家本土创业公司。作为外企的资深专业人士，吴辅世长期担任在华外企的高管工作，曾先后担任 Teradata、FICO（美国个人消费信用评估公司）、SAS 三家公司的大中华区总裁，对于为何从外企转换跑道到一家国内企业，吴辅世给的答案是"梦想"。在吴辅世看来，面对银行数字化转型带来的巨大本土市场机遇，索信达这样的平台，正是这么一个能让吴辅世和他的昔日同僚们梦想落地的舞台。

"过去我们一旦看到中国市场机会，只能给美国总部打报告，做不做、怎么做，最终都是总部那边来拍板定案，明明是非常好的机会，很多时候却也只能望洋兴叹！"聊到这个话题，吴辅世感慨良多。

对于选择加入索信达，并迅速招揽 AI 人才，搭建起一个高价值、高规格、具有技术原创能力的人才队伍，吴辅世认为最大的动力正是来源于市场的驱动力，"现在我们看到市场机会，可以马上推出相应的产品和解决方案，不会再贻误战机！"吴辅世说道。

据了解，2020 年索信达员工数量实现 50% 以上的增长，尤其是 AI 高端人才和专家人数翻了一倍，高级管理和专家人才数量达到历史巅峰。这些新引进的人才大多来自于 SAS、Teradata、德勤、安永等数据领域的全球顶尖企业或全球知名的咨询公司，这也是其在金融科技的市场竞争中最大的护城河之一。

3. 主攻细分市场与头部客户

提到金融领域的大数据应用，隐私保护是一个绕不开的话题，在解答这个疑问时，吴辅世给的答案也非常明确：我们帮客户做算法，给客户提供高价值的产品，甚至还有咨询服务，但是我们不直接接触数据。

相比过去几年直接或间接通过挖掘金融客户数据来盈利的金融科技公司，索信达给自己确立的是一个明确的细分赛道，专注于用 AI 算法帮助银行做金融大数据的挖掘，尤其是银行数字化转型中的最大痛点——数字化营销。

事实上，过去两年，中国的银行业都在面临一个从线下向线上转型的阵痛期，一方面缩减线下网点，一方面加大对线上的投入，但是最棘手的问题就在于，没有了传统的银行柜台面对面服务，如何去挖掘潜在用户的金融需求，这就成了银行管理层最为棘手的难题。尤其是相对于腾讯、阿里巴巴等互联网巨头天然拥有的场景金融优势，在互联网这个新战场上，无论是国有四大行，还是股份制银行，乃至城市商业行、农村商业行，都到了一个陌生的战场，要么依附于互联网巨头的场景来做产品营销，要么斥巨资来自建数字化营销渠道。

对于银行是痛点，对于索信达这样的公司来说，恰恰是机会。据介绍，自 2015 年开始，索信达就帮助一家以零售业务见长的股份制银行开始做数字化营销项目，从 1.0 版本开始，一个坑一个坑地踏过，版本也不断更新、迭代，最终催生了其拳头产品索信达灵犀系列，目前已经实现索信达灵犀系列智能化营销管理的 6 款产品。同时，索信达在 2020 年加大对产品创新的研发投入，整体研发支出大幅增长，并完成 AI 系列 7 款产品的研发及布局，共取得了 41 项发明专利技术，以及 86 项计算机软件著作权。据介绍，过去银行营销活动设计、实施和效果评估平均是 25 天，通过灵犀产品的时间是 20 分钟，在 AI 算法的助力下，营销效率获得了极大的提升，并且从客户一个部门的成功营销，可以为多个部门以及几十家分行快速复用。

AI 技术的引入，不只提高了营销的时效性，对于像理财产品这样的标准化产品，通过理财产品推荐类的大数据及 AI 模型项目还提升了营销精准度。比如，上述客户的理财模型通过 AI 的技术重制，将营销的精准度提升了 5～10 倍。这样的一个产品效果，也使得索信达迅速树立了业内的口碑，尤其是获得了在中国排名前列的 TOP15 银行的认可，目前已经有 80% 的中国 TOP15 银行采用了索信达的产品或解决方案。显然，数字化营销这个赛道，正是当下和未来银行数字化转型焦虑期的最大痛点之一，而索信达用过去 8 年的经验来主打这个赛道，正是其能够率先在业内脱颖而出的秘籍之一，也是其敢于不惜短期亏损也要做中长期布局的逻辑所在。

据吴辅世介绍，索信达的短期目标是达成中国 TOP15 银行的全覆盖，中长期目标则是积极拓展城商行、农商行、证券、保险及金控领域，为这些金融机构提供"咨询+产品+交付"为一体的整合型数据服务方案，以及从规划、技术到落地的一条龙服务。"除了自家的产品，我们还希望打造一个生态圈——AI 金融服务的生态圈，不断扩展索信达的边界。"吴辅世介绍道。据悉，在 2020 年，除加大了对华北和华东大区的投资，索信达还在杭州设立了国内运营总部，新开设了上海、成都、大连、厦门分公司，完成了在华南、华北、华东和西南四大重点区域的全国性战略布局。

对于银行数字化的未来，吴辅世在采访开篇词中引用了 IDC 的观点：把数字化转型做好的话，无论是在精准营销、智能化运营或风控方面，都会带来很大的经济收益，会让银行本身发生很大的改变，脱胎换骨，成为市场领导者。

显然，成为未来金融市场领导者背后的重要"秘密武器"，正是索信达敢于砸下重金来做"超前部署"的逻辑所在。

受访者：欧阳建平

（天阳科技董事长兼总裁）

采访者：许小青

2.4.5　欧阳建平：如何炼成金融 IT 行业"黑马"

"金融行业竞争加剧，金融科技对金融行业的变革推动方兴未艾、充满生机，为我们提供了无限可能。"

天阳科技董事长兼总裁欧阳建平在一封2020年年初致全体员工的内部信中如此说道。

突如其来的新冠肺炎疫情给国内外经济带来了巨大的冲击，天阳科技在防疫防控的同时，高效运转，与社会共生，不仅经受住了疫情带来的冲击，还于2020年8月成功在深圳创业板挂牌上市，并成为创业板改革试点注册制后的首批18家企业之一。

作为一家有着18年历史，经历过创业、收购、再创业等历程的科技公司，欧阳建平始终认为天阳科技仍在创业路上，这种认知，让这家企业在金融科技的服务上也颇有"遗世独立"的清醒。

就在几年前，曾有业内人士比喻我国金融机构安全现状是"雇佣兵"守门，而随着越来越多的国内企业进场，自主可控成为众多企业的关键词。毫无疑问，中国金融科技企业也需要这份清醒。变革者还是颠覆者？这不是一道选择题，而是中国金融科技企业的双选必答题。

在欧阳建平看来，在国家大力推进"新基建"和"数字中国"建设的大浪潮中，银行的数字化转型让传统的金融IT产业迎来了前所未有的发展机遇，尤其是"国产替代"战略下的信创产业自主创新要求，使得像天阳科技这样的头部企业，无论是在行业细分赛道，还是在技术创新前沿，都拥有了"天时、地利、人和"的历史性发展机遇。

但显然，仅有此并不够。"国产替代并不能一言而概之，如果替代是第一步，那价值替代、引领替代将是之后的第二步、第三步，甚至更远，未来市场的征程中国企业要有足够的底气。"

"我们公司只能活在成长里面，不成长就没有未来。"欧阳建平给企业设定了市场领先战略，既要聚焦于核心主业，用创新的产品服务好传统的客户，又要积极在云计算等新业务这条"第二增长曲线"上有所作为，提高更具附加值的增值服务，在残酷的市场竞争中占得先机。

1. 增持未来，行业协同投向金融信创"桥头堡"

金融信创产业发展是一项国家战略，也是当今形势下国家经济发展的新动能。

2021年，在全球缺芯引发的IT、汽车等产业纷纷叫苦的大背景下，以"安全、自主、可控、创新"为代表的中国金融信创产业持续向好。

欧阳建平认为，金融信创不只是一个朝阳产业，更是创新驱动下的国家经济发展的新动能。在连续多年的阵痛期之后，以2019年为分水岭，全行业都进入一个高速发展且集中度提升的新阶段，如同驶入一条高速公路，市场需求出现爆发式增长，行业集中度也迎来拐点，强者愈强的马太效应开始凸显（见图2-23）。

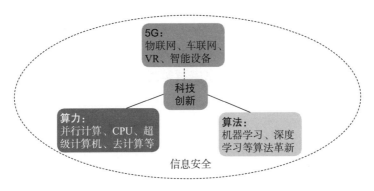

图2-23　我国科技创新核心要素图

资料来源：华西证券研究所。

2014年原银监会发布了《关于应用安全可控信息技术加强银行业网络安全和信息化建设的指导意见》，提出建立银行业应用安全可控信息技术的长效机制，实现银行关键网络和信息基础设施的合理分布，打破了长期被外资IT巨头掌控的金融IT核心基础设施局面，开启了"去IOE化"的转型之路。

此后，我国陆续推出一系列信创政策，银行业IT系统安全可控的逻辑进一步得到强化。信创政策一方面打破了银行IT系统相对保守稳定的局面，另一方面也激活了整个银行IT市场的活力，强力推动了银行IT系统改造的进程，从基础层、芯片层到应用层，金融行业信创开始步入深水区。

随着中国经济进入创新驱动的新发展阶段，金融业的数字化转型也被激活。2019年8月，中国人民银行印发《金融科技（FinTech）发展规划（2019—

2021年)》,构建金融科技"四梁八柱"的顶层设计,明确了金融科技发展方向、任务、路径和边界。

2020年,作为中国金融业的中坚力量,各大商业银行借助金融科技推进数字化转型,有效助力疫情防控和经济恢复。在这个过程中,数字化转型进一步成为银行业发展的共识,中国银行业科技赋能和数字化转型不断加速。

早在2020年,各大券商就普遍认为:未来三年(2020—2022年),信创产业有望迎来黄金发展期,头部的银行IT厂商有望脱颖而出。

而对于天阳科技而言,主要产品已经完成国产化适配。围绕轻资产、数字化、平台化的业务发展方向,从SaaS层向下贯通PaaS、IaaS层,对传统银行核心应用进行云化改造,在信创领域的业务部署实施按下"加速键"。

2. 战略变革选择,千亿蓝海中竞争优势凸显

金融IT行业"极为辛苦",却又时刻让人感到"兴奋"。

IDC数据显示,2019年中国银行业IT解决方案市场总规模约为425.8亿元人民币(见图2-24),到2024年,中国银行业IT解决方案市场规模将达到1273.5亿元人民币。

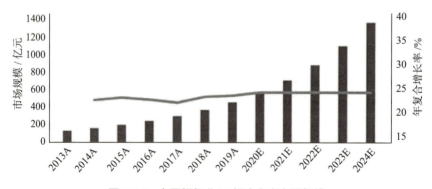

图2-24 中国银行业IT解决方案市场规模

资料来源:IDC,国泰君安证券研究。

注:IDC在2019年的报告中修改了统计口径,2013—2017年的数据是根据IDC口径变更前市场规模增速推导,2020—2023年的数据均由复合增速推导。

华西证券认为，随着行业门槛的提升，对于符合资质的银行 IT 服务商而言，开放市场规模巨大，估算银行侧 IT 系统对应空间有望达每年 936 亿元。

从财报数据可以看出，天阳科技业绩的转折点在 2016 年，这一年天阳科技收入首次突破 3 亿元。此后不断突破，2020 年天阳科技营业总收入超过了 13 亿元，过去 5 年的年复合增长率超过 30%（见图 2-25）。

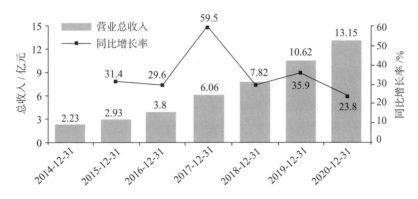

图 2-25 天阳科技历年营业总收入及同比增长率

资料来源：天阳科技 IPO 招股书、2020 年年报。

显然，"国产替代 + 数字化转型"的双轮驱动，让天阳科技这样的公司迎来了黄金发展期，业绩出现爆发式增长，同时，也让欧阳建平思考起未来的发展方向（见图 2-26）。

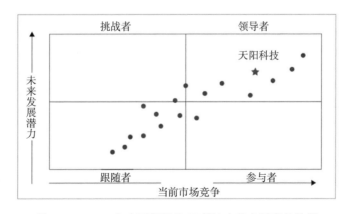

图 2-26 2019 年中国银行业 IT 解决方案市场竞争格局

数据来源：赛迪顾问

2021年第一季度，天阳科技在收入、净利润、订单数等几个核心指标上，又上了一个台阶，单季收入近4亿元，净利润同比转正，订单数增长1.1倍。可供对比的是，2021年一季度我国软件和信息技术服务业的收入增速是26.5%，而天阳科技的收入增速为84.7%，是全行业增速的3倍多。

对于业绩的高速增长，欧阳建平的看法是："机会来了，只对准备好的人"。取得这样的业绩，除了自身的努力，主要得益于整个行业的高景气度；坚持以贡献者为本，更是全体员工集体努力奋斗的结果。

据悉，在上市后发布的一封内部员工信中，欧阳建平将创业成功经验汇聚成几句话：坚持以业绩说话，业绩为王，向结果要效率，向事实要成绩。

欧阳建平曾预测，随着银行业竞争不断加剧，银行会缩减IT部门，将系统建设工作更多以服务外包的形式来开展，因此，银行IT系统外包程度将进一步提高。

"聚焦主业"，欧阳建平再一次展现了企业家的战略笃定，公司的快速发展毫无疑问也印证了这一点。

"我们的核心竞争力是围绕以银行为主的金融机构，利用新一代的先进的金融科技，能够支持金融机构去提升他们的获客、业务流程处理、风险管理的效率，支持他们进行产品服务创新。"

在欧阳建平看来，在这个千亿级的市场，还没有形成真正意义上的巨头公司。他相信随着市场集中度的不断提升，在这个赛道中，未来将出现年收入超过50亿元甚至百亿元规模的"真正王者"。聚焦主业、练好内功、抓住市场机遇，正是天阳科技登陆资本市场后的既定规划。

3. 做大做强核心主业，创新驱动第二增长曲线

"未来几年，整个产业会走向巨头化，银行对金融IT供应商的要求会越来越高，这将考验一个企业的综合实力。"欧阳建平说。

目前，天阳科技形成了以咨询、金融科技产品、金融IT服务、云计算、运营服务五大板块为核心的业务线，新拓云计算和运营服务两条重点发展方向，契合银行关键业务领域需求，毛利率及商业模式显著提升，如表2-9所示。

表 2-9　天阳科技业务战略布局

业　务　线	2019 年占收入比 /%	业务线描述
咨询	5	IT 规划、信创转型、金融业务咨询（信贷、交易银行、信用卡、风险管理等）、数字化转型、数据资产管理
金融 IT 产品	65	信贷管理、风险管理、交易银行、信用卡及零售金融、大数据及营销
金融 IT 服务	27	项目管理（PMO）、需求分析、专业测试、数据迁移、智能运维
云计算	3	IaaS：信创转型服务；PaaS：a-PaaS 产品和服务；SaaS：小微银行；科技托管；信用卡及零售金融科技托管
运营服务		营销和客户运营、供应链金融运营、信用卡业务代运营、贷后资产管理运营

资料来源：国泰君安证券研究。

客户涵盖了包括政策性银行、国有商业银行、股份制银行、城市商业银行和农村信用社在内的 300 多家金融机构。

如何做大做强核心主业，欧阳建平给的答案是"两条腿走路"：一是坚决贯彻大客户战略，优化传统业务，成为关键性银行的关键性合作伙伴；二是通过并购等手段，用云计算等创新业务，赋能客户的数字化转型需求。

在欧阳建平看来，银行金融 IT 系统具有特殊性，大银行对稳定性、及时性、准确性、可靠性、连续性、安全性等要求更高，所以这不仅能提升客单价，也是让天阳科技实现跨越式发展的契机。例如，大银行的信贷产品复杂性比较高，这就需要全产品线来支持这个科技平台，天阳科技十几年的产品与优秀服务实践，恰恰就有这样的优势和能力，而随着大行在金融 IT 领域投入的不断增大，这种"大象快跑"的发展态势，系统的复杂性和科技含量不断提升，与业务的契合度也愈发提升，形成了一种"大鱼吃小鱼"的行业集中度。

不止如此，随着银行核心业务从线下转向线上，无论是风控，还是普惠金融，过去通过经验、人工来规范的流程，将会通过大数据、人工智能等技术实现自动化，这方面大行也会走在前列，这就给真正有核心竞争力的金融

IT 企业带来了发展的契机。

"以普惠金融为例,科技系统是普惠金融的基石,对于每笔几千元甚至几百元的小微贷款,不可能再通过传统手段去完成,它一定要有一个科技系统来支撑。现在来看,银行在信贷业务系统的投资是最大的,下一阶段可能是在数据业务上的投资最大。"欧阳建平说。

对于与大行核心业务相关的垂直"赛道",欧阳建平给出的目标是行业前二,做不到行业前二的细分产品就面临下线的风险。对于资产在万亿元规模以上的大银行,他给出的目标是要占总收入的七成以上。

"未来,一定是综合实力强的供应商才能够获得更多的发展机会,"欧阳建平进一步强调。巩固具有竞争力的核心"赛道",重点构筑上市之后的行业护城河,天阳科技为了这样的发展机会在细分领域努力地向下扎根。根据赛迪顾问《2019 中国银行业 IT 解决方案市场份额分析报告》数据,天阳科技在信用卡、风险管理、交易银行解决方案专项排名行业第一;在 IDC《中国银行业 IT 解决方案市场份额,2019:新景气周期开启》排名中,天阳科技在风险管理领域排名第一,在交易银行和客户资源管理领域排名第二,在信贷操作系统领域排名第三,在商业智能领域排名第四。

虽然目前天阳科技的人员已经近 7000 人,在同业中已属于巨头型的企业,但是欧阳建平还是不断强调:把手上有限的资源集中起来,服务好这些大客户,要在核心"赛道"成为冠军。

在夯实主业的同时,中小银行在金融科技和数字化转型的过程中,必然面临专业度不够、资金和人员投入不足的窘境,在欧阳建平看来,这又为天阳科技构建"第二增长曲线"提供了契机。

"从转型的角度来看,小银行会选择云和平台服务。"当人工智能、大数据已经成为数字时代的基础设施,天阳科技希望通过并购、战略合作等创新手段,通过提高平台服务能力来覆盖中小银行。这个模式类似于互联网巨头常说的"平台赋能"。2020 年 6 月,天阳科技与赣州银行、中兴通讯等联合组建了"金融信创联合实验室",以此打通上下游相关科研机构及创新产业链条。天阳科技自主创新技术架构的赣州银行新型信贷项目也已成功上线，该项目适配了国产 CPU 芯片和数据库。

"第一，面向市场；第二，面向竞争；第三，整合资源。同时，对于产业发展过程的新变化，既要保持敬畏之心，又要时刻保持敏感。"或许，对于 18 年始终保持创业心态的欧阳建平来说，这就是他得以成功的创新方法论。

2.5 数字化转型案例解析

2.5.1 Capital One 数字化转型案例分析

1. 引言

近年来，"数字金融""金融科技""科技赋能"成为银行业乃至整个金融机构关注的热点词汇。而美国第一资本投资国际集团（Capital One）自诞生以来就流着"数字金融"的血液，并凭借"数据驱动"这一理念短短数年就将自己从一个小小的银行信用卡部门发展成全美五大零售银行之一，造就了银行界弯道超车的"神话"。

2. Capital One 数字化转型背景

在大数据这一热词还未成形之时，Capital One 在成立之初就确立了数据驱动的战略，因此它也被视为大数据金融的先驱。但是 Capital One 成立的年代，恰逢美国银行业转型档口。20 世纪 80 年代以前，美国银行业务是一种典型的"批发银行"业务模式，过着"3-6-3"的幸福生活，即"3 个点左右的存款利率、6 个点左右的贷款利率，银行行长下午 3 点陪同客户打高尔夫球"。此后，伴随银行业市场化步伐的加快，美国制造业红利逐步消耗殆尽，基础设施建设陷入停滞，美国的银行业进入了艰难的调整期。数据显示，美国银行机构的数量从 1985 年的约 18 000 家急剧减少到 2017 年的 5607 家。除了大环境不利，Capital One 成立之初，还要面对来自国内同行的有力竞争。当时美国已经有 10 多家比较大的、利润可观的信用卡公司或者综合银行的信用卡中心，整个行业也早已进入比较成熟且慢速发展的阶段，信用卡已成为美国严重的同质化产品。换句话说，Capital One 诞生时的处境可谓是"内忧外患"：既享受不到国家大量基建项目所带来的红利，还要面临和国内巨头同行们抢夺 C 端用户的战争。

1988 年，Capital One 的前身——Signet Bank 信用卡部门成立，这时美国商业银行的信用卡业务是高度同质化的，大部分信用卡发卡行采取的是"一张卡打天下"的业务模式，即对不同地区的不同客户采取相同的信用额度、利率和年费。当时美国银行大多采用的是"20+19.8"的收费模式，即 20 美元的年费和 19.8% 的年化利率。Capital One 联合创始人 Fairbank 和 Morris 看到了信用卡行业差异化定价的商机，引入数据驱动策略，通过技术对数据进行分析，结合科学测试，针对不同的客户需求采取差异化定价方式。基于数据驱动原则，Capital One 在庞杂的客户群体中瞄准了适合自身业务模式且风险可控的目标客群（见图 2-27），推出年化利率 9.8%、针对信用良好的中等收入阶层的信用卡产品，并且帮助这些客户偿还他们在其他银行卡中心背负的年化利率 19.8% 的债务。这一精准客户定位和产品策略也帮助 Capital One 在当时美国激烈但又同质化的信用卡市场中找到了自己的蓝海。

图 2-27 Capital One 的目标客群

1994年Capital One从Signet Bank独立并顺利上市。自立门户后，Capital One依旧秉承数据驱动战略，继续在地域上和业务类型上进行扩张。1997年起，Capital One实行"数据驱动战略2.0"，拓展汽车贷款、小微贷款、房贷业务。21世纪初，Capital One已在英国和加拿大的信用卡市场站稳脚跟，并进军汽车贷款、小微贷款以及房地产贷款市场，拓宽自身资产业务。

从2005年起，Capital One进入向综合性商业银行转型阶段，这一时期Capital One通过收并购一系列地方龙头银行与企业，来拓宽零售银行业务，补充自身业务短板，进而达到优化资产负债结构的目的，这一系列举措也让Capital One从一家偏重消费信贷的金融公司转变为综合性零售银行。更为健全的商业模式也让Capital One平安度过金融危机，之后的数年，Capital One继续拓展全球化收购之路，通过收购各行业的佼佼者进一步完善业务版图和加强技术能力。截至2019年年末，Capital One实现营收285.93亿美元，为1995年的38倍，总资产规模达3904亿美元（见图2-28）。

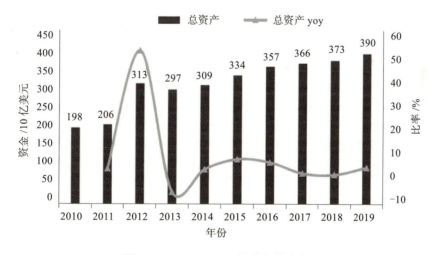

图2-28 Capital One资产规模变化

Capital One经过短短30多年的发展，能在竞争激烈、危机四伏的金融市场中脱颖而出成为零售银行的领军者，这与先进的"数据驱动"战略有密切联系，同时，先进战略的贯彻落实离不开与之配套的业务模式和组织架构。

3. Capital One 数字化转型建设情况

目前,Capital One 形成了以信用卡业务为核心,以零售银行和商业银行辅助协同发展的业务模式。信用卡板块包括美国国内个人消费贷款和消费企业贷款,以及欧美等国的国际信用卡业务。Capital One 把信用卡看作是基于数据的技术业务,而非是传统贷款业务。Capital One 组建了世界级的分析师团队,运用新的技术、大量数据、统计模型对上千个想法进行科学测试和运用,将传统的"一刀切"信用卡业务转变成"大规模定制",即实现在对的时间以合适的价格向有需求的客户交付适配的产品。零售银行板块包括个人和小微企业的存贷款业务以及汽车贷款业务,商业银行板块包含服务中小企业的存贷款业务以及资金管理服务。

在美国市场上,Capital One 和运通公司都是美国信用卡行业的标杆企业,但风格差异很大。与运通公司专注于服务高净值客户,以收取非息收入为主营业务不同,Capital One 走的是服务于中低端客户的独特道路,因此其主要收入和利润来源是信用卡业务。Capital One 自始至终都将自己定位成"从事银行业务的科技公司",摒弃传统银行的业务思维,选择差异化的资产业务模式:选定适合数据驱动型策略的偏标准化产品,进行广泛营销吸引客户,通过大数据方法从传统银行较少服务的较高风险的长尾客群中筛选出有效客户,以减少竞争,从而通过收取更高的利率获得超额收益。这个模式中的每个要素都是紧密联系的,"数据驱动型策略、标准化产品、高营销费用、权衡风险与收益"相辅相成、难以割裂。通过这样的积极掘金长尾客群,Capital One 取得了风险与收益的平衡,证明了自己的商业模式,这在全球范围内都是难能可贵的。

4. 成功经验——数据驱动下的差异化服务

Capital One 似乎生来便拥有"上帝视角":它从未研究银行业是如何运作的,也不关注其他银行在做什么,相反,Capital One 一直关注的是如何用科技改变生活。"数字金融""科技赋能"等这些词汇并非大而空的口号,在这背后蕴含着为客户提供更为实时和智能的服务这一商业逻辑。Capital One 清晰地意识到，银行业本质上是一种数字产品，为消费者提供量身定制的即时金融服务是制胜的要诀。公司创始人 Morris 曾说："我们开创这家公司，是基于两个革命性的机会：以科学的方法来进行决策，同时用信息技术来实现面向大众的产品定制化。"

（1）基于"数据"开展业务与风控。在 Capital One 建立之初，美国信用卡的普及率已经很高，但却没有任何一家银行对用户间的个体利润率差异进行分析，而 Capital One 为了筛选出自己的目标客群，设计了成百上千的差异化利率产品，用直邮的形式定向推送到特定的客户组群，设计数个测试组，每个测试组背后还有几十个子测试，包含利率产品的接受度、转化率、用户生命周期价值的净现值、坏账率等指标的回归统计，同时贯彻"Test-and-learn"的理念，不断研究、不断改进，将最好的可规模化产品推广给市场。这样深入且详尽的数据分析对 Capital One 精准的用户挖掘贡献了巨大作用，基于数据开展的差异化定价的信用卡业务也为 Capital One 带来了强劲的发展优势，且能在高度互联网化的当下依旧保持自己的霸主地位。

在基于数据驱动的业务模式下，Capital One 也建立了独特的风控系统。经过数年的积累，Capital One 的用户风险决策模型涵盖了众多数据，其中包含美国官方征信局数据、平台用户数据与用户社交数据等，这也比单一审核用户 FICO 分数更为全面。银行归根结底是经营风险的公司，更好的风险控制能够让银行发展得更加稳健。Capital One 的风控系统，能够提供更全面的客户画像，让自身在积极开拓业务的同时，能够有效地控制风险，保障资金安全。

（2）精细化服务。Capital One 旗下有 5000 万名客户，针对渠道、信用卡许可尺度、信用增加许可等维度，这 5000 万名客户也相应地拥有 5000 万种服务方式（其中包括了差异化利率）。公司每年会进行多达 5 万次的实验，给不同客户设计相应的服务体验和信用产品。客户打进电话的同时（按下 Capital One 热线电话号码最后一个数字），公司高速运转的计算机已完成号码识别、数据收集、客户分析、产品建议等工作，这些计算机里存储了海量的用户数据，包括全美 1/7 的家庭信息以及 Capital One 数百万客户的消费记录。

通过追踪来电号码，计算机可以辨别来电用户属性，在考量了数据库十几种备选方案后，计算机会挑出用户来电的最可能原因，并且推测来电客户最希望购买的产品，之后会立刻把这些信息呈现在销售员的电脑屏幕上。一旦电话接通，业务员可凭此展开个性化销售策略。

如图 2-29 所示，Capital One 拥有与互联网科技公司相同简洁高效的官方网站与 App 界面，通过简明扼要的引导语，客户能够非常快速地找到自己需要办理的业务，高效地完成自主服务。Capital One 网站有一句标语"WE'RE MORE THAN JUST A BANK（我们不仅仅只是一家银行）"，以满足客户需求为原则提供相应服务，如 Capital One 推出了 CreditWise 服务，客户可以直接在网站与 App 端查到自己的信用分数，并能通过 Capital One 的建议提升自己的信用分数。Capital One 在应用设计上还注重于打造分享知识和咨询的平台（类似于微信公众号的功能），用户可以在平台看到许多有价值的文章，如 *Money Management*（《资金管理》），这不仅能增加用户驻留时长，提升用户黏性，也能潜移默化地向客户输送企业价值与文化，提升企业商誉。

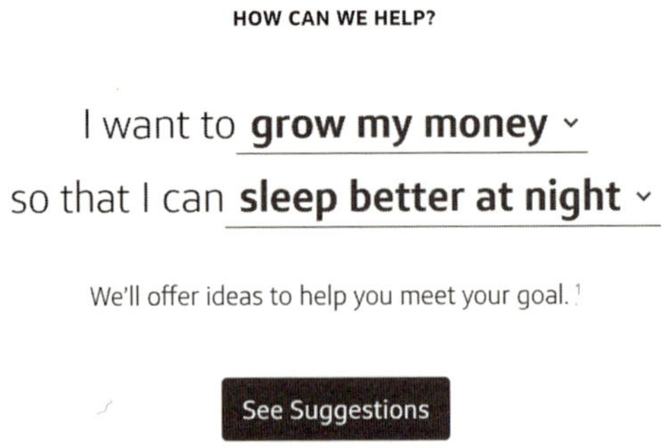

图 2-29　简洁直观的 Capital One 官方网站

（3）重视人才与科技文化。Capital One 的先进战略的实现离不开尖端人才。在长期不惜成本招聘专业领域最优秀的人才的同时，Capital One 近年来也扩大校园招聘与实习项目数量，为科技人员储备打基础。如今，Capital One 的 5 万多名员工中有 85% 的技术人员都是工程师，他们有着先进的技术策略，也能适应现代数据环境。Capital One 享有"金融界的黄埔军校"的美誉，在团队建设中 Capital One 强调"多元性、包容性和归属感"（DIB），促进员工对工作以及公司的责任感（见图 2-30）。Capital One 对创新有着极大的包容度，员工可以随时提出新的想法，只要有充分的数据支撑和严密的逻辑论证，就可以调动全公司的资源来投入自己的项目。就算项目失败了，"公司也可以为你的错误买单，不需要接受任何惩罚"。Capital One 的成功，很大程度上就是吸纳一大批对数据高度敏感的"100 分人才"，然后在独特文化的熏陶中将数据驱动的理念植入他们每个人的头脑和血液之中。

图 2-30 Capital One 网站的企业文化宣传

Capital One 采用 DevOps 文化，即整合开发和运营的敏捷软件交付方法。工作人员抱着"创建了它，便拥有了它"的心态进行软件开发，促进业务、运营与开发部门更密切的展开合作，从而提高业务敏捷性，缩短问题反馈与解决时间。与传统业务中开发与运营是相对独立的情况不同，采取 DevOps 模式可以有效解决业务、运营与开发部门的相对割裂状态，加强团队沟通与合作。在互联网时代，这样的文化有着巨大优势，不仅可以有效缩短产品开发时间，也有助于建立高效敏捷的团队。

（4）"拥抱"新兴技术。自成立以来，Capital One 以信息技术出奇制胜，到了云服务时代则将自己定位成一家软件公司。按照 Capital One 的业务增长速度，数据中心本应随之扩张，但在 2015 年 Capital One 宣布将核心银行系统迁移至亚马逊 AWS，并逐渐关闭已有数据中心的重大战略决策。Capital One 首席信息官曾说："我们的主要任务应该是为我们的客户建立出色的应用程序，而不是建立昂贵而复杂的基础架构。"采取第三方数据服务能够更有效地将企业重心转到更好地为客户服务上，同时也能节省可观的基础成本。在国内传统银行苦于"去 IOE"进展缓慢、阻力重重且目前都处于试水边缘系统阶段时，Capital One 已再一次敢为人先，自我革新，在云服务时代主动抛弃传统数据架构，积极"拥抱"云计算服务技术。

Capital One 多年来致力于通过微服务架构来实施灵活多变的 API，通过上千个 API 的组合与扩展，为上亿用户提供服务。其优秀的微服务架构按照业务场景和技术角色切分了传统大型单体服务，在 API 的粒度上为业务需求和技术需求提供了精准服务。这样的好处首先在于能够更有效地利用计算资源：将计算资源充分利用在需求更强烈的 API 上，在具体的 API 粒度上扩展，相比单体应用的扩展要灵活且有效得多。其次，这也为 Capital One 提供了强大的系统可扩展性：在良好设计的 API 基础上，要满足新的业务场景或修改旧有业务场景时，只需要在 API 调用层面进行简单组装和改造即可满足，这样的技术能够更有助于 Capital One 在纷繁复杂的互联网时代适应变化，践行敏捷理念。

（5）挑战之处。Capital one 采用的是高收益覆盖高风险的业务逻辑，其目标客群与国内互联网银行相似，主要服务对象瞄准长尾客户，但这也对银行的数据分析以及风险把控能力提出了更高的要求。Capital one 在走过数年的辉煌之路之后，发展陷入瓶颈，资产质量也有恶化趋势。在信息爆炸和高速发展变化的时代中精准搜寻并留住客户，及时更新甚至颠覆原有商业模式以适应变化的同时更严谨地把控风险，可能是永立潮头、长盛不衰的关键。

Capital One 在选择将核心银行系统"轻装上阵"之后，发生了大量客户数据泄露等公众关注的影响公司声誉的事件，Capital One 对此也付出了股价大跌、面临法律赔偿的惨痛代价。银行在数字化转型时的确可以借助互联网技术实现运营成本的大幅度降低，但同时也需要权衡拥抱科技与安全性之间的问题。信息防泄漏和客户数据一直以来都是金融机构的重中之重，在互联网时代更是如此。

2.5.2　中国工商银行数字化转型案例

1. 引言

2016 年 8 月，金融科技被列入国务院《"十三五"国家科技创新规划》。为此，各家商业银行纷纷顺势而为，积极布局金融科技创新战略，以大数据、云计算、区块链、人工智能和移动互联等信息技术应用为支点，着力打造各类金融工具协同融合的金融生态格局。金融科技布局、数字化转型的关键是加强业务与科技的融合，结合新技术的特性共同研究业务场景和创新内容，同时，要结合数字化转型加强业务经营理念和管理思维的转型。

中国工商银行（以下简称工行）在早期时就意识到数字化转型的重要性，并于 2013 年启动了信息化银行建设，在包括移动互联、大数据、云计算、人工智能、区块链、物联网以及生物识别等新技术的研究和应用方面进行了布局，在部分领域取得了明显进展。2019 年，工行成为全行业首家资产规模突破 30 万亿的商业银行，经过时间的沉淀与市场的打磨，工行对金融科技的战略制定更加清晰明确，金融科技战略由最初的支撑发展走向主动赋能。在数字化转型的浪潮中，工行顺应市场、尊重技术，将数字化转型与企业转型相结合，把"科技驱动、价值创造"作为加快金融科技创新改革的工作思路，以"金融＋科技"的全局性思维为企业业务发展规划，打造智慧银行生态体系，纵深推进金融科技创新发展，打造"数字工行"。与此同时，工行以新一代智慧银行生态系统 ECOS 建设为契机，构建开放融合的跨界生态，成为国内最大的综合金融服务"供应商"。不得不说，工行通过超前的战略规划与高效的战略执行能力探索出了一条有自身特色的数字化转型之路,成为行业中的领跑者,这为同类型国有银行以及所有商业银行在关于如何数字化转型、如何科技赋能等问题上提供了"工行方案",具有非常深刻的借鉴意义。

回首过去,工行以战略规划、组织架构、体制机制优化、技术创新、系统架构完善为工作重点,以智慧银行信息系统建设(ECOS)为契机,以科技驱动为业务创新赋能,将"金融+科技"深度赋能,创造业务价值,在数字化转型过程中,取得了不俗的成绩。如图 2-31 所示,截至 2020 年 6 月末,总资产规模达 331 120.1 亿元,营业收入为 4484.56 亿元,净利润为 1498 亿元,境内人民币存款(含同业)增加 2.52 万亿元,居市场首位。战略实施上实现良好开局,个人客户净增超 1400 万户,个人客户总量达 6.64 亿户,零售存款余额达 11.5 万亿元,零售贷款规模达 67 696.31 亿元,个人客户金融资产总额突破 15.5 万亿元,较年初增加近 1 万亿元,各相关指标数据稳居市场首位。

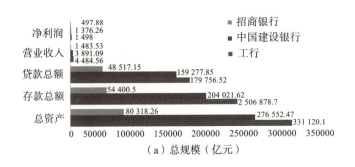

(a)总规模(亿元)

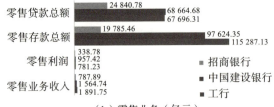

(b)零售业务(亿元)

图 2-31 工行 2020 年主要财务指标

2. 工行的数字化转型背景

回望发展历程，工行总是以行业先行者、推动者的角色进行自我革新与发展。早在1984年成立之初，便确定了"科技兴行"的战略，将金融科技作为改革创新的助推器。此后，顺应时代变革，工行的科技转型经历了电子化、银行信息化、信息化银行、智慧银行等发展阶段，科技早已渗透到工行的"基因"中，融入工行的"血液"里。无论是自主研发的五代核心系统，数据大集中、两地三中心、智慧系统ECOS系统建设等重大创新突破，还是其开放银行生态布局和金融科技助力疫情效果的实践，都奠定了其在国内同业中强大和领先的金融科技实力。工行通过业务模式的创新、电子化建设的成果凸显，经营效益不断升高，从最初的专业银行成长为中国第一大行。

（1）工行的商业银行发展初期。1994—2004年，工行处于国有商业银行时期。自2000年起，工行加快向商业银行目标的改革步伐，建立了以"质量和效益"两大类指标为中心的新型经营管理体系，在资金实力、业务创新、跨国经营、信息化建设、机构改革、内部控制及风险管理等诸多方面均取得了较好成绩，为工行的股份制改革奠定了坚实基础。

（2）2005—2014年转型发展黄金10年。2005年，工行股改成功，并在2006年成功上市，2005—2014年是工行经营结构和增长方式的重要战略转型期，也是工行首个10年发展纲要，它以经营结构与经营模式的战略转型为主线，提出转型的五大格局和三大战略，即资产、负债、渠道、国际化发展和综合化经营格局，大零售、大资管、大数据和信息化三大战略，全面持续推进国际化、综合化发展战略。

经过10年的发展，工行已成功完成由"本土银行"向"国际银行"的转变，主要指标全球领先，市场第一地位日益巩固。

（3）2015—2017年加快实施互联网金融战略。2014年的金融界迎来了翻天覆地的改变：互联网金融呈现出爆发式增长，以余额宝、理财通、京东小银票为代表的互联网金融产品百花齐放，涉足银行、基金、票据、保险、证券等诸多金融业态，对商业银行的中介地位形成深层的冲击。

与此同时，国有行中的中国建设银行一直对工行穷追不舍，早在 2014 年就提出"以互联网金融作为互联网时代建设银行转型发展的战略抓手，确立互联网金融业务的主体地位，努力由互联网金融的参与者塑造为领跑者"。股份制银行中的招商银行在科技实力与战略布局方面一直坚持轻型银行战略，被业界称为"零售之王"。

工行确定了大零售战略，从 2014 年开始布局 e-ICBC 互联网金融战略，并在 2015 年 3 月份正式推出 e-ICBC 1.0 互联网金融战略，主要包括"融 e 购"电商平台、"融 e 联"即时客服平台和"融 e 行"直销银行三大平台。与此同时，推出支付、融资和投资理财三大产品线上的"工银 e 支付""逸贷""网贷通""工银 e 资""工银 e 缴费"等一系列互联网金融产品，以及"支付＋融资""线上＋线下""渠道＋实时"等多场景应用。

2015 年 9 月，工行正式发布 e-ICBC 2.0 版本的互联网金融升级发展战略，打造"三平台，一中心"的产品体系。其中，"三平台"为原有的"融 e 购"电商平台、"融 e 行"直销银行平台和"融 e 联"即时通信平台，而新引入的"一中心"为网络融资中心。工行前董事长姜建清指出，网络融资中心是工行互联网金融创新的一个重要里程碑，也是银行信贷经营模式变革的新起点，2.0 版本的升级助力工行成为最大规模网络融资银行。

从 e-ICBC 1.0 到 e-ICBC 2.0，工行仅用了半年就使"融 e 行"的客户数达到 2.82 亿、"融 e 购"平台全年累计实现交易额 1.03 万亿元、"融 e 联"投产 2550 个场景服务公众号。2017 年中报发布会上，工行前董事长易会满提出了 e-ICBC 3.0 升级战略，坚持互联网发展规律和金融服务本质相结合，聚焦建设"智慧银行"，并创建"七大创新实验室"，从传统的银行向"智慧银行"转变，进一步构建开放、合作、共赢的金融服务生态圈。

（4）2018—2020 年加快布局大零售转型，推进"智慧银行"战略快速落地（见表 2-10）。在信用卡业务方面，工行的发卡量、用户数仍然领先，但是 3.22 万亿元的交易额不及招商银行的 4.35 万亿元；2019 年全年，招行信用卡业务营收接近 800 亿元，是行业最高水平。

表 2-10　工商银行 2018—2020 战略详情

年　份	战　略	战 略 详 情
2018 年		（1）推进"大零售"战略，通过"大零售""大资管""大投行"加快转型升级。 （2）全面推进 e-ICBC 3.0 战略，全面推进"智慧银行"建设，金融与科技融合发展，生态体系深入构建，成功实现金融"正规军"，成为金融科技的"主力军"。 （3）持续推进国际化战略，资产管理、投行、托管、私人银行、全球现金管理等产品线加快在境外落地发展
2019 年	数字工行智慧银行	（1）围绕全行发展战略目标，结合金融科技发展趋势，编制了《中国工商银行金融科技发展规划（2019—2023）》，金融科技发展规划围绕绘制数字化转型新蓝图，提出着眼于推进集团跨境、跨业、跨界转型发展的要求，以"技术＋数据"打造客户服务智慧普惠、金融生态开放互联、业务运营共享联动、产品创新高效灵活的智慧银行生态体系。 （2）发布智慧银行生态系统 ECOS 1.0，为整个银行业智慧转型提供了可借鉴标杆。 （3）提出"第一个人金融银行战略"并作为战略发展的重心，这也是董事长陈四清在 2018 年履新之后做出的重大调整。 （4）成立工银金融科技子公司。 （5）成立理财子公司。 （6）成立金融创新研究院
2020 年		（1）持续推进"智慧银行"生态系统建设，强化疫情防控常态化下金融科技创新与支持。 （2）紧抓数字化转型契机，初步构建 GBC 三端联动的闭环营销服务体系，持续构建跨界开放生态

在私人银行业务方面，截至 2019 年年末，工行金融资产达到 800 万元及以上的个人客户数为 90 224 户，管理资产 15 547 亿元；同期，招商银行私人银行客户（1000 万元及以上的零售客户）达到 81 674 户，管理资产 22 310.52 亿元。

在金融科技投入方面，2019 年工行科技资金投入 163 亿元，中国建设银行金融科技投入为 176.33 亿元，招商银行信息科技投入为 93.61 亿元。

在科技人才引进方面，工行金融科技人员为 3.48 万人，占全行员工的 7.8%，中国建设银行信息科技人员为 2.77 万人，占全行员工的 7.99%。

面对上述挑战与竞争，工行要想成为真正的"第一个人金融银行"，还需要付出更多努力。这或是触发工行加快布局大零售转型、大力推进数字化转型、正式提出打造"第一个人金融银行战略"、巩固全球大行的主要原因。

3. 工行数字化转型建设情况

近 10 年来,在互联网浪潮的冲击下,银行业的业务模式发生了翻天覆地的改变:传统的存贷利差的盈利空间在不断缩小,银行的主要客户也由过去的中大型企业向小微企业与个人过渡。如何更好地发展大零售策略,提升银行服务质量,数字化转型迫在眉睫。在这一过程中,银行业数字化转型的关键点和难点在于新技术和业务场景的创新结合。技术是中立的,要想使新技术发挥作用,关键在于业务场景的创新。"未来的银行就是金融科技公司。"工行董事长陈四清在 2019 年智慧信息系统 ECOS 发布会上说。工行的数字化转型能成为行业标杆,与其高屋建瓴的数字化战略以及为战略落地的基础设施建设保障不无关系(见图 2-32)。

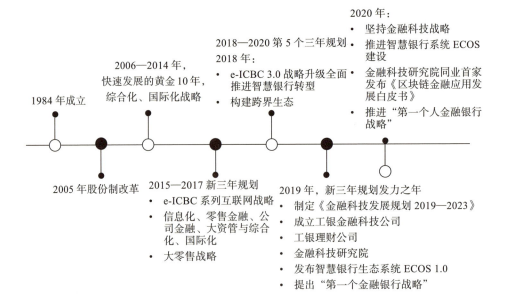

图 2-32　工行的战略规划发展

工行的战略转型也是金融科技的转型。近几年,工行加速金融科技布局,将金融科技纳入全行战略,并根据市场发展持续更新调整自身战略定位,调整组织架构，加大科技投入，创新技术平台，大力推进 IT 架构改革，全面赋能数字化转型。

首先，工行深化内部体制改革，加大组织架构调整力度。2018 年、2019 年是工行科技组织架构调整的发力之年，2019 年工行完成金融创新研究院后，又完成了"一部、三中心、一公司、一研究院"（金融科技部、业务研发中心、数据中心、软件开发中心、工银科技有限公司、金融科技研究院）的金融科技新布局，逐步发挥各科技机构的合力，提升科技与业务的融合度，为全行数字化转型提供强有力的组织保障。其次，加快数字化转型，需要推进银行 IT 架构调整。从 2014 年开始，工行大力推进 IT 架构转型，打造了"主机＋开放平台"的双核心 IT 架构。工行积极推进金融与科技融合，构建领先 IT 基础架构，促进银行数字化转型和创新发展。持续开展新金融科技能力建设，搭建物联网、大数据、云计算、人工智能等平台，完成新技术落地和数字化战略布局，构建完备的大数据经营体系，建立运行稳定、弹性可扩展的 IT 架构，实现智慧金融服务和运营转型。

同时，工行更是在战略布局上注重研发与科技投入。2019 年，工行成立银行业首家金融科技研究院，主要职责是开展金融科技新技术前瞻性研究及技术储备、重点金融科技领域战略规划布局和创新应用。此外，工行金融科技研究院还下设涵盖区块链、大数据、人工智能、云计算、分布式、5G、物联网、信息安全等技术领域的金融科技创新实验室，在银行业纷纷谋求金融科技突破之际，成为行业标杆。同时，工行加快打造新的技术平台与应用，不做技术的"跟随者"，选择做技术创新的"领跑者"。在新技术的研发与应用上，工行的实力已经可以与一些互联网巨头媲美，目前工行已经构建了 ABCDI（人工智能、区块链、云计算、大数据、物联网）、5G 等方面新技术创新平台，其中多是自主研发、业内首创，大幅提升了科技敏捷和迭代创新能力。

4. 完善数字化转型支撑架构，保障数字化银行建设

工行整合构建了覆盖全客户、全领域、全渠道的企业级业务架构，向上

承接集团科技发展战略和业务顶层设计，向下指导 IT 系统建设，建立起从业务规划到业务架构，再到 IT 架构、数据架构的数字化转型战略落地路径，增强金融科技支撑数字化转型的能力。

（1）建设新一代智慧信息系统（ECOS），沉淀企业级核心业务资产。工行从 2017 年开始引入企业级业务代沟方法论，推进企业级业务流程的重构，并建设新一代智慧银行信息系统，以业务领域为视角实现核心领域业务架构和 IT 架构资产的统一视图和统一管控，在此基础上建立了业务架构资产管控机制，为跨条线整合创新、重点领域快速创新提供稳定支撑。通过重构个人账户体系、个人存款与账户剥离、线上线下一体化收单、对公支付产品整合等设计，提高了业务的灵活性；建立了全方位的组建化快速研发模式，完成重点业务领域应用服务化改造，累计研发服务 17 000 个，日均服务调用 30 亿次，有效支持了需求整合、数据共享、流程联动、渠道协同和快速创新。

（2）构建形成"核心业务系统＋开放式生态平台"的新型 IT 架构。数字化转型最重要的底座是 IT 技术架构的建设，这几年工行投入了大量的精力、人力来做 IT 架构的转型升级，其中最重要的两个基石就是分布式框架和云计算。基于开放平台集群系统与大型主机有机结合的基础架构，现在工行云计算规模已是同业第一，节点数达到了 7 万多个，基数达到 4 万多个；而分布式技术是工行自主研发的拥有自主产权的分布式体系，包含了整个九大类组件，有分布式缓存、分布式服务、分布式数据库等，目前工行已将 90% 以上的应用系统部署在开放平台，建设了完整的账户、客户、核算等基础业务支撑体系，实现了大型银行 IT 架构的历史突破。

（3）打造同业领先的"技术平台＋数据中台＋业务生态"数据架构。工行数据架构由技术平台、数据中台和业务生态 3 个层次组成。其中大数据平台融合了云计算、人工智能、分布式技术，为数据中台生态的创新应用提供了强大存储、算力、算法的保障，是数据智能体系的技术底座。数据中台实现了对于金融大数据的驾驭，具体表现在实现了对于集团全数据、高时效、高质量数据的统一整合和保管；面向分析人员提供了全自助的低门槛可视化分析服务；沉淀整合了客户画像、智能推荐等可共享智能服务；解决了数据要素资产的精细化管理，解决了部门间"用数"信息不对称的尴尬。

（4）工行积极开展新技术研究，为搭建数字化发展的应用架构夯实基础。首先是搭建工银物联网金融服务平台，建立数据采集、清洗、聚合能力，支持不同领域实体设备或合作方应用快速接入。目前工行已经接入设备16万台，日均采集社会经济活动和客户行为数据800万笔记录，为银行获取了以往难以得到的丰富、客观、真实的完整数据。其次是搭建大数据服务平台，实现银行海量数据处理、存储、服务整合，提供涵盖行内外结构化、非结构化数据的PB级处理，为业务应用提供高价值数据支撑服务。同时搭建云平台，实现IT资源快速响应、弹性伸缩、高资源利用率管理，基础设施资源利用效率提升2～3倍，资源供应效率达分钟级，业务高峰扩容为秒级，管理流程60%实现全自动化，为银行数字化转型应用系统运维稳定、灵活扩展提供了技术保障。实现人工智能、区块链、生物识别等新技术落地，取得了数字化转型成效。

5. 坚持以数据驱动，夯实数字化转型基础

数字化基础的牢固与否决定了银行在数字化转型道路上能走多远、走多久、走多快。为此，工行积极布局"数根、数干、数枝、数叶"，数据新生态，找到数字化转型的新发力点，快速迭代创新。

深埋"数"根，筑牢数字化重构关键基础。目前，工行已构建了ABCDI（人工智能、区块链、云计算、大数据、物联网）、5G等方面新技术创新平台，其中多是自主研发、业内首创，大幅提升了科技敏捷和迭代创新能力。实现同业首家通过工信部区块链权威认证、首家完成网信办备案；率先建成具有开放性、高容量、易扩展、智能运维等特点的云计算平台等，为深化数字化转型提供坚实的"基座"。

壮大"数"干，沉淀数字化重构价值资产。工行积极参与各地数据要素市场的建设和交易，一站式高效引入医疗、社保、工商、司法等政务数据，合规输出银行数字资产，促进公共开放数据资源的供需对接，助力全社会数据资源有效融合。对内打造数据中台，实现数字资产的高效配置和共享应用，打破部门间壁垒，提升全行客户营销、普惠金融、风险管理等领域的规模数据用例，提升数据的价值创造能力。

发展"数"枝，构建数字化重构场景业态。积极主动布局开放金融生态，构建金融与产业紧密融合的"数字互联体"，促进新型 GBC 关系协调发展。例如，工行与微信、京东、百度等互联网巨头开辟获客新途径，零售板块全年线上引流新客户超 2500 万；为海尔集团量身定制"线上线下一体化智慧收单综合解决方案"，帮助其解决线上线下销售渠道分割、集团无法掌握经销商销售资金情况的问题。

张开"数"叶，搭建数字化重构生态环境。与头部互联网机构、民营银行等合作，探索建立有利于数字技术、数字风控、数字创新的生态环境，促进金融与科技的深度融合。例如，工行与新网银行合作"e 商助梦贷"，双方在业务、场景、科技、风控上深度融合，成为大行与民营银行合作首例，通过与其他企业数据共享，达成业务合作，共同探索金融服务新业态。

6. 打造智能化服务体系，开放共享共建金融服务生态

银行数字化转型的本质是更好地为客户提供服务，只有生态足够开放，金融服务才能将自身的服务与产品向更多领域、更大的用户群延伸。工行以智慧信息系统（ECOS）建设为契机，打造开放化、智能化的客户服务体系，开放共享金融服务，加强跨界融合，建立数字化银行金融生态。利用 API 开放平台、物联网金融服务平台、企业智能服务管理平台等，将金融服务广泛融入各领域生态圈，提供一站式、个性化、场景化的金融服务，逐步构建银行金融生态圈。

"开放平台 + 金融云平台"双轮驱动，构建开放融合的跨界生态。早在 2015 年，工行就启动了基于 API 开放平台的开放银行建设，通过"走出去"

和"引进来"两种方式，以 API 开放平台和金融云平台双轮驱动，构建了开放融合的跨界生态，实现支付、融资、理财、投资等金融产品无缝嵌入教育、医疗、出行、政务等民生消费和企业生产场景。通过 API"走出去"，通过 API 开放平台对外提供二维码支付、工银 e 缴费、工银 e 生活等数十个面向合作方的 API 服务，对外输出 18 类近 1400 项服务，合作方超过 7500 家，上线腾讯智能定期、华为钱包等典型应用，日均交易量超过 2500 万笔。通过金融云"引进来"，引入了财资、教育、景区、宗教等 17 个行业应用，推出了教育云、党建工会云、财资管理云、金融监管服务云、宗教云等十余项云服务，与合作伙伴携手为客户提供"行业 + 金融"的综合服务。比如"宗教云"，目前有 400 多家宗教机构在使用"宗教云"的产品。利用 API 开放平台、物联网金融服务平台、企业智能服务管理平台等，联通产业链上下游企业，建立供应链企业信息库，为企业提供更便捷的基础金融和信息服务，将金融服务广泛融入各领域生态圈，提供一站式、个性化、场景化的金融服务，形成物联网金融服务生态圈。

"贴心 + 极智 + 无界 + 放心"四位一体，赋能"第一个人金融银行战略"。2019 年，工行提出"第一个人金融银行战略"，以"服务 +、智慧 +、场景 +、安全 +"为核心表达，旨在提升个人金融服务的品牌价值和客户体验。与此同时，工行创新推出个人手机银行 5.0，建设线上综合金融服务"标杆型"平台，深入开展手机银行场景化、开放化建设，打造千人千面的智能化服务，建设智慧服务、共享协同的远程银行体系；打造"精准型"营销服务体系，创新推出多元化智能投顾产品"AI 投"；推出个人零售互联网输出解决方案"e 钱包"，完善个人贷款生态场景建设。自动化建设为客户提供了更方便、快捷的金融服务，降低了运营成本。

"互信 + 透明 + 可信"区块链平台，拓宽金融服务领域。工行目前推出的区块链拥有 6 大领域、80 多个业务场景，包括获奖的"工银玺链"区块链产品，与贵州政府合作的扶贫资金发放、雄安新区智慧城市建设等，另外工行推出的"中欧 e 单通"，在"一带一路"倡议的背景下，为改革创新提供典型案例。

"线上+上云"系列产品，创新数字化普惠金融新业态。工行逐步打造出涵盖信用贷款、抵质押贷款、数字供应链在内的完整数字化普惠金融产品体系，创新推出税务、华为云闪贷等经营快贷融资应用，形成覆盖200余个场景的融资服务体系；打造全新"e抵快贷"线上抵押贷款服务模式，实现客户"一次都不跑"即可完成业务办理；基于区块链等技术研发数字信用凭据工银e信产品，对接数字供应链上下游客户的"e链快贷"产品。通过构建面向中小微企业的智能服务管理综合平台，为企业提供办公运营、财务管理、理财融资、供应链金融等标准化云服务，最终实现企业与银行的生态融合。

疫情期间，工行更是发挥科技优势，快速搭建客户经理云工作室，快速推出"抗疫贷""医保贷""开工贷""用工贷"等专属产品，同时打造多款中小微企业专属线上信用贷款和线上云融资产品，为超过3000多家中小微企业提供多元化融资服务。同时，工行还运用人工智能技术助推反洗钱系统智慧转型，成为首家成功与中国反洗钱监测分析二代系统正式对接的银行，可疑交易报警量下降61%，极大提高了业务运营效率。

2.5.3 "零售之王"——招商银行数字化转型案例分析

零售成长路，半部招行史。谈及中国银行业的发展史，不得不提招商银行。这家成立于1987年的中国境内首家完全由企业法人持股的股份制商业银行，用30余年的时间，以"零售之王"的业界地位，打造了商业银行数字化转型发展的样本。

长久以来，银行业谈零售，必以招商银行为标杆，尽管追赶者众多，但招商银行仍然一骑绝尘。对零售战略的远见与坚守，是招商银行光荣与梦想的起点。高瞻远瞩的战略奠定先发优势，一以贯之地践行成就了今天的"零售之王"。

1. 招商银行的数字化转型背景

从 20 世纪 90 年代一卡通、一网通等具有银行业里程碑意义的创新产品，到 2002 年通过上市募资抢抓市场机遇，再到如今向金融科技迈进……复盘招商银行的发展历程，其每一次跃迁都可谓精准而成功。

通过两次转型，招商银行奠定了零售基础。2004 年，时任行长的马蔚华提出了招商银行的"一次转型"——发展零售业务。当时的国内银行业，大都以做批发业务为主，零售无人问津。凭借"不做对公业务，今天没饭吃；但不做零售业务，明天没饭吃"的觉醒，招商银行率先主攻零售业务。2010 年，在意识到过去依靠大规模资本消耗、赚取利差等方式实现的盈利增长难以为继之后，招商银行又开始执行以降低资本消耗、提高贷款定价、控制财务成本为目标的"二次转型"。2014 年，招商银行"轻型银行"战略方向和以零售业务为主体、以对公和同业业务为两翼的"一体两翼"战略定位逐渐清晰，随后零售业务的营收和利润贡献占比首次占据半壁江山，成为国内首家真正意义上的零售银行，也因此被冠以"零售之王"的称号。招商银行之所以选择零售银行这一路径，其原因在于，从外部看，"世界上所有的品牌银行，主要是零售做出的品牌"。从内部看，随着"一卡通""一网通"的推出，招商银行敏锐地抓住了互联网崛起带来的发展机遇，走了一条差异化的发展之路。

早在 1993 年，招商银行就着手建立了全行统一的信息系统。后来，随着覆盖全行所有网点和设施的全国性网络的建成，在国内率先推出储蓄柜面全国通存通兑，银行卡的 ATM 机、POS 机全国联网，资金汇划"零在途"……招商银行的电子网络化水平在国内同业中处于领先地位，这也成为招商银行的核心竞争优势之一。如今，招商银行将以客户和科技作为面向未来的两大核心主题，围绕客户体验、面向金融科技，重新审视银行经营管理，全新开启数字化转型。"招商银行"和"掌上生活"两大 App 月活跃用户突破 1 亿，零售金融数字化转型追星逐辰，公司金融数字化转型向"南"而行；云计算能力行业领先，开放的数字化基础设施云台初垒……招商银行已然掌握了传统银行数字化转型的"道",探索出一条清晰的"术",逐渐打开了未来发展空间。

2. 招商银行数字化转型的建设情况

在零售业务变革的几个关键阶段,招商银行无一例外扮演的是行业创新者和引领者的角色。"零售 1.0"一卡通替代存折,"零售 2.0"资产管理替代以存款为中心,"零售 3.0"App 经营替代卡片经营,招商银行始终抢先卡位(见图 2-33)。

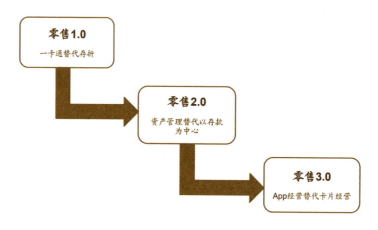

图 2-33　招商银行零售业务的 3 个关键阶段

资料来源:招商银行财报、招商银行官网、国信证券经济研究所。

2020 年 9 月 23 日,普华永道发布的《2020 年半年度中国银行业回顾与展望》显示,2020 年上半年,中国上市银行实现净利润 9 010.52 亿元,同比减少 9.05%,史上首次出现整体性负增长。2020 年上半年,6 家股份制银行归属于母公司股东的净利润合计 1684 亿元,同比减少 139 亿元,平均降幅 7.60%。分析认为,面对新冠肺炎疫情和复杂严峻的国内外形势,银行业贯彻逆周期调节政策,加大对实体经济的支持力度,造成净利润下滑。

尽管年初的疫情对银行业造成较大的冲击,但招商银行凭借持续的数字化转型,核心零售业务增长保持稳健。2020 年上半年,招商银行资产总额稳步增长,首次突破 8 万亿元大关,存款规模再创新高。截至三季度末,招商银行零售客户数达到 1.55 亿户（含借记卡和信用卡客户），较 2019 年年末增长 7.64%。其中，月日均总资产在 50 万元以上的零售客户（即"金葵花及以上客户"）301.32 万户，较 2019 年年末增长 13.8%。管理零售客户总资产（AUM）余额 86 307.28 亿元，较 2019 年年末增长 15.17%，其中管理金葵花及以上客户总资产余额 7 830.48 亿元，较 2019 年末增长 16.4%，占全行管理零售客户总资产余额的 82.07%。

招商银行借助持续数字化转型对线上服务的有力支撑，稳健开展各项零售业务，快速响应客户需求，一定程度上减轻了疫情对经营的影响。随着疫情在国内得到有效控制，复工复产加速，零售获客和 AUM 在三季度保持稳健增长。第三季度，招商银行中高端零售客户财富管理业务在高基数的前提下发展势头强劲，金葵花及私行客户的规模和 AUM 持续高增，巩固了招商银行在财富管理领域的龙头地位。2019 年年底，招商银行理财子公司招银理财有限责任公司获批开业，成为第七家获批开业的银行理财子公司，同时也是第二家理财子公司获批开业的全国性股份制银行。截至报告期末，招银理财总资产规模为 70.54 亿元，净资产 65.22 亿元；报告期内实现净利润 15.00 亿元。

招商银行凭借零售端成熟的客户管理体系和强劲的渠道销售能力，对公端丰富的投行业务经验，以及较为领先的金融科技支撑，在表外资产经营方面率同业之先，享受高估值的同时有望进一步抬升溢价。

3. 战略定位——坚守"客户+科技"两大主题追星逐晨

从 20 世纪 90 年代大力推广一卡通取代存折，将银行储蓄向支付结算服务进化，到 2004 年左右推广财富管理，首开客户分层服务，再到现如今以 App 经营替代卡片经营，全面布局无卡化数字服务体系，招商银行的每一次转变几乎都掀起了行业的变革。

在对公业务如日中天之时，招商银行于 2004 年提出"将零售银行业务作为发展的战略重点，逐步推进零售银行业务管理体系和组织架构变革"。

随后，其于 2005 年和 2009 年先后两次发起转型，由外向业务的扩张转向内向管理绩效的提升，并进一步明确"一体两翼"（以零售金融为"一体"，以对公业务和同业业务为"两翼"）的发展战略，走"轻型银行"之路。

通过零售的拉动，招商银行实现了低成本、较高息差、贷款质量优化和盈利增强的良性循环，ROE（净资产收益率）持续保持较高水平，且相对多数同业的超额水平仍在不断扩大。

"科技终究只是工具和手段，客户才是一切商业逻辑的起点。如果说过去是与对手竞争，那么未来我们则要追赶客户的脚步。"这样的市场危机感不止一次出现在招商银行的文件中，"什么都可能变，但用户追求最佳体验是永远不会变的。"而极强的客户思维与企业文化也成就了招商银行最好的安全垫。

招商银行从 20 世纪八九十年代，就在行业内率先推出的网点供应牛奶咖啡、站立服务、微笑服务和上门服务等人性化服务，收获大量忠实客户；到网络时代，率先进入"网上转账全免费"时代，赢得了客户的肯定。

2018 年，招商银行从"客户"转向"用户"，重新定义银行服务对象和经营思维。招商银行提出拓展服务边界，跳出以银行账户为核心的客户体系，延伸到 II、III 类账户，以及没有绑定银行账户的 App 用户，着力构建互联网漏斗形用户体系。而持续强化把月活跃用户（MAU）作为"北极星指标"的经营理念，牵引整个招商银行从业务发展到组织体系、管理方式、服务模式，再到思维、理念、文化和价值观的全方位数字化转型。

在招商银行看来，无论风云变幻，商业银行作为服务业的本质属性不会变，客户作为商业逻辑的起点不会变，唯有义无反顾地切换跑道，紧抓"客户"和"科技"，向 3.0 模式进发，才可能颠覆旧的投入产出模型、改变增长曲线。

以互联网公司作为对标，从实施"移动优先"到明确"金融科技银行"定位、设立金融科技创新项目基金，2019 年，招商银行信息科技投入 93.61 亿元，同比增长 43.97%，是该行营业收入的 3.72%。

在"移动优先"策略和 MAU"北极星指标"的牵引下，通过"内建平台、外拓场景、流量经营",全面推进零售数字化转型,构建全产品、全渠道、全客群"三全"服务体系。2018 年,招商银行改革零售业务组织架构,正式开启"零售3.0"的变革,直接在总行网络银行部基础上重组新零售金融总部,全面融入数字化,为组织赋能。

4. 战术实施——打造金融科技护城河

在被招商银行视为"零售3.0"转型的两大核心主题"客户+科技"的背后,是一场从卡片时代向 App 时代进击的跨越之旅。为了继续引领中国银行业金融"零售3.0"时代的转型,再挖深零售护城河,招商银行寄希望于金融科技,并于2017年定位为金融科技银行,将金融科技视为转型下半场的"核动力"(见图2-34)。

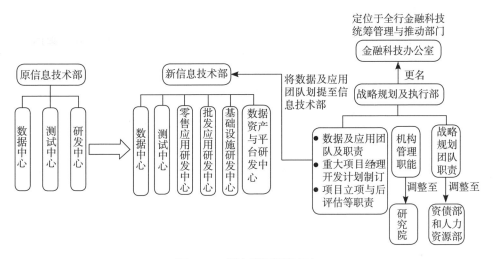

图 2-34 招商银行职能框架

资料来源:招商银行财报、招商银行官方网站、国信证券经济研究所。

(1)坚守零售银行的核心逻辑。银行业零售业务采用的方法与传统对公截然不同,很难长期依赖资源、背景等因素,而需要真正做到"以客户为中心",为客户提供完美的产品和服务,以此来吸引客户并不断提高客户的忠诚度和满意度,并从中分得银行该得的回报,这才是银行业零售竞争中取得胜利的关键。在零售业务的历史进程中,其产品和服务的技术手段、理念思路不断推陈出新，但上述根本逻辑从未改变。

长期以来，招商银行坚守银行零售业务的核心逻辑，紧紧围绕"以提升客户体验为中心"的战略目标，不断通过技术和理念的创新，巩固其先发优势。

（2）前端率先全面跃进 App 经营时代。招商银行在零售端的核心金融科技产品即两大 App——招商银行 App 和掌上生活 App。为了令两款 App 的服务效率和用户体验始终处于行业领先水平，招商银行每年都会对这两款 App 进行升级优化，两大 App 早已成为招商银行连接客户最主要的载体和零售经营平台。2017 年年底，两大 App 累计用户数（未去重）突破 1 亿，跨入了一个新的量级。面对日益激烈的竞争，在 1 亿用户的基础上如何保持增长动力？招商银行的选择是，坚持"移动优先"战略，集中力量打造两大 App，加快推进 App 经营取代卡片经营，重新定义零售银行服务新边界，打造最佳用户体验银行，追逐增量市场的同时提升 App 留客、获客的能力。

（3）中后台建设对标金融科技公司。招商银行大刀阔斧地调整组织架构，从根本上改变以往分支行分散经营的做法，统一归口管理零售用户。强化中台智能，按业务类型和服务客群高配数字化资源，确保让技术、业务、产品最大化衔接，实现"轻管理"和"轻经营"的战略目标。

- 招商银行在基础建设、IT 与业务融合、创新机制建设、人才结构转型 4 个方面全面对标金融科技公司。
- 引入"容错文化"，成立了金融科技创新项目基金，并建立了金融科技创新孵化平台。
- 金融科技投入提升到营收的 3%，并写进公司章程。
- 对零售条线组织架构和信息技术架构进行改革。

从整体来看，招商银行的零售业务发展迅速，注重人工智能和大数据等金融科技技术的研发，大力发展金融科技，在各主要业务场景中都有智能化应用。在自身研发投入、信息技术费用较高的情况下，招商银行仍积极开展外部合作，与多家科技公司、互联网公司和金融科技公司深入研究科技如何赋能银行，表现出了银行的开放合作态度。

THREE

第 3 章

优术：致胜数字化

3.1 银行数字化转型中的若干战术问题

战略是确定最终目标,战术是实现目标的各种手段。没有战略空谈战术就是盲人摸象,没有战术空谈战略就是一叶障目,两者密不可分。

在本书的调研和访谈过程中,很多受访银行的负责人,都极为强调金融科技战略对于银行发展的重要性,而战略执行的效果则在很大程度上取决于管理层,特别是来自于董事长、行长发展金融科技的战略视野和变革决心。

对于正在推进数字化转型过程中的中国银行业来说,相比战略的一致性,战术问题恐怕更加重要,也更为多样性。国有大型银行、新兴互联网银行、城商行、农商行,不可能是千军万马过独木桥,而是百花齐放各自前行,甚至于有机会携手共进。

因此,数字化转型的过程中需要充分发挥管理层的变革领导力,打破传统战略设计和执行体系的"天花板",通过明确牵头部门和提升配套机制水平,将战略认知力转变为创新推动力和制度执行力(见图3-1)。

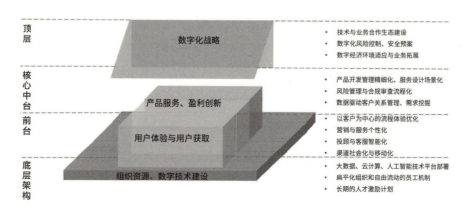

图 3-1 银行数字化转型是一个系统工程,需要决策层与执行层、前端与后端的顶层设计与打通

资料来源:艾媒咨询。

这里需要特别强调一点，谁来承担数字化转型过程中战术突破的重担？

应该不只是银行的直销部门、产品创新团队，或者后端的技术部门、个别不甘于现状的基层网点。

对于银行的管理层来说，应该清晰地认识到，战术从来不是某个单一部门的工作任务，而是全行各个部门、各条业务线、各分支网点"上下齐心、合力断金"的过程，如果忽视这一点，所谓的转型就是"假转型"，也不可能真正实现成为数字化银行的战略目标。

尤其是经历了2020年新冠肺炎疫情的严峻考验，面对"零接触服务""恶意逃废债"、美国长臂监管等新挑战、新问题，银行管理层要在统一认识、上下一盘棋的基础上，依托自身的优势，趋利避害，有策略地实现数字化转型目标，通过以点带线、以线带面的创新，实现有效的突破，由此战术问题显得尤为重要。

另一方面，银行业需要保持开放的心态，充分吸收和借鉴互联网企业的产品基因，重塑自身创新氛围，将持牌优势转变为"复合型"后发优势，并进而打造符合自身资源禀赋和品牌特点的金融科技服务核心竞争力（见图3-2）。

图3-2 用户行为方式的改变决定了银行数字化转型的突破口与战术方向

资料来源：艾媒咨询。

下面从用户挖掘、全场景服务、智能风控、供应链金融、数字化营销、技术转型、隐私保护及网络安全等角度，试图解答如何克服转型过程中的战术难点问题，抛砖引玉，供读者参考。

3.1.1 场景为王时代,银行的用户在哪里

1. 海量用户是数字化服务平台的基础

互联网可以连接用户,使用户不再碎片化,而是海量的用户。正因为有了海量的用户,才能诞生超级大平台,无论是海外的苹果、谷歌、亚马逊,还是国内的腾讯、阿里巴巴、字节跳动、蚂蚁金服、美团,其最核心的资产不是微信、淘宝、抖音等,而是这种产品所承载的用户。

从这个意义上来说,银行业的数字化转型,核心战术就是解决"如何拥有海量用户"的问题,再向下延伸,就是需要搭建能让今天的用户产生依赖性的数字化金融服务平台。

如果说传统的金融服务平台由银行的各个分支行网点汇聚而成,再把数据汇总到总行,实际上是一种"自下而上"的平台服务逻辑,那么在数字化转型的过程中,互联网平台本身就完全没有地域甚至国界的限制(见图3-3)。

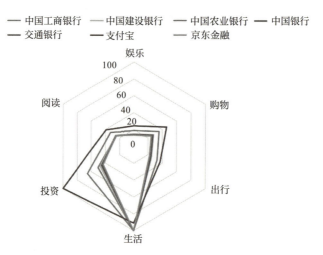

图 3-3　2018 年国内五大银行与两大互联网金融服务 App 用户行为偏好分析

资料来源:艾媒咨询。

"金融服务无所不在,就是不在银行网点。"这是银行创新教父 Brett King 在《Bank 4.0》中对未来银行的预判。

在越来越多的客户不再使用柜台服务的今天，如何通过有效的产品创新来实现"自上而下"的数字化变革，显得尤为重要。

2. 解决用户痛点而非片面追求装机数

从表面上看，从线下柜台服务走向App等线上产品服务，只是服务介质的变化，似乎只是从物理世界走向了虚拟世界，但在实质上其背后是服务逻辑和业务模型的重构，用户需要的不只是7×24小时的金融服务，而是更具个性化、更有针对性、更具温度的持续性服务。

正因如此，无论是App还是小程序，承载的不是银行的一个个孤立的产品，而应该是对于用户有价值的场景。

举个例子，用户打开支付宝，有可能是为了扫码支付，也有可能是缴水电费，还有可能是给家人转账，其实这些服务现在几乎所有的银行App也都能提供，但是为何用户选择支付宝而不是一般银行的App呢（见图3-4）？

排名	应用	行业分类	活跃人数（万）	环比增幅（%）
1	支付宝	支付	50,214.77	-2.03%
2	中国工商银行	银行	5,228.49	+1.86%
3	中国建设银行	银行	5,053.73	+3.91%
4	同花顺手机炒股	股票	3,257.53	+2.87%
5	招商银行掌上生活	银行	3,063.73	+5.28%
6	工银融e联	投资理财	2,946.95	+7.02%
7	农行掌上银行	银行	2,746.53	+0.51%
8	中国银行	银行	2,294.74	-8.36%
9	京东金融	投资理财	2,058.55	+8.45%
10	招商银行	银行	1,577.20	+7.25%

图3-4 银行App与支付宝等头部产品的用户规模差距较大，需要主打差异化

资料来源：艾媒咨询。

答案很简单：因为用户已经习惯了支付宝的服务，假如银行只是提供同质化的服务，根本不可能让用户轻易改变自己的习惯。从这个角度来说，目

前很多中小银行试图通过线下开户来让用户安装App的行为，其实是自欺欺人，表面上是完成了装机量的KPI，实质上只是又多了一个"沉睡用户"而已。

因此，与其片面追求App的装机量和用户数，不如换一个产品思路。现在用户的痛点在哪里？自家App的卖点又在哪里？能否挖掘存量用户的刚性需求，显得尤为重要。

与其缘木求鱼、闭门造车，试图复制一个银行版的支付宝出来，不如踏踏实实、脚踏实地地进行用户调研，从现有用户的痛点出发，通过流程再造、产品创新，让用户愿意用、乐于用、发动身边人一起用，这样的产品，才是一个活的产品、有长期生命力的产品。

3. 创新机会就在银行的日常服务里

再举个例子，中国正在进入老龄化社会，尤其在北京、上海等一线大城市，老龄化率已经接近甚至超过西方发达国家，所以在银行能够看到，还在高度依赖线下网点服务的，很大一部分群体就是老年人（见图3-5）。

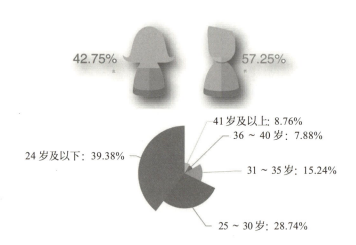

图 3-5　互联网金融服务App的用户年龄及性别分布

资料来源：艾媒咨询。

从图3-5可以看出，互联网金融服务App的用户年龄普遍较小，那么对于老年人群体，这里面是不是有线上服务的机会呢？过去很少有银行想到这个角度。如果能通过有效的技术创新，打造更贴近老年人使用习惯的线上金融服务产品，是不是有可行性呢？

2020年11月24日，国务院办公厅印发《关于切实解决老年人运用智能技术困难的实施方案》（国办发〔2020〕45号），就进一步推动解决老年人在运用智能技术方面遇到的困难，坚持传统服务方式与智能化服务创新并行，为老年人提供更周全、更贴心的便利化服务做出部署。要求各地区、各部门结合实际认真贯彻落实。

方案要求，完善金融科技标准规则体系，推动金融机构、非银行支付机构、网络购物平台等优化用户注册、银行卡绑定和支付流程，打造大字版、语音版、民族语言版、简洁版等适老手机银行App，提升手机银行产品的易用性和安全性，便利老年人进行网上购物、订餐、家政、生活缴费等日常消费。

这不只是一项政治任务，考虑到中国越来越多的老年人在使用智能手机，2020年老龄化用户基数接近美国的总人口数，无论对于大银行还是中小银行，这中间都充满了金融服务创新的诸多商机，而且老年人本身的群聚效应容易打造出种子用户，通过科学化的运营，有可能快速实现积累海量用户的目标（见图3-6）。

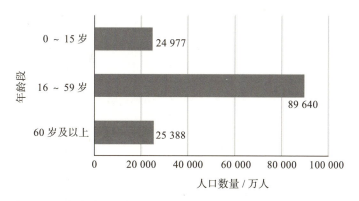

图3-6 截至2019年年末，全国60周岁及以上人口为25388万人，占比为18.1%

资料来源：国家统计局。

显然，银行转型要积极立足于挖掘现有客户的发展潜力，尤其是过去几年因为各种原因而"冬眠"的用户,激活与释放这部分客群的需求。

4. 唯有积极"破圈",才能避免"内卷"①

上面的例子,只是数字银行转型过程中的冰山一角,对于本身就拥有海量存量用户的传统银行,能否通过第三方的数字挖掘工具,通过构筑对用户有高吸引力的场景,来挖掘现有"冬眠账户"的刚性需求?这里面充满了很多机会。

从转型的路径选择和实践来看,银行线上产品在打造爆款的过程中,需要足够的聚焦和垂直,将目光聚焦到那些头部互联网金融服务产品覆盖不到的群体,无论是行业客户、企业客户、个人客户还是政府客户,在这些细分金融服务的领域中,都充满了创新的商机(见图3-7)。从这个意义上来说,中国的银行业数字化转型,从来不缺客户,缺的是发现客户痛点的"火眼金睛"。

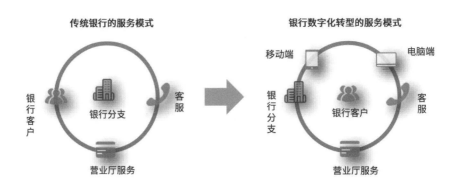

图 3-7　银行数字化转型带来服务模式变化

资料来源:艾媒咨询。

如果看得更加长远,随着人工智能(AI)、虚拟现实(VR)、混合现实(MR)的大规模应用,一切皆可数字化的未来,将让人类进入一个"虚实集成世界"(Integrated Physical-DigitalWorld,IPhD),新技术、新应用将完全打破物

---

① 作为学术名词的"内卷",主要指封闭的系统,落后的模式,人力投入大,但效率低下。内卷化的系统自我锁死,在现有模式中低效率、高投入运转,缺乏向外延伸性,无法升级换代。

理世界和虚拟世界的区隔。

在这样的大背景下，如何依托自身的核心能力，通过有效的创新来避免陷入"内卷"，恰恰是银行业者要通向数字化新世界需要认真思考的战术问题。

作为银行的管理层来说，避免"内卷"的最好方式，就是积极"破圈"，充分吸收前沿科技领域的新知识、新理念，向互联网竞争对手学习，无论是支付宝、微信支付还是抖音、B站、拼多多，他们的成功方式，恰恰是银行在数字化转型过程中最欠缺的东西。

5. 用开放思维破解人才和资金两大痛点

在接受调研采访的银行高层管理者口中，经常提到两个转型难点——缺人才和缺资金，尤其对于中小银行而言，更是如此。

确实，相比依靠"烧钱"模式发展的金融科技企业，普遍通过补贴来积累用户再考虑盈利问题的发展模式，往往受制于人才方面的制约和激励机制的被动，同时又面临成本和利润的两难困境（见图3-8）。

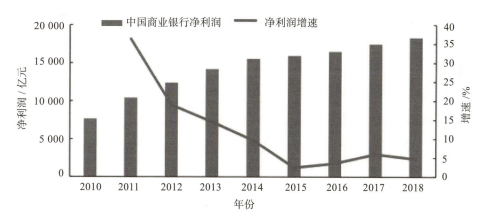

图3-8　商业银行净利润增速的大幅下降，使得转型资金投入跟互联网企业无法同日而语

资料来源：银河证券。

没期权、没高额奖金就吸引不了优秀人才，本来就不多的优质人才还要跳槽到金融科技企业去，完全不一样的薪酬机制，使得产品创新的核心要素——人才极度缺乏，这确实是中国银行业普遍面临的问题。

要破解这一难题，或许放开人才评价的固有机制，真正敞开大门"不拘一格降人才"，会是一个突破点。

举个例子，对于互联网技术人员和产品经理而言，普遍到了35岁以上就面临一个瓶颈期，因为工作压力的原因，会有很大一部分人才或主动离职或被动离职，那么这些从互联网创新工厂出来的优秀人才，在压力相对较小、节奏相对较慢的银行里，是否能有用武之地呢？

这些经历了高强度互联网竞争的"退伍兵"，很多也没有太大的财务压力，对于经济回报并不过于追求，甚至会主动选择中小城市去过相对安逸的生活，对于中小银行的管理者而言，能否寻觅到其中的人才，让自己成为善于发现"千里马"的伯乐呢？

此外，金融科技能力提升和数字化升级再造，离不开持续性的高投入。但是2020年新冠肺炎疫情冲击所带来的宏观经济环境超预期变化，将导致中小银行盈利能力进一步弱化。

如何完成"继续加大金融科技投入力度"的规划，不只是口头说说或纸面提提，而是要落实到银行基于成本支出、营业收入、利润实现的综合财务考量之中。

对此，不少银行管理者也主动提出了开放的应对之策：与其什么都自己做，不如开放自身的部分能力，引入专业的第三方金融科技公司，双方各司其职又优势互补，实现花小钱做大事的目标。

比如，2020年11月13日，由艾融软件开发并与民生银行联合运营的"民生严选"生活服务平台正式上线，以"严选好货真低价"作为平台特色，联合众多民生银行企业客户，为民生银行超过5000万手机银行用户提供"吃住行游购娱"一体化体验。

艾融软件创始人、公司董事长张岩表示，"民生严选"并不是传统意义上的银行商城，而是一个包括了技术服务方、银行、B端商户、C端用户在内的生态圈共赢的创新商业模式。它可以将金融服务和资金流、信息流、物流进行有效衔接，进而为银行发挥出商城和数据的"乘方效应"。

术业有专攻，专业的人做专业的事，随着中国金融科技企业的不断成熟，产品与服务的不断专业化、垂直化、平台化，这样的一个追求"共赢"的路径，肯定是未来银行业数字化转型发展方向。

3.1.2 社交媒体时代，如何让数字化营销更有效

相比3C、零售、饮料、汽车等行业，数字化营销对多数银行还是一个比较新的话题，也是银行数字化过程的一大难点，尤其在社交媒体为王的今天，在直播、短视频、Vlog（微录或视频网络日志）风起云涌的当下，银行如何有效推广自己的产品和服务，将是一个长期的课题。

当银行的获客渠道从以线下为主，逐步转为以线上为主，营销的目的就是如何在有限的成本下，高性价比地到达线上的目标客户。

要达成这个目标其实很难，因为对于绝大部分银行来说，除了极个别有"靠山"的互联网银行，以及用户上亿的前几大银行，可以有源源不绝的流量支持，其余绝大部分银行的流量，或通过第三方购买，或通过合作方来支持，本来就捉襟见肘。

现有互联网各大行业的营销模式中，游戏、视频等虚拟产品，3C、服装、饮料等实体产品，都是可以标准化的，拥有最为成熟和很完善的流量分发渠道，换而言之，只要给够钱就能达到目标用户。

但是金融行业完全不一样，除了部分保险产品之外，无论是消费信贷还是理财服务，又或者私人银行服务，绝大部分都是非标准化的产品，当下并没有一个成熟的分发渠道，银行要么自建，要么跟合作方共建，别无他法。

只有认识到这样的特征，比如哪些产品和服务是标准化的，哪些是非标准化的，才有可能做出超出预期的营销，根据产品的特性来定制营销策略、选择合适的渠道。

另外，流量的成本越来越高，像京东等电商平台，根据第三方研究机构的数据，2019年，仅一位新客户的获客成本就达到了千元左右，而游戏业的获客成本也非常接近。

在流量成本不断高涨的今天，想低成本地获取大量用户，本身就成为一件"不可能的任务"，毕竟中国互联网公司里也就只有一家拼多多。

认清楚这样的一个现实，对于银行，开发和运维新产品是有重要意义的，因为中国互联网已经进入一个争夺存量用户的时代，那么与其耗费重金去开发新用户，不如脚踏实地地挖掘现有客户，尽可能地提高用户的黏性和真实活跃度（不是每天签到这种完全没有意义的活跃度）。

最后，新机会永远存在，国家近期对于互联网平台的反垄断调查，对于金融机构尤其是持牌的银行来说，就是一个良机，这个机会不是去取代现有互联网平台的那些产品，而是可以在跟平台的合作中，拥有更大的主动权和话语权。

可以想见，未来两三年，无论是支付宝、微信还是美团，它们一方面占据流量入口的位置，一方面又要应对反垄断调查，那就必然会放下身段，这个时候就看各家银行营销团队的谈判能力和执行力了。

从普惠金融的角度，中国"五环外"的下沉市场成就了拼多多的逆袭，打破了京东和淘宝的双寡头垄断格局，那么这些"五环外"用户的金融需求，谁能来有效提供呢？

只要有用户需求的痛点存在，就是产品创新和营销创新的机会所在，这对于数量众多的中小型银行来说，正是数字化转型之路中的金矿。

3.1.3 数据是银行转型路上的最重要资产

对于正走在数字化转型路上的银行业来说，没有什么比数据更加重要了，所有的业务创新、产品创新、服务创新、管理创新，核心都应该基于数据治理的创新（见表3-1）。

举个例子，今日头条在短短几年内超越新浪等门户网站，成为中国最热门的新闻App，并非是它有更多的编辑、记者，而是它第一个推出了"个性化推送"的新闻阅读模式，将过去由编辑掌控的版本，变成了由数据来驱动的版面，让每个人的手机上都有一个不一样的"今日头条"。

表 3-1　2018 年部分股份制银行科技创新指数

银　　行	体系智能化	专利数量	财报提及金融科技次数	技术人员占比 /%
光大银行	91.70	6	10	—
招商银行	90.98	8	70	2.69
平安银行	92.58	1	22	—
浙商银行	88.96	5	29	44.22
民生银行	—	4	11	37.2
兴业银行	89.11	2	8	—
广发银行	89.04	—	29	—
渤海银行	—	—	21	4.96
华夏银行	—	—	36	—
中信银行	—	—	25	4.31
浦发银行	—	—	3	—

资料来源：亿欧、平安证券研究所。

如果没有数据，就不可能有今日头条的这个创新模式，也不可能颠覆传统的门户网站，那么对于"虚拟银行""开放银行""未来银行"的实践者们，是不是应该有所启发？

但是目前来看，中小银行的数据治理整体上仍处于初期应用阶段。一方面数据资产管理和安全管理的意识普遍提高，但另一方面由于治理框架还不完善，基础数据的质量普遍有待提高，不少银行还存在不兼容和不规范的问题。

《中国银行业》发布的《中小银行数据治理研究报告》指出，中小银行未来的数据治理应做到"三化"：标准化、自动化、智能化。

显然，如何通过提高数据的管理与治理能力构建数字化经营能力，对于中小银行数字化转型升级和构建有别于传统银行模式的运营体系，具有基础性意义。

对于银行行长来说，如何尽快实现数据的"三化"，将是推动转型的最基础性工作之一，也是实现"从 0 到 1"的最重要的工作之一。

首先，银行在转型过程中，需要在组织架构、技术支撑、基础设施等方面构建专业化的数据运行机制，制定规范制度，设立相关部门，改善管控体系，弥合数据孤岛。

其次，银行需要将数据应用与业务和管理真正融合，以客户为中心，赋能整个业务条线和管理流程，将数据的"资产"价值发挥出来，形成相互促进、相互赋能的机制。

最后，银行还需要按照监管部门的要求，与监管报送等工作紧密结合，严格数据安全管理，坚守风险防范底线，完善客户个人隐私保护机制，强化数据合规。

同时，充分利用数据资产，还要有开放的意识，对于中小银行而言，需要搭上大银行开发平台的快车，为己所用，对于大银行而言，需要中小银行的个性化服务和下沉渠道。

当然，数据开放多少、开放到什么程度，其实对于全球银行业来说，都还处于初步摸索的阶段，对于中国的银行来说，恐怕还需要等待监管部门的相关业务指引，甚至会有国家搭建的平台出来，也并非不可能。

总而言之，对于银行的管理层来说，要牢牢树立一个观念：越是要转型，越要抓住数据这个命脉，没有数据的转型，就是无源之水、无本之木。

3.2 前沿探索者谈

3.2.1 王燕：解析"零接触"背后的中信银行"疫"考答卷

突如其来的疫情加速了各行各业的触"网"

受访者：王燕
（中信银行数字金融部总经理）
采访者：许小青

进程，对于银行来说，这既催化了传统金融向数字化经营的转型，也为金融科技的发展提供了前所未有的契机。

多名银行人士表示，疫情让数字化服务成为行业共识，不少银行的电子银行、网络银行部门在此次疫情期间变成了主力，扛起了"零接触"与数字化的经营主责，同时经受考验的是银行科技团队，数字化能力高下立现。

中信银行数字金融部总经理王燕表示："积极参与到变革当中去，用一种开放的心态去应对发展要求，你会发现新的机遇。因此，中信银行数字金融部也迅速投入'零接触'服务之中。"

1. 疫情大考下的答卷

王燕所在的数字金融部担负着零售银行线上化渠道的建设和统筹、线上线下渠道的协同、线上渠道的运营和风控、大众客户线上化经营以及支付结算产品管理和创新的重任，不仅是银行与客户接触和交付的最前端，也是数字化服务的战略支点和前沿，承载了前、中、后台业务的整合交付。

数字金融部通过"全付通"平台聚合了银联二维码、微信支付、支付宝、QQ钱包等主流条码支付产品，协助特约商户进行收款并提供统一对账等服务，为各类客户提供稳定、便捷、优质的线上金融服务，并在疫情期间，实行定点医院（开设发热门诊的）和慈善类商户（各级公募组织）手续费全额免除，受到了个人客户和商户的一致好评。

早在2013年，中信银行就提出数字银行概念，在零售、信用卡、科技部门持续演进，数字金融部更是率先完成渠道数字化转型的基础能力规划，启动了数字"壹渠道"战略项目，从客户旅程出发，重塑零售银行服务流程。丰富的积累为疫情期间的快速应对奠定了扎实的基础。

2. "零接触"加速数字化进程

王燕坦言，短期来看银行的支付结算和业务量有所下降，疫情也不利于手机银行的活跃度。但是从中、长期看，疫情对各行业的数字化进程无疑是极大的外部推动力。

以老年客户经营为例，银行线上化业务的发展需要用户熟悉和接受互联网操作，而老年客群对于互联网接受度较慢，过去很多银行为此伤透了脑筋。多家银行网络金融部／数字金融部负责人均称，在疫情下很多七八十岁的老年人也学会网上买菜、订购东西。他们在使用手机购物的同时，也慢慢认识了银行线上服务。这对金融服务线上化，是一个有利因素。

"我想未来非接触服务、'零接触'服务等这些概念一定会越来越被客户接受，尤其是我们很重要的老年客户，他们的学习能力其实也是非常强的，疫情使他们逐渐学会和接受线上操作。"王燕说。

王燕谈到，突如其来的疫情给了商业银行静下心来思考数字金融的空间，疫情短期内可能会使原计划推进的项目受到延迟，但是长期来看：一是增强了数字金融的认知，对转型有了更加清晰的思路，信心也更坚定；二是沉淀了大量"零接触"服务的经验，为数字化进程提供蓝本。在与各部门线上化的合作中，银行人明显能感受到这种转变。

3. 数字化重塑零售业务生态

在数字经济的巨大需求和潜力刺激下，银行加快数字化转型非常重要。平台化经营是迄今为止商业银行利用互联网规律发展金融业务的优选形态，其核心理念是整合与开放，而连接能力与数据驱动经营是关键点。基于此，数字化转型究竟该如何实现？

王燕表示："我们围绕四大方面开展工作，即：夯实数据基础，实现全渠道数据协同；深化数字运营，构建多渠道营销框架；强化渠道协同，搭建统一技术架构下的多应用生态组网；构建场景，以金融＋非金融促活线上经营，扎实推进转型。"

王燕认为渠道数字化转型的目标是实现智慧生态和智慧经营，且分两个阶段推进。

阶段一：第一阶段的目标是"开放、整合"，以用户旅程为经营主线，实现全链条数字化的改造升级，强化渠道协同下的数字化经营，通过全渠道的用户管理加强服务创新和体验升级，落地规模化和自动运营体系，全面开放生态伙伴的场景对接，深化与科技融合的"创业联盟"研发机制，共同构建零售数字化经营新格局。

阶段二：第二阶段的目标是"智慧、价值"，以用户价值为导向，形成独特的生态体系，实现高价值的渠道服务，关注用户全旅程及陪伴服务，突显强规模、高效率、差异化的竞争优势，为亿级客户提供智慧、贴心的服务。

王燕介绍，"中信银行正加快推进渠道的转型，以数字化重塑渠道能力，实现渠道、客户、产品和服务流程的互相适配。实现渠道和渠道之间服务的无缝转接，客户无论从哪个触点进入，都能感受到中信银行'信守温度'的服务。"

从更重要的维度来说，数字化是零售业务转型的重要支撑，是做大客群规模、升级客户服务、做强客户体验、实现价值提升的重要举措。

2019年中信银行再度强力推进深化零售业务转型，推出了一系列促进零售业务高质量发展的改革措施，零售势能加速释放。

- 以客户服务为导向，打造客户首选财富管理银行。
- 以数字化转型为主线，推动零售经营管理体系迭代升级。
- 以提高价值贡献为标准，优化商业模式和增长模式等。

全力推进零售组织变革和能力提升，注重品牌沉淀，实现机制有活力、经营有智慧、服务有温度。而"零接触"服务正是中信银行零售业务转型的一次突击"练兵"。

4. 数字化破题金融服务同质化

从产品层面来说，王燕认为：数字化可能是改变金融服务同质化的出路。面对金融服务同质化的现状，要吸引并留住客户并非易事。

客户黏性是商业银行零售业务重要的一环，对于获客成本，王燕坦言，现在互联网的线上流量获客成本太高了。我们希望找准自己的特色和定位，采取连接开放，生态共建的策略构建场景，为客户提供具有独特价值的服务。

"我们知道，数字化渠道的落脚点是场景，线上化的模式为传统银行的非金融服务提供了广阔的施展空间，在非金融领域之外巧妙地连接金融服务，突破地理和时空限制，为客户提供'金融+非金融'的一体化服务，而银行在信誉、品牌和账户安全等方面的优势成为客户选择银行服务的有利背书。"王燕称。

数字化让银行的产品设计、风控、营销、运营、交易效率更高、成本更低，风险管理技术更强。数字化融入金融产品设计，使得千篇一律、标准化的银行产品具有客户偏好属性，具有"个性"特征，同时又能"所见即所得"。

因此，银行必须融入数字化制造、数字化商业和数字化社会管理，这种趋势为银行提供了更广阔的施展空间，同时也需要银行以更加开放的姿态，加入到商业和社会数字化转型进程中，参与到场景构建和模式创新之中。

5. 数字化重塑思维方式和经营模式

最后，王燕谈到了数字化转型的关键——"数字化理念和思维方式"要先转型。从实践看，转型绝不是简单的线下搬线上，不是机器替代人工，也不是建个"数据湖"、搭个云平台，增加IT工程师和数据分析师，这些固然不可或缺，但没有数字化经营理念的统领，这些只是技术且仅仅是技术而已，不会带来改变。

因此，我们最终还是需要回归到银行经营的本质，对客户、产品、运营、营销、风控、组织进行数字化标签、描述、设计、控制、反馈，形成一套融洽且开放的体系，并能快速适应外部不断变化的环境。

王燕具有长期技术工作的背景，对架构和数据分析极为看重。她将制定和建设数字化渠道目标架构、夯实数据基础，作为两大重要的支撑体系，加强数据团队力量，让数据处室和运营、营销、产品处室按交付目标组队，共同制定营销方案、反馈和评估活动效果，分析客户轨迹，指导改善客户体验。

王燕认为数据分析成为银行各个领域的必备能力，懂业务、懂数据分析工具和数据建模的专业人员成为稀缺资源。在谈到外部数据应用方面，王燕认为：客户隐私信息保护和数据安全对中信银行来讲至关重要，是不可逾越的红线。

"我们建立了一整套客户信息保护的制度，明确每类数据的主责部门，对数据安全等级进行分类，确定业务和技术管理措施及技术保护手段。"她强调，数据治理的第一关便是数据安全，这是银行经营的命脉，也是数字化的"阀门"。

3.2.2　伊劲松："零接触"观察，民生银行数字金融加速迭代

2020年是新冠肺炎肆虐的一年。2月15日，中国银保监会发布《中国银保监会办公厅关于进一步做好疫情防控金融服务的通知》，明确提出：提高线上金融服务效率。要求各银行积极推广线上业务，优化丰富"零接触"式服务渠道，提供安全便捷的"在家"金融服务。2020年恰好也是民生银行全行下达《科技金融战略规划》、科技金融规划落地的第一年。伊劲松说："疫情期间，要落实'零接触'等监管要求，从银行业的金融服务来说，的确有不少工作要做，但这也是一个数字化金融发展的契机。"

受访者：伊劲松
（民生银行网络金融部负责人）
采访者：许小青

1. 疫情牵动：全行线上总动员

与往年的春节前夕一样，民生银行网络金融

团队加班加点,早早筹备好了节假日期间的线上营销活动和线上支付通道等中后台的布局。彼时,已有媒体报道新型冠状病毒人传人的消息。伊劲松和她的团队凭着职业的敏感,隐隐感到一丝不安。1月22日,民生银行在节前原有服务布局的情况下,增加远程银行服务的宣传,并对线上服务内容进行了全方位部署。

谁也没预料到,短短数日,疫情严峻。1月23日,武汉封城,随即,金融监管对商业银行提出了"零接触"服务等多项针对疫情时期的特殊措施。

针对监管提出的"零接触"等要求,民生银行全行总动员:从科技部门、产品客群部门,到网络金融部,还有直销银行事业部等纷纷响应,从春节假期便开始加班。作为民生银行数字化金融服务平台部门,网络金融部不但需要承担全行线上活动运营的责任,还需要承担起客户经理与客户的沟通服务、线上交易方式的运营等多项职责。这使得网络金融部的工作方式、工作重心悄然发生了变化。

"零接触"更多依赖于线上服务,除了金融服务的快速响应以外,更需要加强相应的宣传和引导,"我们用了近三年的时间,打造线上平台的数字化运营能力,形成了一套比较完整的体系,目前来看发挥了重要作用。"伊劲松说。疫情期间,民生银行网络金融部通过公众号、H5、微视频等形式完成了推文783篇、H5页面79个、宣传视频90个,对客户进行全面产品与服务的宣传和引导,从服务形式到服务内涵、从品牌宣传到产品营销,覆盖了线上平台运营的全流程。

"可以这么说,我们现在的工作量比原来要大得多。我们统计了一下网络金融部的数据,这段时间的工作强度和工作量相当于原来的4~5倍。"伊劲松说。

据了解,从交易量来说,民生银行零售对公业务的主阵地在网络金融平台。在这次疫情当中,其零售总渠道交易替代率达到98%~99%的水平,公司业务交易替代率达到95%~96%的水平。

2. "零接触"技术攻关：基础积累必不可少

要实现"零接触"，没有一定的基础条件是无法达到的。

银行要秉持"以客户为中心"的理念，从客户旅程视角出发，提升客户体验，建立线上运营的分层体系。按照从外部客户到银行内部管控的顺序，银行线上运营至少应分为3层：客户接触层、中台交付层和内部管控层。银行要按照运营分层对原本嵌入各个业务条线的与运营相关的工作进行提炼，通过分工逐步聚合成不同的运营模块。客户的认同度是"零接触"实现的关键，如何快捷、有效、完善地实现线下业务转移到线上，满足客户的金融需求，是银行需要深度挖掘的，只有客户认同，产品和技术才会得到认可，否则都是空中楼阁。

"如果说非典时期的商业银行业务还停留在线下业务线上化阶段，那么2020年大多数商业银行的业务流程，包括客户服务、产品购买、数据分析、智能推荐等，已经具备数字化能力，只是一些金融基础工作还是O2O模式，比如柜台开户、理财面签、某些贷款审核，还有B端的商户拓展进件等。"伊劲松说。而近期，央行在做好新冠肺炎疫情防控期间支付结算有关工作的通知中已经对相关业务做出了特殊时期的指导，相信随着社会持续的数字化演进，将会加快银行的数字化进程。

"商业银行内部上下对于金融科技布局的认知总是要有一个过程的。"伊劲松坦言，"所以最起码应该有3年的布局，尤其还需要3年的持续投入，然后要有一个3年的人才引进以及考核配套机制支撑。当然，也要有过程性的阶段目标，要做到产出可衡量。这样才能把一家银行的数字化金融的规划贯彻下去，未来3年的布局是非常重要的。"

3. 疫情倒逼银行业：数字金融提速

疫情期间，包括西贝莜面村在内的一批民营企业宣称，自身进入生死存亡大考。有业内人士预计企业将出现大量不良贷款，这对银行产生的冲击不久将逐渐显现。

对于疫情的影响，伊劲松表示：银行从贷款支持、利率定价、未来客户流量和资金交易情况来看是受影响的，而且明显下降。银行所受波及会微有滞后，但毫无疑问会受到影响。

与实体产业不同，银行是经济金融行业，是融通行业，如果包括消费行业在内的所有产业表现都不好，那银行的业绩也不会好。在这次疫情中，受影响的行业很多。经营型驱动的行业会比较快地体现出来，比如餐馆、电影院不营业了，那么他们的收入流水就没有了。但商业银行所受的影响表现出来的是支付结算量的下降，接下来带来的就是其他的经营上的传导。

不过，疫情对银行的影响大小取决于银行服务金融的能力范围。银行还可能有其他市场的交易，如金融市场与国际市场交易的贸易部分，这和各家银行服务的金融能力以及金融支持覆盖的行业领域有关。

比如某家银行本身的牌照和它的经营范围是收窄的，它只是某个领域的纵深发展，这样的话当这个领域快速发展时，会看到这家银行也随之快速蓬勃发展；当这个领域出现问题的时候，整个场景、流量、现金流减少，那么这家银行的业务也会全面下行，而且下行的幅度和比例是非常大的，因此会出现大的波动。

疫情当前，没有人能置身事外。受疫情的影响，"零接触"等要求倒逼商业银行进行服务转型，也在技术实现上对银行数字化提出了考验。

而数字化和数字银行不仅仅是一种技术上的优化，还是整个银行经营模式的巨大变革。

"首先，如果仅仅是技术改革的话，谈分布式、云计算、区块链、互联网技术，NBIOT就够了。技术永远是技术，起到关键的支撑作用，通过技术在有价值的行业对金融进行应用和经营才是数字金融，才是金融数字化技术。"伊劲松说。

要开展数字化银行的变革，最难的关键点是定期的信息收集、关联互通和延展运用。

伊劲松介绍，数字化金融需要广泛收集某方面的信息，还需要对信息本身建立一致性关系。如果数字化背后的数据是无关联的，肯定就没有办法使用。当数据之间建立关联之后，才可能产生新的价值、业务价值和其他的合作性。

信息建立关联后，还需要将信息从时间轴的连贯性上、从维度上建立关联。从银行业来看，围绕着这些信息，很多银行底层互相之间还存在着信息孤岛。

完成以上的信息收集和关联互通之后，将历史数据和行业数据的大数据完全应用起来，才能真正把银行的服务和现在的金融科技的产业应用延展，并进行对外输出。

"只有真正实现了标准化、原子化、单元化，才能很好地做好这种合作链接，这种情况下，我认为它的发展将来是势不可当的。"伊劲松说。

伊劲松认为，在这次疫情中，比起对于银行内部的基础要求，客户本身的需求调整还没有出现较大变化。但是她预计，未来金融服务的进入性将发生变化，金融服务可渗透于客户居家的经常使用的线上服务的形态之间，如智能家居的服务。

4. 生存之道：中小银行仍有赶超机会

从转危为机的角度看，疫情是一个加速器。伊劲松认为，得益于行领导的高瞻远瞩和早前中后台的基础布局，2020年之后，未来10年将是商业银行将进入数字金融大发展的实践阶段。

但是，实现"零接触"对于中小银行，尤其是城商行或农商行等大多数中小银行而言并非易事。在这个数字金融大发展阶段，中小银行是否已经没有机会突破困境实现赶超？伊劲松给出的答案是：有机会。

首先，中小银行要实现所谓智能化、数字化的服务，需要有信息化的基础。如果原先自身线上服务基础能力积累不足，现在要去打造数字化金融，就需要有新的方式和加速度。

其次，如何获得这种新方式和加速度的机会？需从银行自身的资源配置、人才队伍、业务服务能力的设计理念，到对市场和生态环境的把控等方面，去寻求进入的机会，才有可能寻找到转变的时机，然后再谈超越。

最后，是否能实现这种超越，跟企业规模大小无关；与银行自身对金融科技、信息技术、数字金融在金融企业运用的认知有关。具备足够的认知，加大力度谋篇布局，方可能实现。

数字金融需要有信息化的基础，必须建立在线上线下基础服务积累充足的基础上。实现数字化金融必须打造一套新的运营模式，不仅需要银行加大资源配置，重视人才队伍建设，还要有对市场和金融生态圈的把控等，需要利用时机，才会发生转变。数字化金融与银行的规模无关，它依赖于科技和产品服务。

实际上，数字化、信息化和线上化是完全不同的概念。伊劲松解释：线上化体现在产品流程自动化上，包括从 PC 转化成移动互联网，要基于更小的屏幕、更方便的交互方式来实现。而数字化则全然不同，它需要将客户维度、产品维度、场景维度等信息全部用数字记录下来，在未来大数据得到更大范围的扩充的基础上，机器学习和人工智能的服务基础得到有效的完善，才得以训练出更有效的模型。然后我们才能够将客户维度、产品维度、场景维度进行全方位的匹配，打造行之有效的数据金融服务。

"今年是很重要的时期，如果是说前面几代技术演进，我们还需要用 1～2 年、2～3 年，去完成它的形态和落地，那么未来每一代技术的发展，我们的金融服务形态落地时间、起步时间速度会更快。"伊劲松说。

5. 后"疫情"时代：银行与互联网企业的竞合关系

疫情期间人们的生活方式发生了变化，"零接触"倒逼着商业银行、互联网企业提升服务能力。商业银行数字金融和互联网企业在这场疫情的考验中被迫锻造自身，加强自身发展，提升服务能力。

疫情终将过去，后"疫情"时代，银行和互联网科技企业的竞合关系、未来的方向和模式也是业内关注的热点。伊劲松的观点如下。

一是在银行和互联网企业的竞合关系方面，未来全面的数字化金融形态不是某种服务渠道延展上的竞争，而更重要的是生态服务能力，也就是以全部数据和金融能力为主体的线上服务的整合能力。

二是商业银行打造的服务能力是以银行原有的像经营风险和各方有效金融管理秩序管理情况下的一个全面的数字化金融服务的生态。

后"疫情"时代，商业银行必须更多思考如何构建自身智能化服务的综合后台。银行自身的信息收集、数据建模、流程优化等能力是建立新金融服务生态的关键。新的时代到来，商业银行将根据客户需求的发展趋势来提供服务。

三是商业银行和金融科技公司之间的竞合关系是长期存在的。伊劲松认为，如果金融科技公司提供金融服务，那么还是要有序的、有牌照的、有监管地进行。

一般而言，金融科技公司是提供金融服务能力、科技能力的公司，但是它并不能提供金融服务，更多的是提供非金融服务，如社交、娱乐、购物、生活、消费，所以它是一种场景，这种场景往往伴生着金融服务形态，那么它伴生的经营服务性就会有金融需求。相对来说，他们还是专注于某一个领域、纵向的深度服务的。所以，长期来说，存在这样的竞合关系。

四是商业银行要打造对自己更有利的进入场景的服务能力，这是未来生存和数字化发展的一个关键。

在这个关键的时期，要能够把握市场需求，据此打造自身的服务能力，并快速进入某个行业，进入某个场景，这是对数字化转型的一个非常重要的要求。场景服务与数字化技术的融合将商业银行生态搭建变成现实。

一部人类金融发展史，是一部不断伴随科技进步的历史。金融的发展不仅仅需要技术更迭，更需要服务产品的创新，服务产品和科技的融合才是金融业发展进程中的生命力。

改革开放40余年，金融业从电子化、信息化向数字化、移动化、智能化不断迈进。目前，一些金融机构已经制定了"数字化转型"战略，提出以云计算、大数据、人工智能等新兴信息技术推动管理、运营和服务模式的全面转型。

如果说以前是"万事俱备只欠东风",那么如今在疫情的催化下,数字金融更是加速发展。未来银行业在数字化金融发展上任重道远,17 年前谁也没有想到现在的银行电子化、信息化如此发达,未来数字金融亦如是。

3.2.3 黄正建:数字金融是银行内部破局者

2020 年初的新冠肺炎疫情成为检验银行业科技实力的试金石。众多银行金融科技的总体战略规划以及布局显示,银行正在全面推进数字化转型,且对数字化转型的认识已经越来越清晰,不仅从全行战略角度去推进数字化转型进程,并且更为具体地规划了数字化转型目标,构建差异化的战略方向。

坊间认为,开放银行代表着银行数字化转型的必经之路。兴业银行零售网络金融部副总经理黄正建的经历也印证了这个观点。兴业银行与包含兴业银行在内的众多银行已积极部署开放银行建设,形成各自特色和先发优势。

1. 开放银行:目前最合理的是 API 模式

近年来,兴业银行坚定奉行"科技兴行"战略,主动拥抱金融科技,以数字化转型为抓手,重点

受访者:黄正建
(兴业银行零售网络金融部
副总经理)
采访者:许小青

推进"安全银行、流程银行、开放银行、智慧银行"建设；强化"跳出银行做银行"理念，加快开放平台和场景建设，拓宽获客渠道，提升客户黏性，构建互联网服务"新生态"，服务触点从金融到生活场景不断延伸。兴业银行一直在思考自身数字化进程，尤其疫情发生以来，人们的消费习惯、消费行为都在发生着改变，由此兴业银行利用自身数字化手段加速布局运营模式。

疫情期间，开放银行显示出了独特优势。运用科技手段开展金融业务，对外开放技术及业务能力。在开放的场景中精准触达并服务用户，构建以用户价值最大化为宗旨的开放银行生态。

开放银行不仅是产品和技术的改造，更多是银行体制机制的转型，包含前中后台的全面变革。为推动科技与业务深度融合，强化科技赋能，很多银行目前正深化推进新一轮科技体制机制改革，在组织架构、体制机制、资源投入等方面大刀阔斧，构建机制新优势。

在兴业银行的科技应用版图中，开放银行和场景互联是不得不提的部分。

黄正建介绍，开放银行目前主要有两种实现模式，一种是 H5 模式，一种是 API 模式。

"API 模式需要很强的技术，管理需要体系化，流程复杂，后台需要有专门的系统支持，而不仅仅是某个接口。目前行业内都在积极探索。"黄正建如是说。

在 API 对外输出合作方面，黄正建认为银行产品和服务能力是银行优势，互联网风控能力则是银行需要向先进互联网企业借鉴和学习的。

兴业银行一直致力于打造开放银行，通过 API 接口使银行与合作方形成信息系统对接的共享平台，与市场上普遍将个人用户端（即 C 端）作为开放银行的突破方向不同，兴业银行对开放银行的探索从其最擅长的同业与金融市场端（即 F 端）入手，打造"连接一切"的能力。

当前互联网主战场正从"to C"转向"to B"，产业互联网时代已经开启。兴业银行长期聚焦产业互联网服务"主航道"，在泛 B 端尤其是 F 端服务占据领先优势，在同业与金融市场领域形成了较为宽阔地"护城河"。

据黄正建介绍，兴业银行致力于打造的开放银行特点在于，立足 F 端领先优势，进一步将其复制嫁接到政府端（即 G 端）、企业端（即 B 端），不断推进 GBC 端场景拓展和生态互联，通过互联互通，让金融服务触达 C 端的"千家万户"，形成 FGBC 协同联动、融合赋能的开放生态。

在 F 端，兴业银行依托非银（金融机构）资金管理云平台、银银平台、钱大掌柜等提供服务。至 2019 年年底，兴业银行同业客户覆盖率超 90%。

资金管理云平台是服务非银金融机构的一体化综合平台，截至 2019 年年底，累计上线超 550 家，通过各类存管结算业务实现大量资金沉淀，利用科技手段，持续提升标准化产品比例。

银银平台是兴业银行推出的金融同业合作品牌，为各类中小金融机构提供财富管理、支付结算、科技输出等服务。截至 2019 年年底，银银平台各项业务合作法人机构达到 2022 家，同比增长 6.09%；累计与 372 家商业银行建立核心业务信息系统合作关系，已实施上线 226 家。

钱大掌柜是互联网财富管理平台，至 2019 年年底，累计引入 54 家合作银行的理财产品，注册客户 1437.07 万。

在同业合作基础上，兴业银行将存管结算、代理收付、代理销售、资产管理等综合金融服务进一步延伸至企业和个人终端客户，形成全链条客群服务体系。

黄正建预测，"我相信最后能够在场景取胜的银行，一定是能给客户提供最便利服务的银行。银行将来可能只是一个后台，开放银行目前来说最合理的应该是 API 的模式，API 隐藏在后台，对客户来说是无感体验，我觉得这点肯定是决定性的一点。"

2. 数字化首要任务是产品和渠道

黄正建认为数字化的首要任务是产品和渠道，而非商业模式颠覆。"银行数字化转型更多成了渠道的再造，数字金融应该再造更多的产品，不再局限于技术部门，成为银行破局者。数字金融在银行内部是一个破局者。"

面向数字化转型，场景化勾勒客户画像，将客户需求嵌入生活场景之中，实现客户与场景的无缝对接，已成为金融行业的主流方向。目前数据技术具备一定基础，但尚未形成以生活需求打造服务的生态体系。由于客户的需求数据相对滞后，因此打破这种束缚仍有待时日。

黄正建认为，"产品与场景结合，所有人都看得到。最终，银行的很多业务确实会嵌到场景中间去。从这个角度看的话，必定有相当一部分的银行业务发生了转移，不再通过银行本身的渠道去做，可能通过这种场景，不管是消费场景还是其他的场景，只要能够触达客户，然后能够让客户产生与银行往来的业务，就可以去做，这种一定是分流。我觉得应该是分流了相当一部分银行在原来渠道上面能够做的业务。"

黄正建预测，在场景、服务和技术驱动业务的当下，快速构筑起自己的生态体系，为客户提供无处不在的场景化金融服务是未来银行的发展方向。

黄正建认为，在银行谈论数字化、互联网化等概念的时候，核心都不能脱离银行自身的业务去看数字化。目前还没有业务会被数字化颠覆，他认为银行数字化最可能颠覆的是渠道。真正的银行业务，本质是很难颠覆的。"金融的内涵很难丢掉，没有借贷？没有支付？就算数字货币来了也还是存在的。数字化只是为了把银行业务做得更好。"黄正建说。

"数字化本身应该是经营模式的变化，数字化的过程应该是经营思路和模式调整，如果对数字化认识还不到位，可能对经营模式都没想明白。"黄正建认为，数字化进程并非一蹴而就，在传统银行内部，首先得具备一定数字化的基础能力，真正在全行推动需要两三年才会有变化。

黄正建不认同数字化颠覆银行的看法。在谈到"数字化"对于银行的意义，黄正建认为现在谈"数字化"对银行商业模式变革还为时尚早。"只要是银行的经营需要发牌照，就不可能被数字化颠覆。如果所有的借贷不需要牌照，在技术的支持下才会把银行颠覆了。"

3. 数字金融转型要注意 4 个方面

黄正建认为，目前银行都在进行数字化转型，这是一种趋势。数字化的过程实际上是经营思路转变的过程，或者说是经营模式的一种调整，原来的模式更粗放，不能准确触达客户，"而数字化的结果就是更清晰地看清楚客户在哪里，然后应该用什么样的方式去触达这些客户，从而更好地满足客户需求"。

但是数字化的过程是漫长的，曲折前进是新事物不变的趋势，关于数字化转型黄正建认为需要注意以下4点。

（1）思想转型是数字化转型的前提。黄正建认为，数字化转型的前提是思想要转型，这也是基础。其次才是相关的配套机制体制要跟着变化，最后是人、财、物。"数字化本身应该是经营模式的变化，数字化的过程应该是经营思路和模式的调整，如果对数字化认识不到位，就不会有商业模式的变化，可能对经营模式都没想明白，到头来竹篮打水一场空。"

（2）应用能力是数字化转型的核心。所谓的银行数字化转型，核心到底是什么？数据充其量只不过是基础，怎么用好这个数据才是关键。黄正建认为，对数据的应用能力才是数字化的转型核心。他举例说，这其实就和排兵布阵一样，一家银行利用数据模型，推出相应的数字化营销方案都是和应用能力有关的。

黄正建坦言，传统银行的数字化转型不可能一夜之间采用异于以往的方式，所以数字化对银行来说有很多功课要补，尤其是人才很关键，现在各家银行应该反思数字化转型人才储备做得如何，一方面要引入人才，另一方面还需要将老员工培训培养成具备这种能力的人。

（3）市场认可是数字化制胜的关键。黄正建认为，在银行谈论数字化、互联网化等概念的时候，核心都不能脱离银行自身的业务去谈数字化，银行的业务要符合市场的需求，目前还没有业务会被数字化颠覆，银行数字化最可能颠覆的是渠道。

真正的银行产品，本质是很难颠覆的。他认为市场的认可才是检验数字化转型成功与否的关键。没有市场的认可就没有客户，没有客户就没有经营流量，就如无源之水、无本之木，所以科技的创新和场景的应用要植入民生。

（4）建立容错机制。黄正建认为，数字化转型有一点非常重要，就是要有容错的情怀。建立容错机制，有利于营造崇尚创新、支持探索、宽容失败的工作环境，有利于消除"不想为、不敢为、不能为"的顾虑，激发员工进行科技和数字化转型的热情和动力。容错机制非常重要，没有容错机制创新就很难展开。现在很多银行的员工都在从事流水线的重复工作，有的人对创新持观望态度，等着别人创新失败然后看笑话，这样的心理要不得。

4. 银行网络金融部会成"过眼云烟"

一个有意思的现象是，疫情催化的数字化这个话题，也引起了原本处于中后台的网络金融部的关注。

网络金融是商业银行业务发展的一种形态，从网银、电子银行、直销银行、网络金融、互联网银行，到数字银行、开放银行等，商业银行的业务发展形态随着信息技术的发展而不断演进，与之相适应的组织架构和部门设置，也在不断更新、配套完善。这是一个不断迭代、动态演进的过程和趋势。

最近有些银行为了发展数字金融，专门把原来的网络金融部升格为数字金融部，比如，中国光大银行在2019年把电子银行部升级为数字金融部。也有一些银行把网络金融并到其他业务条线，如兴业银行将网络金融业务纳入零售板块，部门更名为零售网络金融部，这与2019年中国银行将网络金融部与个人金融部、财富管理与私人银行部整合为"个人数字金融部"和"消费信贷部"，有异曲同工之处。

业内对于网络金融部的未来发展一直都存在着争议，有人认为互联网信息化的路还很长，因此网络金融部这样的部门也会长期存在，还有人认为银行在未来会形成全互联网化的机构，网络金融部最终会合并到其他部门领衔数字化转型。

黄正建是第二种观点的拥护者，他认为银行网络金融部消失的可能性较大。他说："数字化转型，首先要转型的是银行思维，随着这种思维逐步的内化，渗透到各个业务部门，特定的网络金融部就会消失。"

3.2.4 关铁军：差异化"零接触"，催化银行经营线上化

1. 智能语音成就"零接触"

受访者：关铁军
（广发银行网络金融部总经理）

采访者：许小青

2020年1月30日，中国人民银行、财政部、银保监会、证监会和国家外汇管理局五部门，联合印发了《关于进一步强化金融支持防控新型冠状病毒感染肺炎疫情的通知》，其中规定银行业等金融机构，疫情期间可采用"远程视频、电话等方式办理商户准入审核和日常巡检"，监管对一向严格把控的远程开户逐渐放开约束。

2020年2月15日，银保监会发布《中国银保监会办公厅关于进一步做好疫情防控金融服务的通知》，明确要求各银行要积极推广线上业务，优化丰富"非接触式服务"渠道，提供安全便捷的"在家"金融服务。银行业内普遍认为，疫情将极大推进线上化转型，非面对面的业务发展，线下业务和服务将尽可能实现线上化、移动化。

为方便客户线上办理业务，广发银行用足了手机银行等渠道的信息发布能力，以及给到营业网点和人员的线上工具，让客户足不出户通过手机银行等线上渠道就能准确知道网点的营业安排，可以一键联系专属服务经理，也可以在线上自主完成诸如身份证有效期更新、转账业务功能开通、修改密码等服务。

广发银行在线上化经营方面已经做出的城市

服务、专属客群服务、在线营销等工具和平台能力的部署，有效发挥了作用。具体而言，广发银行发布的手机银行5.0版本"小智"语音服务，"只动口，不动手，少接触，趣味多"的操作体验为经营机构和客户经理提供了更多便捷。人们在该行手机银行的任意界面进行语音呼叫，即可实现基本查找功能；经营机构可以借助手机银行平台，快速服务区域客户，包括建立依托自身优势的场景。

人们打开广发银行手机银行客户端，即可实现不用手指点击，通过语音来查询广发银行的任意网点营业情况。包括网点营业信息以及客户经理电话等信息均可实现语音查询，方便建立起客户与客户经理之间的直接联系。

2. 化危为机：布局线上化经营

广发银行尝试盘活全渠道经营能力，给一线机构和人员提供了更多线上触客营销工具或平台。线上增员、线上培训、线上获客、线上展业、线上办公，把物理场地等各类资源消耗降到最低，基础客群经营尽早实现线上标准化服务销售和经营管理，尝试"零接触"银行。

广发银行手机银行陆续推出城市服务专区和在线营销平台，设置了分行专区，支持分行"线上开店"。可做个性化产品推广，可快速接入合作商户及活动，客户可一键连接理财经理，支持快速部署理财、贷款等各类业务营销活动。

广发银行各分行作为经营机构可以在分行专区中自行配置，比如在线营销模板等，利用手机银行开展线上经营，服务分行经营大局。例如，佛山分行将当地的学校缴费功能，对接分行专区中，东莞分行把电子社保卡的特色服务对接到专区中，等等。

"这其实正是把线下经营进行线上化、数字化。这种深度，这种颗粒度，它的价值潜力在逐渐显现。"关铁军说。

全面的经营线上化，是要在赋能经营机构和经营人员上体现价值，是真的把经营放到线上去。具体而言，就是要给经营机构、一线人员，提供平台和工具，比如提供在线上开展营销、服务的工具等，让他们可以运用这些工具，结合自身的场景资源、业务诉求、产品和服务，更高效地做好营销和各种客养，进而做好线上的经营活动。

广发银行内部数据显示，疫情发生后半个月，该行手机银行理财销售占比提升了 11%，整体客户手机银行转化率提高了 6%。防疫战一定程度上驱使客户和业务进一步向线上和移动端迁移，除了透彻服务，化危为机，利用这次"刹车"机会重新对资源配置、流程等做全局性检视，做一定的加减法优化也极有必要。

3. 差异化"零接触"：金融零售或将迎来赋能个体的绝佳时代

随着未来数字化的推动，全国网络零售伴生消费新势力。来自券商发布研究报告指出，以李佳琪、薇娅等为代表的 C2C 直播批量化零售是 2019 年中国电商渠道最火的销售模式。这种线上 C2C 批量化零售模式也成了各行各业观察研究的对象。而金融业则在遵守《中国人民银行 中国银行保险监督管理委员会 中国证券监督管理委员会 国家外汇管理局关于进一步规范金融营销宣传行为的通知》等监管政策下，推动金融新零售赋能个体的时代。

在线上化经营方面，近年来广发银行做了不少探索。围绕保银协同做特色化、差异化经营，是广发行重点聚焦的领域之一。

对于银行线上经营模式探索，关铁军认为：广发银行作为国寿集团成员单位，充分发挥保银协同综合金融优势，深入挖掘国寿集团代理人资源，是实现特色化、差异化经营的重要抓手。

代理人本身就是 C 端零售客户，而代理人又维护了很多保单客户，成为一个经营单元。因此，要给代理人提供工具、平台、激励措施和知识培训等，让这个 C 端的代理人更好地在线上开展客户拓展、关系维护、传播分享、产品营销、售后服务等经营活动，逐渐构建自身线上的生态体系，等等。

要实现业务模式革新，首先，大量数据的支撑必不可少。关铁军表示："做透经营一定是要有来自数据的支撑，要在合规前提下，通过数据收集、数据加工、数据分析、数据决策、数据共享等，为包括代理人在内的各类经营管理者，提供开展精准经销、精细化管理的有效工具和指导，所谓场景化乃至情景化的服务，很大程度都是靠数据支撑的'先知先觉先验'来实现的。"

其次，对于银行员工来说，开展这样的业务，需具备相应资质，比如基金销售资格证书等，标准化产品、培训话术等还需探索。

关铁军进一步表示，"一旦个人可以利用线上经营工具，摆脱过去线下的资源型、关系型营销的束缚，探索线上营销服务的新手段，个人完全可以打造自身的IP，甚至成为银行的'代理人'。这方面，保险业的经验值得研究和有选择地复制。"

4. 数字金融按下"快进键"：中小银行如何拔得头筹

疫情下的全民复工，让中国企业集体进入云办公时代，在线办公、视频会议、远程协同、数字化管理等互联网公司常见的数字化工作方式，开始步入传统行业。在这场疫情下的大型数字化革命，使"数字化"变成了商业竞争的基础逻辑，从而为中国商业社会的数字化进程按下了"快进键"。

在"非接触"要求的催化之下，此次疫情也让银行业对数字金融服务从"可选项"变成了"必选项"。在线的数字化消费的高潮正在到来，给商业银行带来机遇的同时，也伴生着较大的压力，无论是技术支持，还是业务形态都在随之求变。

除了加速各种新业务场景的出现，也加速扩大了各商业银行同业之间的差距，这种差距在中小银行间尤甚。与国有银行、全国性股份制大银行相比，还有大量中小银行由于自身技术基础以及各方面的实力不同，数字化本身的调整也可能参差不齐。"险境下能否生存不能一概而论，需要始终保有探索的勇气。"关铁军认为，"从趋势上来看，本次疫情也许会使困扰中小银行的问题和矛盾更为突出，但矛盾往往又是具有两面性的，中小银行的生存空间与发展趋势，与自己的转型努力肯定密切相关。"

如果进一步激发差异化发展动力，把城商行、农商行在区域客户的服务生态建设上所具备的特长充分发挥出来，深耕细分市场和客群，构建区域特色的线上服务生态，即便身处险境，也一定会有生存发展空间。明晰战略定位，合理配置资源，抓住着力点，区域竞争赛道中总会有人拔得头筹。

5. 数字金融：平衡业务便利与风险控制

随着业务办理的渠道从网点向线上迁移，银行要做到"零接触"式的数字化金融服务，风险防范是重中之重。

疫情发生以来，金融监管为引导商业银行数字化、应用规范化和防范风险，鼓励商业银行结合自身场景尝试更多的有益探索。央行先后发布了《个人金融信息保护技术规范》《网上银行系统信息安全通用规范》《商业银行应用程序接口安全管理规范》《金融分布式账本技术安全规范》等多项文件。

其中，《个人金融信息保护技术规范》明确将个人生物识别信息纳入C3类别，《网上银行系统信息安全通用规范》提及"身份鉴别"：应采用两种或两种以上组合的鉴别技术对管理用户进行身份鉴别，并且身份鉴别信息至少有一种不可伪造，例如以密钥证书、动态口令卡、生物特征等作为身份鉴别信息。

广发银行始终高度关注风险控制。关铁军认为，线上化经营数字化转型本身，也需有效平衡服务便利和风控安排。

数字化本身的风险也是多层次的，它既需要强大的系统支撑，确保包括网络、软硬件设施等在内的物理安全，同时也要关注数据应用层面的风险，包括个人数据采集、传输、存储、应用、算法算力以及隐私等方面的风控保护。关铁军认为，数据处理能力、模型建设能力越强，场景资源越丰富，数据维度越全面，风险特征相对也就越容易被识别。

近期，市场上对于放开远程开立一类账户的讨论再次引发关注，关铁军认为，最重要的是穿透看，风险能够得到有效控制。从2019年年底已经启动的沙盒监管尝试看，在安全可控的前提下，给客户提供更多的便利，为经营拓展更宽空间，符合各方诉求。

"我个人感觉，在各经营主体线上化风控能力各异的情况下，与其期待一刀切全面放开，不如积极寻找合适的场景，做好与场景契合的风控安排乃至业务应急回撤备案，响应监管嵌入式数字监管要求，做专案式尝试更为现实。这也是风险相对隔离且整体可控前提下开展创新试点沙盒监管的主旨。具体到广发银行，在保银协同业务场景中，利用集团跨成员单位的风控能力联动，会是很好的尝试方向。"

6. 未来银行关键特质：智能化

关铁军表示，2016年4月在《清华金融评论》上发表《从银行视角看互联网+银行的未来》，文中对未来银行有以下5个判断：数字化的银行；通过品牌和跨界实现服务场景最大化的银行；专业却简单、有趣的银行；"人""行"充分互动的银行；立体多维辐射的客户、业务、场景关系下的价值链整合的银行。时隔5年，这5个方面，可以用一个词描摹：智能化。

在不断探索的过程中，关铁军有个强烈感觉是，数字化转型从线上渠道经营，已进阶到了为一线人员赋能，进而辐射带动银行整体经营管理升级的新阶段！也就是，数字化转型升级。这个阶段，已经不是哪个单一部门可以靠一己之力就能全面推动，因此，更加需要一些基本共识：共识一，线上化连接是数字化的起点；共识二，以客户为中心的连接多样化；共识三，"连接"一线人员促进转型升级；共识四，升级所需的三种基层人（线上经营人员、为内部客户赋能的人，以及运用这些赋能工具后的一线人员）；共识五，顶层设计和鼓励创新探索。

受访者：万化
（浦发银行信息技术部
副总经理）
采访者：许小青

3.2.5 万化：透视"数字化+API升级"深度融合的浦发模式

浦发银行是国内开放银行的先行者，外界普遍对于浦发银行的API Bank赞誉有加，作为国内最早推行开放银行的大型股份制商业银行,浦发银行在区块链、开放银行等方面深入数字化生态,打造出具有浦发特色的数字金融模式。

在此次重大疫情事件背后,浦发人用他们的数字金融智慧搭建了不间断服务的"战时堡垒",支持数万浦发人开展"零接触"服务,满足企业组织、个体工商户和个人客户的金融服务需求,开放银行的服务理念、技术架构完美呈现。正是有了前期稳扎稳打、领先业内的开放银行布局,才有了"战时状态"下的优异表现。对此,我们采访了浦发银行信息技术部副总经理万化。

1. API Bank 助力长三角发展的使命和征途

2020年4月7日,浦发银行长三角一体化示范区管理总部在上海成立,这也意味着该行将进一步深入参与长三角一体化发展建设。据悉,浦发银行长三角一体化示范区管理总部将在总行长三角一体化领导小组领导下,负责全行支持长三角金融一体化建设工作的整体部署和推进,主要发挥四大平台作用。

一是联动长三角区域各分行的管理平台,制定全行长三角一体化发展的规划方案,保障区域一体化服务畅通。

二是推动浦发银行各集团投资企业服务长三角的综合平台,提高为长三角区域政府、民生、产业、项目、客群、产品专业化服务能效。

三是统筹全行资源,在人力、物力、财力等方面确保对服务长三角的支持。

四是重点服务自贸、科创、绿色生态的创新平台,着力于服务自贸区、科创板建设,加快发展绿色金融和产品创新,全力支持上海国际金融中心建设。

当前,中国经济处于实现高质量发展的转型期,长三角一体化无疑成为新经济领域发展的桥头堡,这背后离不开金融的有效支撑。那么银行如何发挥出"助推器"作用?又如何打开自身业务增长新空间?

浦发银行是首批与上海口岸服务办公室签署战略合作协议的银行,依托根植上海、辐射长三角的地域优势,通过组织协同、产品创新、服务升级、集团协作,提高服务实体经济能效,借助 API Bank 与上海国际贸易单一窗口进行快速对接，将金融服务内嵌于单一窗口平台中，为广大贸易企业提供在线付汇、购汇、申报等功能，助力长三角区域一体化高质量发展。

2. 数字生态圈的笃定与坚持

金融科技的转型成为业内共识，银行业由2.0阶段步入以人工智能（AI）、区块链（blockchain）、大数据（big data）和云计算（cloud computing）为代表的4.0阶段，即以"开放、共享、融合"为特点的开放银行阶段。浦发银行始终走在股份制银行的前列，逐渐打造了一个全生态的数字金融"浦发模式"。

万化认为，未来的数字化是一个趋势，包括银行内部的运营、客户的需求以及外部环境的变化，数字化的作用日益凸显。伴随"智能+"时代，银行将紧跟智能社会生态发展步伐，与智能交通、智慧家居、智能医疗等行业加强跨界合作，增强用户金融服务的获得感。据悉，浦发"数字人"将应用于浦发银行App、网银以及各类移动终端，还能融入智能家居。用户通过自定义交互方式、服务场景，真正实现金融服务的"千人千面"。

在谈到浦发银行的开放银行进程时，他认为这是驱动浦发银行数字化转型的重要战略选择，而且走在了业内前列。2018年7月，浦发银行推出无界开放银行API Bank，连接底层基础金融服务和上层商业行业场景的"接口"，负责将底层的账户管理、支付、融资等基础金融服务进行组装，方便上层商业场景的随时调用。继而又推出HUI（humanized user interface）人性化服务界面，升级客户服务模式，推动金融服务能力升级、服务模式创新、服务场景拓展。

国内的银行纷纷加码数字化银行，通过参与生态和打造生态圈，来实现对目标客户的全方位渗透和服务，并构筑自己的防御壁垒。例如，"金融+大数据+AI"这一全新金融生态成为浦发银行大力推进数字生态银行建设的转型方向。浦发银行通过API Bank打开了"开放之门"，与生态伙伴进行数据、能力的交换和组合，连接各行业建立合作共赢的生态圈，实现价值重塑。

3. 数字金融服务的"战时力量"

疫情期间，应急管理非常重要，没有数字化的支撑根本无法想象。浦发银行信息科技部在 2020 年 2 月，为了应对疫情带来的金融服务形式的变化，一直处于战时状态，从银行自身内部的运营，到外部客户服务，银行的技术基础正在遭受压力测试。万化从 5 个方面谈到了浦发银行数字化布局。

（1）战略——坚定推进数字化战略。过去数字化的实践仍然局限于少数几个商业银行，浦发银行当时嗅到了数字金融的前景，早在 2018 年便联合头部互联网创新企业和前沿科技公司设立科技创新联合实验室，同年在北京发起成立"科技合作共同体"生态平台，并且是业内最早建立数字化战略领导小组的股份制商业银行之一，从总行层面统领数字化进程，随时随地反馈数字化的痛点、客户需求和外部环境的演变，这种机动性确保了数字化转型的实践。很多商业银行还在摸索的时候，浦发银行已逐步形成了自己鲜明的特色。

虽然近几年，很多商业银行开启了数字化途径，然而，仍然有不少银行在观望和徘徊，由于对于数字化转型的认知不足，短期内无法看到数字金融带来的综合收益，因而不可避免地错失良机。浦发银行则顺势而为，数字化不仅是技术上的迭代，更是商业银行经营模式的演变。抓住这波潮流至关重要，突破过去的传统思维，打破"大而不倒"的思想禁锢不是难事。

（2）渠道——线上与线下闭环化。数字化的优势在于确保服务和运营的连续性，浦发银行的数字化布局较早，在行内外搭建的渠道丰富，因而在特殊时期可以保证客户的日常金融服务需求。

受益于监管对线上业务的支持，银行线上业务服务量越来越大，通过这次疫情，浦发银行的线上业务得到一个验证，这就是对线上渠道和网点渠道未来的定位是一种新的思考，没有物理网点，实际上业务也可以持续地推进，这是对数字化程度的一次有力验证，也推动了银行向数字化转型的方向。疫情之后，客户对这些金融的需求可能更加丰富、对时效性的要求也更加强烈，所以未来必须借助线上来处理，加快线上基础设施建设，使线下与线上形成一个闭环,让客户的需求得到快速响应。

(3)服务——金融与非金融需求界限模糊化。在互联网和新技术的催化下,各个产业正在迅速融合,客户的一站式、多元化、整合式需求日益成为主流。消费者的需要已经超越了单一产品,他们希望从某一个触点上获得整套的个性化服务。随着跨界价值网的编织,金融企业的竞争已经从单体的竞争发展到生态竞争的阶段。API Bank 将实现金融与非金融服务的无缝融合创新。

万化认为,客户对于金融的需求与非金融的需求已经模糊化,从传统金融服务到居民生活需求、民生服务的需求越来越强烈,在疫情中,这种非金融服务显得尤其突出,这对银行维护长尾客户提供了营销思路。围绕客户端到端的生产和生活场景化需求,银行与餐饮、购物、旅游、社区、物流、交通等各行各业的合作伙伴紧密合作,将传统金融产品和服务与各行业连接起来,实现快速创新、无缝整合,提供丰富多样化的服务解决方案。

(4)场景——触达领域多样化。当前,数字经济成为全球关注的热点。商业银行为了更好地适应数字技术和数字经济发展的趋势,也在积极优化经营机制、产品创新和风险防控,紧密结合数字经济需求,改善金融服务水平,构建数字金融新生态。银行是一个综合的金融服务提供商,数字金融一个最显著的特征就是具有普惠性,普惠金融服务要求更全面、更多样化。对于场景的应用,数字化重构了协同,未来的金融应该是一种生态。

万化认为,数字化的场景应该把账户、融资、支付、投资、数据、营销、应用管理一系列的能力均开放出去。银行服务实体经济,包括提升普惠金融服务水平,面临的主要问题是如何触达传统商业银行服务尚未覆盖的领域。他强调,场景要嵌入到银行系统,必须一要业务重构,二要场景设计,让客户在无形的服务中感受到有形的金融植入。这种开放的模式更能吸引第三方合作,而不是过去的封闭式系统,金融与非金融的融合正是建立在开放的场景之上的,找到合作的点非常重要。

(5)科技——赋能金融走向应用化。得益于数字化的浪潮,以及普惠金融的时代契机，国内的金融行业正在经历一场科技驱动的巨大变革，越来越多的金融机构加入到数字化转型大潮中。在 2019 中国西部资本创新峰会上，京东数字科技集团副总裁谢锦生发表主旨演讲，他表示，在金融科技下半场，科技公司与金融机构共建成为核心，金融机构要用科技的手段让强金融属性、强线下特征的业务加快数字化进程，实现线上线下相融合，创造更大的价值回报，对于银行、第三方合作伙伴和客户都是双赢的结果。

构建基于互联网下的客观的信用模式，新的技术真正能够在中小企业的生产经营以及个人服务方面做到无缝承接。大数据的应用不仅能够降低运营成本，提升运营服务效率，对于客户营销和管理也具有非常强的指引价值。通过自研全栈式大数据，采取双引擎驱动，丰富挖掘模型、降低数据分析难度，开辟大数据分析时代；此外，还通过大数据资产管理方案为数据管理赋能，数据价值得到极大提升，这是商业银行的核心优势。

4. 数字化重构金融服务渠道和生态

非金融的服务在银行业的数字生态中占据着重要位置，而且成为银行未来客户经营的重要方向。过去，银行对于金融服务有着天然的坚持，然而在开放银行模式下，银行可以以 API 为连接器，连接金融服务与商业生态，将金融服务嵌入企业生产经营流程、个人用户生活的方方面面。

打造集数字化营销、服务与分析功能为一体的 O2O 网聚生态圈平台，为中小微商户和 C 端客户提供全旅程数字化服务功能。加大金融科技在现实中的应用，从 C 端、B 端和 G 端 3 个维度开启银行的转型和重构。

（1）普惠渠道 C 端。随着 O2O 服务的兴起，更多的人在线上享受购物、餐饮、出行、教育、医疗、娱乐、资讯等多方位的服务。在一个个服务 App 平台或社区中，聚集了大量用户。将金融服务融入生活场景中，让客户在无形的服务中感受到金融的有形化。通过设计场景形成闭环生态圈，提高客户忠诚度；基于场景的服务数据，可以实现"千人千面"的精准营销；实现低成本快速拓展渠道；同时借助场景获取的数据，依托真实的交易，能切实高效地控制风险。

数字技术的应用,给普惠金融发展带来新的可能。伴随着5G时代的到来,银行在普惠金融这条赛道上,依托物互联进一步拓展产业互联网端的金融需求,实现C端普惠梦。开放的生态下,银行与非银行的界限更加模糊,这与浦发银行早期提出的无界银行有很多的相似点。C端的领域是非常丰富的,与客户的日常联系更加紧密,而经营C端最好的方式便是数字化,既可以管理长尾客户,也可以在建立的生态圈中通过数据进行精确管理。

(2)赋能生态B端。为B端客户搭建开发平台,互相助力营建共生共荣生态,银行与企业的关系不再局限于原有的存款、贷款、支付清算这种"简单关系",双方通过整合客户权益、建立利益联动机制,共同实现对客户的深度经营。金融助力企业加快数字化转型升级,推动传统产业链升级再造和客群协同发展。

通过将B端赋能,提升B端的效率与效益,使用B2B2C价值链传导,引导C端用户体验和忠诚度提升,实现多方"共赢"。数字金融的生态就是强调协同合作,强调资源互补,尤其是中小银行需要与第三方合作,谋求数字化转型的加速度。浦发银行在B端领域开启了非常特色的通道,包括普惠小微、票据线上化,等等。

(3)协同智慧G端。探索构建以智慧政务为核心的公共服务生态体系,助力政府提升治理能力、改善营商环境、优化便民惠民环境,给企业和广大群众带来实实在在的方便和普惠。智慧政务的成功突破,是银行用金融的方法助力政府提升治理能力,打造诚信营商环境,解决社会、民生痛点的重要实践。

服务G端也是银行探索转型发展的重要尝试,疫情期间,很多银行都专设疫情专区,发布疫情实况,分担政务平台,能为客户提供金融服务以外的政务服务,是银行的责任,也是优势。

银行与G端的广泛深入合作,使得政府提供的服务变得更加惠民便民,公共资源分配变得高效有据,也为银行转型升级提供了有力的平台。

万化强调，银行需要赋能，构建协同体系。赋能更需要抓行业痛点、客户痛点、同业痛点。金融科技 2.0——互联网金融时代下，商业银行三大业务遭受全面冲击，利润大幅下降，但其资本总量在金融机构中占比最大的地位没有改变，获客能力没有缩减，风险防控能力没有下降，仍然拥有发展的潜能。

5. 中小银行数字生态战略"四部曲"

未来金融生态化是一种趋势，打造数字生态金融，这不是某一家银行可以单独打造的，大银行可以用自己的科技去支持中小银行，形成一种金融科技的生态，在金融科技能力上形成优势互补，未来肯定是生态化运作，特别是一些中小银行，无法主导生态，但是可以参与这个平台，找到自己的价值定位，与大银行形成联盟式生态。万化提出了自己的 4 点建议。

（1）构建竞争优势目标，实现差异化服务。数字化生态的建立需要清晰的路径，是一个长期的过程。要明确金融科技在转型战略中的战略定位；要以长期的转型战略为依据，对金融科技的目标、作用、路径进行战略定位；进行金融科技战略"顶层设计"，设计明确的金融科技发展路径图。

要明确业务所处市场的竞争核心。例如，在信贷市场上，最根本的竞争是数据上的竞争。谁拥有的数据量大、数据种类多、对数据发掘和解释更合理，谁就拥有竞争优势。中小银行各有各的发展重心，每一个领域都有优势，在地域文化、传统习惯等方面有着很深的渊源，更容易了解企业在经营、管理方面的真实情况，有助于解决银行与企业之间信息不对称的问题，从而大大降低信贷交易成本。

（2）构筑三方协作机制，完善信用基础环境。对于中小银行的数字化金融非常关注，而这也是浦发银行 API Bank 开放合作的理念之一。中小银行在金融科技领域可寻求与金融科技公司合作，借助金融科技公司的科技力量，打造金融生态，实现资源共享。

在科技与金融不断融合发展的今天，中小银行与金融科技公司强强联合、优势互补，以科技创新手段为金融服务赋能，可以精准化解小微企业融资难题，构建完善的小微金融业态、推动金融服务实体经济的发展。除此之外，运用科技的力量量化信用，将信用的主体、信用的环境、信用的场景通过技术来改变，用一种数字化的信用赋能，完善企业的信用，降低信用风险。

（3）搭建科技人才梯队，实现跨条线管理。科技人才是未来银行业的主力军，金融科技时代，云计算、区块链、人工智能等技术面临快速迭代，市场竞争日趋激烈，但说到底还是金融科技复合型人才的竞争。中小银行转型，不仅要从技术层面对其赋能，还要在人才供给方面为其构建长效机制。不仅要培养人才，更要留住人才。在数字化金融潮流下，场景融入、业务逻辑需要重构，这是一个漫长的过程，打破传统的业务逻辑，重构业务逻辑是银行业转型升级的最要一环。

（4）强化智能化风控体系，打造金融安全网络。数字化的技术演进是激活传统银行转型的关键性因素，然而，在大量金融科技的内化中，安全与风险管理成为新的难题。一方面是目前的金融生态还处于进化的过程中，信用环境还不成熟，科技应用的技术还在持续开发，数字化的转型并不十分顺利，技术本身的风险以及信息保护都是不小的挑战；另一方面是移动互联网的生态是开放式的，对于商业银行和客户而言，账户信息安全和流程操作风险都必须加以重视。

金融科技公司和银行之间不光有合作，其实也有博弈，尤其是银行，要注意引流问题，很多时候，银行是开放了，但是分流了自己的客户群体，并没有引流。大行更多的是从咨询、底层的优化层面开展一些合作；股份行在整个零售信贷这一块，走得比较超前，如招商银行、光大银行等；城商行、农商行需要打包式整体的能力建设，未来金融科技公司和银行合作模式还是在专业分工基础上，各自发挥作业优势，且这种优势是为生态而发挥，只有这样才能建立金融生态。

3.2.6 侯本旗：恒丰银行破局之道——数字化敏捷银行

彼得·德鲁克说过，战略规划"不是规划未来做什么"，而是"当前必须做什么，才能准备好迎接不确定的未来"。恒丰银行成立数字银行研究院、数字银行办公室、敏捷组织办公室，加速推进银行数字化转型。

"棋布错峙，破局为先。"随着恒丰银行2018—2020年三年风险攻坚战圆满收官，这家一度陷入危局的全国性股份制商业银行恢复了"肌体"健康，净利润增长8.1倍，零售贷款余额增长7.2倍，零售客户总数增长4.4倍。

历经负重转型和阵痛调整的恒丰银行，2021年提出"建设一流数字化敏捷银行"的战略目标，获批筹建广州、深圳、合肥3家分行，获批筹建理财子公司，获批资金运营中心、私人银行部专营牌照，引进业界领先的核心业务系统，加速数字化敏捷转型，开展"奋斗者阶梯计划"……通过一系列改革项目的加速实施，恒丰银行不仅重回稳健增长轨道，而且迈着扎实步伐小步快跑，续写担当、转型、创新的崭新篇章。

本书采访了恒丰银行数字银行研究院执行院长、数字银行办公室主任、敏捷组织办公室主任、人力资源总监侯本旗，共同探寻恒丰银行"建设一流数字化敏捷银行"的破局之道。

受访者：侯本旗
（恒丰银行数字银行研究院执行院长、数字银行办公室主任、敏捷组织办公室主任、人力资源总监）

采访者：许小青

1. 启航：强化公司治理，打造数字化经营新基座

再踏转型路，往事尽云烟。

对恒丰银行而言，2018—2020 年是在重大风险挑战面前备受考验的三年。分析现有成绩的获得原因，侯本旗坦言，过去三年的业务增长属于恢复性增长，资产回报率、净资产收益率等经营指标与同业相比还有差距，但也来之不易，主要源于内部发生的深刻变革，公司治理实现了质的改进。

在引进战略投资者方面，恒丰银行利用中央汇金入股契机，完善公司治理架构，夯实发展底盘，形成了包含中央汇金、山东金融资产、新加坡大华银行等在内的多元合理的股权结构。在引进资本的同时，一并引入的还有股东的先进公司治理经验与优势业务资源。

在组织架构方面，恒丰银行于 2020 年顺利完成董事会、监事会改选，拥有丰富银行治理经验的大股东中央汇金派出多人担任股东董事，选聘权威专家担任独立非执行董事、外部监事，大大提升了恒丰银行合规风控、公司治理水平；同时，积极推动总行组织架构改革，高级管理层完成了整体调换，中层人员全部重新竞聘上岗，三分之二的分行行长进行了调整。

在人才建设方面，恒丰银行加大外部人才引进力度，2020 年新引进外部优秀人才 533 人；加快推进激励机制落地，实施"奋斗者阶梯计划"，让奋斗者干事创业有平台、晋升发展有空间、成长成才有阶梯、付出奉献有回报。

在业务发展方面，恒丰银行加快布局对公、零售、机构金融、交易银行等各大业务条线，其对资产管理、财富管理和金融科技的布局在同业中均位居前列，展现出全面布局大零售与大资管的雄心；同时，精准对接国家重大战略，深耕绿色金融、乡村振兴等重点领域，全面推进数字化转型，提升金融服务实体经济质效。

"物有甘苦，尝之者识；道有夷险，履之者知。"在数字化转型过程中，恒丰银行与各家银行一样，都在探索新技术的引入和应用。所不同的是，恒丰银行在注重数字化技术应用的同时，注重组织变革和激励，以数字化

技术提升生产力，以组织变革破除制约生产力发展的障碍，重塑生产关系。

2. 扬帆：加快金融科技布局，赋能数字化转型新生态

人心惟危，道心惟微；惟精惟一，允执厥中。

BANK4.0 时代，一场金融科技革命悄然来袭。虽然恒丰银行在发展过程中经历了阵痛，所幸目标坚定、转型迅速，并在科技系统、流程优化、数字化运营、风险管理等多领域实现变轨升级，打造了自身特色化优势。

侯本旗表示，恒丰银行把数字化作为高质量发展的核心生产力，把组织变革作为加速数字化转型的要素，围绕全行数字银行战略进行金融科技布局，并构建起具有鲜明特色的数字银行生态体系。

（1）新平台：打造数字化转型两把"利剑"。侯本旗介绍，恒丰银行在发展金融科技过程中，尤为注重夯实基础，体现为以下两点。

一是引入建设银行历经 6 年打造的新一代核心业务系统，该系统采用企业级技术架构和数字架构，通过组件化、平台化、面向服务的企业级方案，实现了"竖井"向"平台"的转变，在快速灵活开发的同时，打下了数据资产化的基础。

二是引入蚂蚁金服移动开发平台 mPaaS，该平台不同于网上银行移植过来的手机银行技术架构，而是基于移动时代客户原需求和体验的技术架构，为 App 开发、测试、运营及运维提供云到端的一站式解决方案。恒丰银行正在基于 mPaaS 平台重构手机银行平台，提升移动银行服务的客户体验和运营效率。

"领先的核心业务系统和移动开发平台为数字化转型打下了坚实的基础，恒丰银行将在这两个平台基础之上进行业务创新。我们利用新技术开发的信贷、理财、支付等产品与业界实践基本相同，今后的重点是提升客户体验和敏捷产品创新。"侯本旗说。

（2）新内涵：布局"数字化＋智能化"生态。金融科技的快速发展催生了商业银行的创新业态，信息技术逐步由支撑业务向引领业务方向转变，并与金融深度融合，为新时期金融发展提供了源源不断的创新活力。

侯本旗介绍称，恒丰银行通过在多个领域的积极布局，重塑产品端到端的全生产链条，构建更具新时代基因的智慧金融产品；发挥机构特色优势，构建全渠道协同服务新生态；通过落实乡村振兴战略，创新金融服务乡村振兴路径，构建智慧高效的新型商业经营模式。

在零售领域，恒丰银行以数字驱动、线上经营为突破点，通过"外拓场景、内建平台、流量经营"等途径，构建"数字化＋智能化"的客户拓展经营体系，做大零售客群规模。2020年，恒丰银行上线"恒享生活"客户权益平台并陆续推出"人才贷""科创贷""惠农贷"等产品，资管新规发布以来，不断丰富完善净值产品谱系，推进理财产品净值化转型。

在对公领域，恒丰银行主动融入国家供给侧结构性改革，持续加大实体经济服务力度，积极服务新旧动能转换、乡村振兴、京津冀协同发展、长江经济带建设等重大发展战略，服务实体经济能力显著加强。

在机构金融领域，恒丰银行创新开发出"融智＋投资＋存管＋融资"的集成化产品服务，打造专项债项目全流程金融服务模式，并在9家分行落地。

在交易银行领域，恒丰银行通过账户体系连接和风控嵌入场景平台模式实现服务输出，构建开放银行。打造了业内领先的统一支付结算平台"恒丰付"，2020年交易量达6218亿元；线上供应链专属品牌"恒融E"放款金额同比增长411%，客户数同比增长313%。

在支持国家重大区域发展战略领域，恒丰银行始终保持与国家重点区域经济发展同频共振，形成全国自东向西、沿江沿海"π"字型机构布局，覆盖我国经济最为活跃的区域，优化区域资源统筹调配。

在支持乡村振兴领域，恒丰银行以"一圈一链一平台"为抓手，促进一二三产融合发展；新增助农服务点100家，"智慧政务""智慧村居""智慧医疗"平台在更多城市乡村落地；基于区块链、物联网等技术的"好牛快贷"生物活体抵押贷款试点落地，有效破解了活体资产确权难、抵押难、监管难等问题，用最前沿的技术赋能最传统的产业，助力乡村振兴战略落地。

在绿色金融领域，恒丰银行在全国率先推出多笔绿色金融首单业务，成功发行国家开发银行"长江大保护"专题绿色金融债券35亿元，发行全国首个"碳中和+乡村振兴"双贴标债券、全国第一单绿色资产支持商业票据等，牵头发起全国银行业首个碳中和行动倡议书，服务生态文明建设质效不断提升。

（3）新堡垒：积极建设全面风险管理体系。风险管理是坚守资产质量的关键"生命线"。在侯本旗看来，风险管理的首要因素不是审批和系统，而是目标客户选择，是"和什么样的人做生意"。

风险管理应该从对市场和客群定位入手，根据目标市场、客群的业务特征制订有针对性的风险管控措施和风险评价体系，只有这样，才能既控制住实质风险又能提供敏捷服务。

2020年，恒丰银行坚持发展与安全并重，全面把好新增准入、存量管控、不良处置"三道关口"，实施重点区域、行业、客户、产品授信结构调整，聚焦优势行业，集中优势资源投向高质量、高潜力客户，引导全行合理配置信贷资源。

更为重要的是，恒丰银行通过开展严警示、严履职、严对标、严整改"四严"治贷专项行动，严格管控新增风险，严格贷后投后管理，积极研判应对投资类业务、互联网贷款等重点领域风险。

在内控合规上，"一户一策"制定化解方案，创新"云推介""挂网日日拍"等方式，提高不良资产处置效率。

3. 领航：围绕敏捷银行建设，开启数字化转型新征程

银行数字化转型的核心要义是"技术+业务"双轮驱动的金融创新，并不是孤立地在某个领域加强投入或深化应用，而是通过"战略、组织、业务、技术、人才"的效应，形成金融科技支撑数字化转型合力。战略规划是数字化转型的"指南针"，迈上高质量发展征程后的恒丰银行，提出了"建设一流数字化敏捷银行"的愿景。

（1）战略引领：绘制数字化转型"新蓝图"。围绕这一愿景，恒丰银行确立了"2510"战略："2"是两大战略先导，分别是数字化转型和敏捷组织建设；"5"是五大战略支柱，即做实基础、做优主业、做大零售、做强本土、做细成本；"10"为配套战略规划制定的十大行动方案，包括数字银行建设、公司金融业务、零售金融业务、同业与金融市场业务、资产管理业务、财务与效益提升等。

（2）组织引领：构建数字化转型"新基石"。恒丰银行近年来大力推进科技组织架构和机制变革，以数字化转型构建先进生产力，以敏捷型组织重塑新型生产关系，创建了"一院两办"。

"一院两办"是恒丰银行数字化敏捷转型工作领导小组下设机构，分别为数字银行研究院、数字银行办公室和敏捷组织办公室，主要为恒丰银行数字化转型和敏捷组织建设提供组织保障和智力支持。

据侯本旗介绍，为确保敏捷组织建设的有效推进，恒丰银行计划引进百名数字化人才并配套市场化薪酬待遇和职业发展机会。借鉴同业数字化项目实践经验，以数字化技术重塑业务，持续探索新技术的创新应用，在推进过程中将数字化敏捷开发机制打磨成型，推动数字化平台和数字资产管理机制落地。

（3）业务引领：重塑数字化转型"新生态"。恒丰银行近年一系列动作均剑指银行业最为核心的关键业务，其背后展现出的是全面布局大零售与大资管的雄心。

理财子公司获批筹建。侯本旗透露，恒丰理财未来将以"数据治理组织职能、考核引导、数据政策、系统支撑"为四大抓手，建立数据治理体系。在营销渠道上，将大数据、人工智能等技术应用于客户画像，实现精准营销；在投研能力和投资管理上，将数字化运用于组合投资，通过大数据因子分析赋能资产配置，优化投资决策能力；在风险管理上，构建智能信用评级和预警系统，有效赋能投资组合风险管理。

私人银行部获批筹建。2021年5月14日，恒丰银行获批在上海筹建私人银行部。作为私人银行专营机构筹备组组长，侯本旗认为，私人银行业务发展应着眼于战略聚焦的研究，这是业务长足发展、形成差异化竞争优势的关键。在聚焦特定的产品、有特定特征的客户等方面，恒丰银行有一定的优势，一方面可以与第三大股东新加坡大华银行开展境内外联动服务，另一方面可以与第一大股东中央汇金公司旗下众多公司合作，形成产品组合，提供综合化高端服务。

资金运营中心获批筹建。2021年6月21日，恒丰银行获批筹建资金运营中心。该中心独立持牌经营后，将利用上海资源和政策优势，有效提升资金使用效率，降低融资成本，强化风险防控水平，提升市场竞争力。

恒丰银行是少数同业中同时获得私人银行专营牌照和资金运营中心牌照的银行。这些高含金量牌照的率先获得，为恒丰银行做大零售、建设大资管、构建业务新生态提供了强有力的支撑。

（4）技术引领：挖掘数字化转型"新潜力"。科技能力，是衡量银行金融科技创新研发实力的重要指标。2020年，恒丰银行获得银行科技发展奖4项、发明专利权2项、软件著作权4项。在创新及应用项目研发方面，恒丰银行累计建设金融科技项目453项，充分发挥了对零售、普惠、公司等重点业务的科技支撑作用。

未来五年，恒丰银行将继续全面深入开展"流程银行"建设，完成全行业务流程、管理流程、决策流程标准化建设，创新全生命周期"流程银行"管理的技术级规范框架，助力敏捷转型。

（5）人才引领：积蓄数字化转型"新动能"。"人才是企业发展的命脉"，对于恒丰银行亦是。恒丰银行提出的目标是：2021年数字化人才总行占比超过80%；2022年，科技投入接近同业先进水平，数字化人才总行占比超过85%。

为了吸引人才，恒丰银行建立了"数字化人才库"，对内实施数字化人才的识别、培训、转化；对外加大招聘力度，建设吸引人才的机制和举措，分层分批配齐数字化人才队伍。同时，提升数字化人才配置效率，探索"项目制""派驻制""内嵌制"等数字化人才的有效配置方式，最大限度发挥人才效能。

"动荡时代最大的危险不是动荡本身，而是仍然沿用过去的逻辑做事。"回答银行数字化转型最需要关注的问题时，侯本旗引用了彼得·德鲁克的这句名言,他认为管理层视野和魄力、人才引进与激励、组织变革是银行数字化转型的关键。

3.3 中小银行谈

3.3.1 蒋建明:中小银行数字化转型的思考

受访者:蒋建明(江苏银行网络金融部原总经理,现为苏银凯基消费金融有限公司总裁)

蒋建明在《数字金融百人访谈》谈道:

"江苏银行从C端服务线上化到智能化的过程,是一个不断探索和实践的过程,里面也有很多困惑,我从实操的层面有两个思考:第一是数字化转型概念,第二是数字化转型技术。

"江苏银行的数字化转型做得比较早。夏董事长之前在中国建设银行工作,后来在南京银行担任行长,2013年到江苏银行之后就'逼着'我们要把中小企业业务数字化,因为城商行定位是为中小企业服务。这块业务很难做,但又是我们的'命根子'。到了2015年,个人经营贷在线上跑通了。现在,我们零售部分的个人网贷已经超过2000亿规模,其中包括纯自有渠道,以及与互联网平台合作的渠道,都是数字化驱动的。"

2020年4月,江苏银行董事长夏平在江苏银行2019年年度报告中再次提出了"努力打造最具互联网大数据基因的银行"。报告显示,江苏银行2019年金融科技资金投入6.89亿元,占全年归属于母公司股东净利润比率4.71%。

"其实整个数字化的过程,是一个数量问题,也是一个决策理念驱动的规则和模型问题。记得在2014年5月,我们业务部门写需求文档,给科技部'翻译'成软件,然后再变成一条业务运营流程。当时江苏省国税授权我们采用1000多个数据资产,我们建立成业务规则和处理模型,就开始纯线上运营。跑通了之后发现数字化的魅力'不得了'。5户里面能够'通'1户,加上线下马上跟进，又可以做 20%，然后再做个人业务的综合挖掘，整体综合回报很高。本来是一个需要线下展业的模式，现在直接在'银税互动'的线上转变成我们的客户，这是一个革命性的改变。"

蒋建明认为，在数字化的进程里，首先需要对数字进行定义（见图 3-9）。

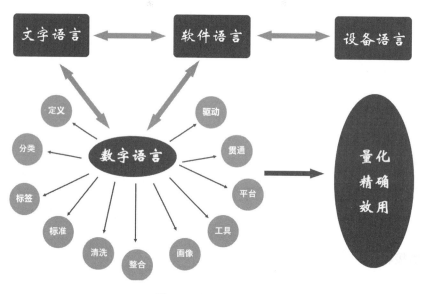

图 3-9　数字化概念

比如反洗钱的九要素，这是监管的定义，我们只要用现成的就可以了。换一个场景，比如 App 里，我们希望能监测用户体验，那就需要埋点，设置指标，采集一个点给它定义，然后进行赋值、设定阈值、监控、定义。随着采集的数据越来越多，我们就需要分类、贴标签、统一标准等。

其实很多时候，内部外部的数据都会有不统一的情况，需要反复磨合、清洗。当有大量的数据字段和标签之后，我们就可以"描摹"出不同客户的特征，比如一位"80 后"是一个投资达人。当这些数据内部贯通时，就能应用在不同的业务场景，去驱动业务了，包括反欺诈、网贷、投资理财的数字化营销。

再看从外包到内部组织架构的调整，如一些岗位越分越细，要知道最重要的点在哪里。就是量化。蒋建明有两个比较直观的感受：第一，不管我们决策还是执行，需要量化、精确、效用。比如网贷，以前没有风险画像是跑不动的，因为成本大于收入。但现在江苏银行有大量的数据采集，长尾客户的规模足够大，画像足够准，成本就可以降下来。这个差额足够江苏银行跟互联网平台来运营它。这促成了大规模的、小额的、短期的普惠贷款的覆盖，效率很高。今后这个模式会形成一个庞大的体系，如果驱动江苏银行的经营管理，则既有存量的优化，也可能诞生新模式。

第二，万物互联。5G来了，万物互联的世界打通之后，威力是非常大的。它靠数字语言定义和驱动。当然，万物互联仍在早期，数字世界的搭建、拓展也在早期的进程中。但是非常值得期待。

从宏大的历史观看来，人类历史从农耕文明进入工业文明，目前来到了互联网文明与工业文明衔接转换期。金融科技冲击之后，原本矩阵式的银行机构组织架构（比如二十几个部门、总分支架构）亟须改变，但是改变需要克服巨大的困难和挑战，走过非常漫长的道路，若干年以后，我还是我，或许他已经不是他了，银行之间会出现天壤之别的分化。

受访者：王丰辉
（大连银行网络金融部
原总经理）
采访者：许小青

◎ 注：本文根据江苏银行网络金融部原总经理蒋建明在2020年8月14日未来银行系列之数字化转型金融行业开放论坛中的发言稿整理。

3.3.2 王丰辉：中小银行数字化转型的"破局"之道

创新对于新技术浪潮之下金融行业的发展来

说，其核心地位不言而喻。其中，中小银行依托本地特色、满足当地金融需求，是银行体系中的重要组成部分，承担着普惠金融的重要职能，这一点与数字化的普惠性不谋而合，中小银行借助数字化转型或许会将金融普惠愿景变得真正触手可及。

但与此同时，战略模糊、态度摇摆、组织壁垒、资金不足、通道受限、非标压缩、不良上扬、利率市场化冲击、人才短缺……均成为制约中小银行数字化转型的痛点。

对中小银行而言，追求国有大行大而全的模式无异于缘木求鱼。中小银行有着"地缘、人缘"的天然优势属性，应该找准自身的定位，在特定领域精耕细作，形成自己的名片。比如，县域农商行，其设立的目的就是为了防止大行的县域支行吸收"三农"存款后去城市放贷的覆辙重演。

作为一家不断向市场化、精细化、智能化全速迈进的城商银行，大连银行用战略的眼光布局谋篇，用优势业务助推战略业务，深耕本地、融入地方、差异经营、打造品牌的举措为中小银行数字化转型提供了切实可行的借鉴。

1. 数字化转型的"变"与"不变"

"像我之前经常说网络金融不是渠道，而是平台，我们要往生态走，领导们就常提渠道，但是现在之后就不会说渠道了，而会说这儿是主阵地，领导的这种转变是比较明显的。"

针对疫情之后的经营，王丰辉谈到了对大连银行的影响及大连银行的数字化布局。

（1）渠道——打造一站式综合金融服务平台。"我们恰巧在2019年年底完成了所有线上渠道的新版本发布，把所有的线上渠道更新完之后就推进在线营销和客户交互，疫情来了，我们还不至于手忙脚乱。"王丰辉介绍称，早在2019年2月，大连银行就从界面设计、客户交互、业务流程、金融产品、便民场景、积分商城、在线营销等方面启动了对手机银行的全面升级改造，致力于打造一站式的综合金融服务平台。

他同时介绍称，大连银行始终保持向同业看齐，学习先进同业的标准动作，引入疫情动态、智能短信、上线捐款通道等，为广大客户提供更加便捷的服务。

（2）营销——抓住建设线上营销阵地的良机。疫情的到来，最明显的冲击，是银行的客户经理和理财经理，原先他们是以网点为主阵地去营销获客，但疫情降低了客户来网点的频次，如何通过线上营销获客，是各家银行需面对的难题。

王丰辉说："我们制作不同的视频、短片，引导客户至线上，加大在线营销频次，增加线上交互，嵌入非金融场景，通过手机银行来支撑存量客户的日常需求。"

在疫情中，这种场景式营销服务显得尤其突出，对行里维护存量客户、拓展新客户提供了营销思路。

（3）亮点——摒弃弯道超车，坚信步步为营。在谈到大连银行数字化转型的亮点时，王丰辉说："我们在顶层是有节奏和步骤的，这一点颇为难得，因为我们并不推崇这种弯道超车的概念，市场上有人说什么数字化转型是弯道超车，我们是不相信这一点的。我们更相信步步为营的概念。"

自从中国东方资产管理股份有限公司入主之后，大连银行对科技创新与数字化转型进行了总体布局，首先上线了新一代核心系统，并在此基础上进行业务和系统的快速更新和迭代，是一个循序渐进的过程。

在架构上，率先搭建了支撑全行的大数据平台，力求打通全行数据，为转型打下基础；在网络金融领域，在新核心落地的一年内，先后落地了包括互联网信贷、互金开放平台、数据埋点与分析、在线营销等在内的 10 余套系统。

对于下一步计划，最核心的是让数据产生价值，用数据去支撑银行的运营和经营，如：数据支撑产品的优化、客户体验、生命周期等；在技术架构层面，会去整合渠道、统一用户、统一界面，更长远的，是围绕数据核心的概念，慢慢走向开放和融合。

2. 中小银行数字化转型的最大挑战

王丰辉认为，"所谓的数字化转型，本质上是银行从业寻找与先进的数字化技术相适配的组织和制度的一个过程。就是说，你必须去调整部门的边界，去调整组织的框架，然后才能为数字化保驾护航，不能只为提升效率和效能，只为这一点的话，慢慢走到一定的瓶颈后，你就会推不动，完全推不动了。"

所以目前银行数字化转型中遇到的困难和阻碍，很多都是由信息技术的非线性快速发展与组织制度的线性滞后更迭之间的矛盾引发的。就像历史上各种技术引发的社会形态变迁一样：新技术的诞生，要求新的组织、制度与之匹配。

（1）组织架构壁垒。数字化为银行转型提供了无限可能，金融科技一方面会转化知识、技术、数据为底层的资源禀赋，持续积累；另一方面会逐步挑战并冲击组织的架构，推动组织逐步变迁。而银行现有的组织架构是高级管理层高度集权的、层层授权的科层制，在做资源和组织调配的时候，受限于这种体制，产品决策与业务推广必须是自上而下的，一线人员很难有决策权。

而且这种长期以来以业务为中心形成的部门壁垒，也导致在数字化转型实施中不够敏捷，各部门各自为政、协同效率低，这是中小银行数字化转型最大的挑战。只有高层改变认知、中层可以协同，对员工授权和放权，建立灵活、敏捷的扁平化组织，才是中小银行在现有体制下突破条块壁垒的唯一办法。

（2）数字化转型下的剧烈分化。传统银行的电子银行、网络金融或直销银行最大的痛点是手里没有真正的银行业务和产品，很难从业务产品发力，更多是"渠道"上的自娱自乐，存贷汇中最多只有支付产品由电子渠道部门负责。

"那么为什么没有资源？因为在组织架构中组织并没有给它分配资源，组织要么让它有业务和资源可用，要么有敏捷组织让它可以参与，本质上还是一个部门边界的问题，数字化转型和流程银行的本质，是资源的重新分配和组织的调整适配。"王丰辉很肯定地说道。

数字金融部也好，电子银行部也罢，都是一群离数字技术比较近的人，一开始也是奔着效率去的，去做流程再造，去做技术和数据的整合，但是还没来得及提升效率，就碰到资源的障碍，去调整资源的时候又遇到了组织架构的问题。这是目前所有网络金融从业人员头疼问题的根源。只有将合适的人和合适的资源放在一起，才能充分发挥效率和效能。

3. 中小银行数字化转型的核心观点

王丰辉认为，中小银行转型需建立在客观审视自身的基础上，深化认知如下几个观点。

（1）数字化转型必须从顶层设计开始，是高层自上而下的战略问题。王丰辉认为，数字化转型最大的问题是高级管理层的"认知"问题。数字化转型从来不是一个自下而上的事情，必须自上而下才能推动，这个过程也绝不可能一帆风顺，必然会碰壁，必然会犯错，必然会迷茫，如果没有高级管理层的坚持和坚定，就会一地鸡毛、半途而废。银行往往把目光聚焦于战略，觉得有了战略就有了尚方宝剑，而王丰辉更愿意从人性的角度来看待企业转型——表面是一个企业转型，但实际上是一个个个体的转型，最终还要诉诸个体认知的升级。战略是有形的，有形就意味着约束，很难应对转型过程中的种种不确定，尤其是数字时代的千变万化，而认知是无形的，例如，关于试错的认知、关于迭代的认知、关于如何在科层体制中激发创新的认知，这才是真正有价值的。知行合一，才是战略。中小银行数字化转型之所以会不想转、犹豫不决、踌躇不前，是因为战略存在不确定性。数字化转型基于数据驱动，可以快速迭代，提供了一定的试错空间。王丰辉最近曾在五道口金融学院举办的《中小银行数字化转型的思考与实践》直播分享中从 3 个层面对此进行了深入剖析。

第一个层面，银行是高级管理层高度集权的，涉及资源和组织的问题，只能是由高层自上而下决策。因而，数字化转型，首先要解决的就是高层想不想的问题，也就是所谓的战略问题。

第二个层面，银行的运转是建立在中层的专业性和执行力之上的，一旦涉及资源分配和组织的变化，必然触动中层的切身利益。即使高级管理层决策了，推进转型了，但具体执行的广度、深度还是由中层把控，各方角力的结果就是，无论什么样的转型，最终都不了了之。因而，数字化转型，必须解决中层的利益纠葛和执行力的问题，以及如何规避劣币驱逐良币、如何有效协同的问题。

第三个层面，是员工的参与度。银行的客户和市场都来自于一线员工，员工在转型中能够获得什么？这要解决员工的成就感和获得感的问题，要从文化上着手。

（2）战略为先或科技为先。在谈到数字化转型是战略为先还是科技为先的话题时，王丰辉很肯定地说所有的数字化转型，尤其是中小银行，最重要的是快速看到亮点。跟着业务走，找准一个业务方向投入半年或一年半，看到显著的效果后，就可以进行更多的投入，这其实是人性的考量，长时间看不到产出谁能持久地投入。但是科技为先，更多涉及技术架构，谈及技术架构，多是需要大刀阔斧才有成效的问题：要不要建立数据核心？要不要建中台架构？要不要分布式部署？但部署之后到底跑多少业务，用多少人？

因为技术的视角，容易盯着最先进的技术，但技术的核心价值是要适配现阶段的业务，适配才是最具有实践价值的。

"通过小步快跑的模式，或者先盯准一个小的业务目标，然后再说到底用哪种技术，再好的技术也应随着业务自然生长而来。"银行表面上看是一个庞然大物，但实际上是一个个业务、一个个产品，对于中小银行数字化转型，最重要的不是战略为先也不是科技为先，而是让你想做的业务来引领。

（3）中台架构的建设要适配现阶段的技术和场景。中台的目的是为了灵活地适配多个场景、多个渠道，把原来竖井式的系统重构，把共性的部分抽出来，不仅涉及投入和性价比的问题，它跟银行的业务和技术以及面对的场景所处的阶段是息息相关的，对有的只有几个场景、几个渠道，就没有必要一下子把中台建立起来，但是如果非中台架构导致业务混乱、重叠、资源内耗等问题就需要建设中台。所有的中台都是随着业务生长出来的，是随着业务一步步往前推进的。

作为推崇步步为营概念的大连银行也是这么做的，行里正在做渠道整合，也在考虑中台，将原来的手机银行、个人网银、微信银行、直销银行等进行统一整合，通过中台打通用户，打通数据底层，建立用户中心、产品中心。现阶段只是将原先一些共性部分剥离出来，如"我的账户""我的产品""我的权益"等，目前可以先建一个小中台，承载共性的部分，随着业务的发展，就可以承载更多。

（4）"以客户为中心"统一界面，实现线上线下无缝链接。谈及中小银行数字化转型如何实现网点与线上的无缝链接，王丰辉指出，银行网点转型的底层驱动仍然是数字化。从数据驱动的底层逻辑看线上和线下，其不同是人为划分的，是人为割裂的。以二维码收单为例，对于客户而言，它就是二维码收单，你管它是线上还是线下，对客户而言，都应该是统一界面。

中小银行实现线上、线下无缝链接的关键是要以客户为中心，将各个渠道的数据打通、流程打通，无论客户面对哪个渠道都是"完整的""一致的"。

（5）网络金融部的定位。在前期的访谈中，行业内有位负责人曾提及数字金融部或者网络金融部应该可以连接银行更多的业务和产品，进行颠覆再造，共同走出差异化的创新之路，在问到如何看待数字金融部门作为银行"破局"的部门，作为"颠覆者"，兼顾"产品+渠道"这个观点时，作为一直身在网络金融行业的亲历者，王丰辉坦陈，自己其实不太喜欢"颠覆"这样的词，并给出了数字金融相关部门的4个定位。

平台建设部门。由渠道走向平台，由平台走向生态。原来银行强调渠道建设，随着流量的带动走向平台，随着场景的互嵌走向生态，这是部门的核心。作为平台建设部门，一方面承接原来的电子渠道，随着业务的扩展、场景的增多，慢慢走向平台、生态，算是继往开来。

面向用户的数据经营部门。随着平台和生态的发展，在平台和生态链上的客户就要达成统一，即由客户到用户，需要统一的用户体系，需要对用户进行经营。原来经营客户是围绕着网点去做经营，不论是电子银行部还是网络金融部，从来没有涉及客户这一端。但是平台概念下的用户，是线上的概念，当积累了大量的这些用户行为、交易数据后，如何利用沉淀的数据来实现对客户的经营？这是一个比较好的定位，把它定位成数据的经营部门，更本质的是面向用户的数据经营部门。

创新业务的试验田。这是一个非常重要的角色。电子银行也好、网络金融也罢，从诞生的时候，就没有任何一个业务是纯属于它的。它如果想搞一个业务，就会触碰别人的边界，"动别人的奶酪"在银行内部是最敏感的。在这种情况下，赋予数字金融部门创新业务的试验田角色，尝试着开展创新业务，也能有一些业务和产品的资源，否则只能是无根之木、无源之水。这跟一些银行在推的创新业务基金有相似的作用。

赋能全行的数字化转型。科技、数字金融、网络金融等，这些部门本身是离数字思想和数字技术比较近的部门，借着这些优势，把品牌、数据、创新做起来后，就要助推行里的一些其他部门，尤其是中后台部门。利用前期的一些技术将一些涉及全行基础运行、运营的东西做起来，为全行数字化转型赋能。

4. 四大维度重构中小银行数字化转型"破局"之道

未来数字化转型是一种必然趋势，但中小银行在数字化转型方面处于不同的发展阶段，包括认知、技术、人员等，随着数字化转型的深入，中小银行与大行之间的差距短期内会越来越大。在这种情况下，中小银行如何在夹缝中生存，找准自己的价值定位，王丰辉从一线操盘的角度给出了4点可行的措施。

（1）保持战略定位，摒弃弯道超车。在传统银行的架构下，要转型，就要求高管必须解决战略的资源分配和组织关系的问题。不要只是口头喊着

"协同""合作",协同这事,从来不是团队想不想的问题,而是组织关系没到位。对于中小银行,是科技、技术、人员跟大行的绝对投入都是没法比的,而且这些技术和人员是有聚集效应和正外部性的,因此必然会强者恒强,这种情况下的弯道超车是行不通的。

(2)回归顶层约束,寻找比较优势。在数字化转型的刚性领域,中小银行无论是科技、技术还是人才都没法与大行相比,这时就要回归顶层的约束,那就是中小银行组织的灵活性和决策的便捷性。所谓"船小好调头",中小银行因为组织架构灵活,能够更快地调整适配,这一点是大行没法比的。王丰辉以实践者的角色说,大行就像一个庞然大物,内部灵活决策的操作性是非常低的,反而不像中小银行因为流程短一些、要权衡的也少一些。

他举了个例子,同样是拜访一个企业,同样是在区域里推进某个业务,大行的话,就有可能是分行的行长或是支行的行长去。但对于中小银行,就可以总行领导或是总行部门负责人去。同样是在区域内推广一个业务,大行只能是调动某一个分行的力量,而城商行在这个区域可以调动全行的力量。

"就相当于说我本身整体上是弱势的,但是聚焦到某个小的领域,我反而可能是强势的。所以对于这一点我强调说中小银行真要去追赶,最好是充分发挥自己的组织灵活性和决策灵活性。"

(3)差异化和专注性是中小银行破局的关键。中小银行人少,更适合把五六千人凝成一股绳,更适合集中全行的力量去快速干成一件小事,这件小事干成了再去干另外一件小事,这反而是中小银行数字化转型比较可行的方式。比如某个区域细分行业,又比如缴费、代发薪等场景业务,中小银行可以集全行的力量,用半年的时间、一年的时间快速推进、大量投入,这样就可以在这个区域形成一个业务品牌,让人们一想到缴费、代发薪就会想到这家银行。

这个点做好之后,可以迅速做下一个点,这样一个个点汇聚起来、一个个小的业务品牌汇聚起来之后,就可以在这个区域里建立区域品牌。从小事去着眼,而非一开始的宏观战略,是中小银行数字化转型的必修课。

（4）搭建垂直小场景，构筑特色区域生态圈。任何一家银行之所以存在，必然会有自己存在的一些刚性资源，不管是历史的沉淀，还是股东的背景，都是刚性的。例如王丰辉提及的大连银行教育缴费的例子，在大连地区，原来好多学校的缴费是在柜面进行的，迁到线上后，这几十家、上百家学校联动的就是众多的亲子家庭，在这种情况下，银行就可以把握住一个个小的场景。再如大连银行的二维码乘车，大连银行跟当地的明珠卡公司有长期合作，在这种情况下，银行就有优势去联合推进一些事情，这些资源都具有相对优势。

对于大多数城商行，本身与当地的政府——有的是公交公司、有的是社保机构、有的是医院——有比较深厚的资源和积累，如果能够全力去推进这些事情，上升到全行的战略层面，而非某个部门、某个网点孤军奋战，投入足够的资源，快速建立护城河，就会形成自己的业务品牌。随着一个个业务品牌的崛起，会越来越具有生命力和话语权，从而建立壁垒和竞争优势，构筑特色区域生态圈。

"如果说中小银行转型，一定有什么最佳路径的话，我的建议就是：集全行之力先干成一件小事，再干下一件小事。在一步一个踏实的脚印中，转型才有未来。"王丰辉如是说。

5. 未来银行：无声无息，又无处不在

我们也问了王丰辉他构想中的未来银行是什么样子，王丰辉回答："未来的银行是拆掉了门槛的银行，融入日常生活，融入生产经营，你看不到它，但它又无处不在。就如同现在的快捷支付、消费分期，不再像几年前刚刚兴起时过分强调自己的存在感，现在都恰如其分地静静地待在你的购物流程中。在列表中，你可以选微信、可以选支付宝，也可以选某家银行，任君采撷，不扰分毫。"

◎ 注：本文采访时间为2020年5月，王丰辉时任大连银行网络金融部总经理，本书出版时已履新。

3.3.3 程峰：武汉金融战"疫"，"零接触"银行直面考验

2020年年初时，身在抗疫一线的众邦银行围绕线上服务开发了疫情物资采购系统，支持各类抗疫机构通过物资管理系统协调物资、仓储、采购、派发，有效提升疫情防控物资调配效率。优化业务流程、开辟绿色通道、推出战疫云贷，开发线上续贷系统、开展无还本续贷，不抽贷、不断贷、不压贷，急事急办、特事特办，采取数字化手段为中小微企业提供转账日限额设置服务，以保障客户对疫情防控一线的资金支持。

1. 直面疫情考验："零接触"超常发挥

众邦银行的战略定位是互联网交易银行，创业初期依托股东资源，通过差异化发力B端，锁定大商贸、大旅游、大健康三大领域。虽然此次疫情暴发造成商贸、旅游等领域交易急剧下滑，但程峰表示"行业机会一直会存在，疫情过去后肯定会有一波大反弹的机会，我们现在要做的是把内功练好，让我们的数字金融体系更加完善"。

作为一家互联网交易银行，众邦银行90%以上的业务都通过线上开展，线上服务这一得天独厚的优势在疫情防控期间得以大展拳脚。

众邦银行深耕的健康领域线上业务在疫情期间抓住了机遇。"我们确实踏上了健康产业、医

受访者：程峰
（众邦银行行长）
采访者：许小青

药的红利。"程峰介绍，在武汉地区为几十家医疗机构提供支付结算服务的健康武汉 App，其底层账户系统即是由众邦银行提供，在众多竞标银行中众邦银行是唯一中标银行。程峰坦言："供应链金融，通过账户体系把资金形成闭环，这是众邦银行的核心竞争力。"

众邦银行身处疫区也承担起更多责任，加大了信息公示和传播力度，一方面接受监督，直面疫情期间的痛点，推出低利率战疫云贷，倾情服务受困企业；另一方面基于与金山云的合作，共同开发疫情物资采购系统，提升疫情防控物资调配效率。众邦银行的数字化布局同样关注 C 端，借助场景和平台，细分数字金融布局。众邦银行与京东、携程、国美、滴滴等炙手可热的行业龙头密切合作，这些平台聚集了大量的小微企业和个体工商户，是互联网交易银行的核心客户资源。

为客户提供转账日限额设置服务，以保障客户对疫情防控一线的资金支持，客户只需通过武汉众邦银行 App 开通"云证通"认证即可将转账日限额提高到 50 万元，开通 FIDO+ 认证可将转账日限额提高到 100 万元。

2. 差异化战略：打造互联网交易银行品牌

众邦银行是围绕"交易"进行系统构建和业务拓展的互联网银行，这与其他民营银行和互联网金融机构不同，清晰的定位有别于其他银行的交易银行部，这也是众邦银行的独特之处，互联网交易银行逻辑的底层是 B2B2C。

互联网下半场绝大多数传统企业开始转型升级，通过提高效率，重塑消费体验，以产业互联网的方式落地实施，由此，银行的线上业务也需要转型，由单一爆款输出模式，升级成场景融合、成体系的行业解决方案输出，通过为 B 端平台、企业提供金融及场景解决方案服务，实现 B2B2C 业务增长。

目前，互联网巨头纷纷布局金融板块，自建或收购包括银行、支付、小贷等在内的机构互联网是一个高度信息化的网络组织，连接着人货场，但是如果说它没有金融牌照，它的资金链和信息链就完全脱节。它无法在体系内形成一个完整的业务闭环。而金融业务具有存贷汇一体化的能力，因此互联网交易银行天然地具备为市场痛点提供解决方案的能力。

底层的商业逻辑是众邦银行所推行的小微金融、普惠、供应链金融等线上化服务的驱动力。其目的是要使资金和信息形成闭环，银行的价值也在这个地方，众邦银行通过开放银行目前已连接七八十家平台，涵盖国内大部分主流平台。

服务中小企业、小微商户和个人客户是众邦银行服务理念的根本体现，把BBC全线打通和多向互动是交易银行的终极目标。B2B2C业务并不是简单的"B端业务+C端业务"，而是融合场景后的有机结合，从某个特定场景出发，设计场景解决方案，通过横向复制，形成标准的行业解决方案，通过纵向衍生，形成生态解决方案，在此过程中嵌入账户、支付、信贷、结算、存款等定制化的金融服务，无缝穿透BC端客户，实现高效率、低成本、优体验的综合效益。

这里面，首先要搭建满足复杂场景需求的多层级、多功能的账户管理体系，这便是众邦银行的E账通，包含3个服务纬度。

第一个纬度是"邦你付"，能够将所有的支付手段聚合起来，如微信、支付宝、银联等，为各类场景平台提供更符合行业特点的解决方案，如通过路由的方式为场景提供成本最低、体验最好、流程最顺畅的支付结算方案。

第二个纬度是"企业直通平台"，个人客户或法人客户通过企业直通平台，实现在线上开户、购买理财和融资申请。

第三个纬度是"多层账户"的问题。众邦银行伞形账户系统通过统一接口连接信贷网贷系统、理财系统，提供定制化、多功能的综合金融服务。

据程峰介绍，从2018年的10月开始到2019年3月，众邦银行花费5个月时间构建E账通账户口体系并对外输出，成为业内第一家。目前众邦银行E账通已连接很多垂直电商平台，并向其开放银行的存款、贷款和结算体系，这成为众邦银行最大的优势。

建立多层级、多功能账户体系后，底层账户功能打通更为重要。众邦银行原来的对公账户要上企业网银、对公存款要上直销平台、多级账户要通过 E 账通、个人账户要通过直销银行 App，还包括非注册用户通过微信银行公众号，不同客户类型的账户服务分散，无法形成合力。

2019 年 11 月开始，众邦银行历时两个月打通所有渠道，通过企业客户、个人客户联动，构建一个复杂的底层架构，连接企业服务平台和个人服务平台，推出邦企通平台，从而系统性地为所有客户提供账户服务。依靠这套账户体系，众邦银行通过合作的 B 端平台能直接触达 C 端用户。

众邦银行现依托 E 账通和邦企通实现供应链信息流和资金流闭环以及 B 端和 C 端的联通，构建全新的供应链金融生态体系，形成核心竞争力。

3. 产融深度结合：创新"开放银行"模式

众邦银行是最早探索开放银行模式的互联网银行之一，尽管这次疫情出现了"零接触"服务的概念和内容，但却是伴随开放银行和数字银行的出现而衍生的具体服务，这是未来的趋势。程峰认为，数字化智能银行才是今后的方向，"零接触"是说人和人之间不是直接交互，而是通过线上交互，最高的层级实际上仍是开放的数字银行。

众邦银行这两年也一直在思考这个问题，在推进互联网交易银行的时候，定了 3 个标签：一是打通交易和场景的互联网交易银行，二是致力于产融深度融合的供应链金融银行，三是数字化驱动科技赋能的开放型数字银行。程峰执掌的众邦银行管理层一直锁定这个方向层层递进。

程峰认为，数字金融不仅是一种技术上的优化，而且是商业模式上的新变革。众邦银行打造了两个工程：一是数字众邦，二是客户服务满意工程。数字众邦的核心是业务数字化，只有业务数字化和数字业务化以后，每一项业务都会进入我们的数据仓库、数据集市，还包括数据清理数据湖，能得到更好的存取、更好的调用。数据是所有业务的底层，底层打通了，数据不再是简单的技术，而是潮流和经营模式。

数字众邦体现在数字终端整体路径的治理上。通过底层搭建、基础的人工智能、大数据的云计算，以及搭建一个敏捷的平台，从开放银行到技术场景、业务场景的演进，诞生一种业务运行的方式，这是所有业务底层全部打通的一个核心的逻辑，成为数字技术的发展方向。

程峰认为，数字技术并非仅仅是银行的某一个方面，而是银行一个重要的底层支撑。我们通过数字技术将不同的平台、不同的场景转化为数据，通过数据实现整个业务无缝运转和直连。数字金融极大的提升互联网银行综合效益，这便是数据业务化和业务数据化的真谛。

程峰也谈到了同行，比如微众和网商银行是行业的"带头大哥"，新网银行在C端领域渗透得更早，搭建的场景也受到了市场的欢迎，众邦银行同样在学习同业的先进模式，并在B端发力赶超。金融科技是支撑业务发展的核心，成立后不到一年，众邦银行即投入资金借鉴和引进微众银行分布式架构来搭建其底层科技架构。2018年到2019年，众邦银行发展金融科技，每年的梯级投入都在亿元以上，在民营银行领域迅速搭建起数字化的高速公路。

程峰认为，快速的市场触达和敏捷的响应能力，快速决策、快速落地，并且具备敏捷组织支撑，必须要有优秀人才能给它匹配。数字金融部门的主要任务便是在机制上配合数字金融的发展战略，做好业务和场景的连接。

4. 数字金融"内化"，供应链布局渐入佳境

搭建敏捷化组织、凝聚数字团队力量是数字金融"内化"的必经之路。数字金融从概念到技术的演进需要周期，而这其中最终落脚的仍然是组织和团队的力量。整体而言数字化是个系统工程，但是如果说采取部门推动加上敏捷小组的方式，才能更好地推进业务发展。

作为民营银行，尤其是定位于互联网交易银行的众邦银行，在推进数字金融方面具有独特的经验。城商行、农商行在数字化方面之所以不遗余力，是基于生存和差异化竞争的选择。对于中小银行而言，数字化的成本、技术

和人力支持耗费巨大，在开放银行背景下，寻求与互联网公司合作，以及借助同业的数字化模式，有利于将数字化效益最大化。

程峰在采访中提到，在数字金融热潮下，同业都要回归本源，就是做自己业务范围内所擅长的事。在开发优势产品时，一定是基于底层技术逻辑和完善的风控体系，而不是一味地模仿和抄袭。众邦银行正在筹划成立金融科技公司，输出自己的优势产品和服务，比如最具代表性的众链贷、众易贷和E账通等。

众邦银行有超过60%的员工从事大数据、科技研发，其中30%的员工来自一线城市的金融机构或互联网公司。大股东卓尔控股打造了汉口北国际商品交易中心，公司旗下的卓尔智联是全国最大的B2B管理平台。依托这些平台，众邦银行可以为中小微企业提供全方位的金融服务。

主打供应链金融的众邦银行以B端和账户为核心，寻求与企业平台的合作，包括金融科技公司的输出，为企业提供数据、技术、平台和融资渠道，以便使企业更好地适应市场，更好地避免被市场所淘汰，这是未来供应链发展的趋势。针对核心企业上下游，众邦银行开发出一套实战模式：借助场景交易掌握客户账户数据，摸索企业的信用体系；通过交易场景中的交易量，确定企业整个授信额度；完整的数据支持为客户精准画像，具有无可比拟的真实性和客观性。

众邦银行供应链模式更接地气，包括税务、发票、法人发表个人行为及消费习惯等相较于传统授信无法收集和采纳的数据，并在大数据模型中进行分析，这就是数字金融的价值所在。大数据和人工智能将底层的贷款要素进行组合，金融科技的功能逐步为供应链端口的授信提供便捷工具，放款质量和效率大幅提升。

程峰畅想的供应链是协同共建系统，为合作者联合放贷、共同分润，运用这种方式抓住供应链的客户，培育场景和生态，而数字金融则能够为核心企业上下游的供应链提供批量业务。

3.3.4 周丹：省联社如何借力数字金融突围

农信社，一家从泥土中生长出来的金融机构，历经70年风雨历程，分分合合、起起浮浮，在中国广袤大地上顽强生长、深深扎根。这是一类庞大的特殊群体：2200家机构，占银行业金融机构的48.8%；资产总额达36万亿多，占银行业金融机构的13%左右；涉农贷款余额10万亿元，占全国银行业涉农贷款余额的29%。

体制多变、机制更迭、观念传统、包袱沉重、风险积聚、科技水平弱、客群老龄化——"变革"总是与这类机构如影随形，"困难"总是让这类金融机构如履薄冰。

2020年4月，央行决定对中小银行定向降准1%，于4月15日和5月15日分两次实施到位，每次下调0.5%，共释放长期资金约4000亿元。并下调金融机构在央行超额存款准备金利率，从0.72%下调至0.35%。本次定向降准面向中小银行，包括两类机构：一类是农村信用社、农村商业银行、农村合作银行、村镇银行等农村金融机构；另一类是仅在省级行政区域内经营的城市商业银行。

资产规模3.32万亿元、存款规模2.6万亿元，拥有95家农商行和信用社、5000多个网点、7万多名员工的广东省农村信用社联合社（以下简称"广东农信"），经过几年探索，基于与阿里云、

受访者：周丹
（广东农村信用社联合社银信中心副总裁）

采访者：许小青

华为等金融科技公司的合作，通过"厚中台、薄前台、稳后台"的平台化和中台化转型，实现"全云化"架构和辖内农商行（农信社）业务种类和服务渠道的科技全覆盖，通过中台化打造出"百行百面"的互联网金融服务平台，给农信社及行业探索数字化转型提供了有益的借鉴。

1. 数字化转型加速

此前，周丹曾在《省联社数字化转型的探索与实践》一文提出，"加快数字转型对农商行（农信社）而言，已经是生存问题而非发展问题，而省联社作为推动辖内农商行（农信社）数字化转型的主要推动方，在数字化转型的浪潮中负重前行"。

（1）客户高信任度下的老龄化问题。广覆盖和高信任度让省联社成为用户最忠实的金融机构。但周丹依然心怀忧虑，受制于农信社的地域特性，农信社的受众群体多数在50岁以上，这对于大多数农信社而言，都是一个特殊的年龄结构。

"我现在最关心的就是客群老龄化的问题，我们的客户多数都是50岁以上，这就要求我们必须坚持线上化，能吸引年轻人使用我们的金融产品，否则，等这些客户的财富传承到下一代年轻人手上，而这些年轻人没有在农信社进行金融理财的习惯，那时候，就意味着客户、资金也就没有了。"

对于传统银行来说，尤其是区域性的农村商业银行，顶多是变成了一条通道，增加了一个绑卡的量，短时间内虽然对资金占有量不大，但是仍要去打造自己的场景，做到未雨绸缪。

因此，一方面针对现有客户提供更多样化的财富管理服务、增强客户黏性，另一方面吸引年轻客群是省联社的当务之急。他说，目前网民大约9亿，而中国有14亿人口，这意味着还有5亿人是从来没有上过网的。

"9亿人里也有大部分就偶尔上上网而已，并不是像我们想象中的跟城里一样几乎所有人都时刻使用手机。乡镇里还有很多人用着很简单的通信方式。所以线下依然是固有的市场，但是怎样使其更加便捷化则是亟须解决的重要课题之一。"

（2）数字化转型下的组织形态变革。疫情倒逼之下，远程办公、线上打卡成为常态，看似小事，但背后酝酿着中国整个商业生态、商业模式的变迁，也将催生金融服务新需求。

"对传统金融机构而言，这些实际上意味着理念上的转变，管理体系、组织形态都会发生变化。"以前关注过程，现在更关注的是结果，对应的考核办法、人员要求等都将发生调整。

（3）数字化转型下的客户差异化需求。珠三角地区作为改革开放的主阵地、排头兵，活跃的市场经济推动金融体系更为开放和现代化。市场竞争促使银行业差异化格局明显，农商银行等中小银行的经营理念也更接近现代银行。

对于省联社而言，高价值客户一般都是城中村村民、获得拆迁征地的人，村里有企业的企业主，或者入股这些企业投资的客户。他们都是省联社的固有客户，具有很好的忠诚度。而且这些人相对更加接受传统的线下服务，而不是那么时髦。

但是，此次疫情带来的影响是长久的，周丹也认为对客户的需求带来一定的变化。"比如以前根本不接触线上渠道的，这次他通过这个疫情接触到了，以前可能因为对新技术的畏惧感没接触，现在接触到了，其实也不复杂，客户可能会更加习惯线上的这种方式。"周丹说。

（4）数字化转型下的行业分化。在非接触业务演进中，国有、股份制银行，因为自身优势，推动很快，但是中小银行、城商行尤其是农信社，金融科技薄弱，而且全国25个省联社，由于地区的差异，科技能力也有很大的差别。

"但是一旦改变这种模式的话，以后对科技的依赖会更强。这时候如果科技服务跟不上，可能真的会产生一些倒逼，或者说会被其他的银行、其他的金融科技公司把一些市场份额抢走，这个我相信应该会发生的。"周丹如是说。

2. 未雨绸缪：广东农信的中台战略

在互联网行业，云计算已高速发展到了"业务系统互联网化"和"数据在线智能化"，而在金融业，云计算仍处于"非核心系统上云"和"基础资源全面云化"阶段。一位银行业分析师认为，"金融行业上云有望迎来拐点，抛弃传统IT架构的时刻到了"。

然而，对技术实力相对落后的农信社而言，新一波金融科技带来的冲击并不小，难以跟上客户对金融服务更新换代的需求。随着大中型金融机构加大"下沉"，给予农信社的竞争和压力同样激烈。

农信社要找到适合自己的"数字世界"，并非易事。而广东农信从2016年开始，作为先行者，踏出了IT架构改革的第一步，并在IT规划落地实施中，利用华为、阿里云等金融科技的技术平台，探索构造了产品、渠道和数据中台，推动相关项目落地，打造了中台转型的能力，初步形成了"薄前台、厚中台、稳后台"的IT架构。

周丹介绍说："我们2017年就开始转型，目前我们基本上是一个全云化的架构。这个我们已经完成得差不多了，我们的云是基于跟阿里和华为的合作，都是私有化部署。这个IT架构的转型，其实在2016年IT规划时，已经着手部署了。现在基本上是我们'十三五'规划的一个收官，我们的基础设施已经全面云化了。"

对于这种线上的转型，广东农信可以马上推出来，响应能力跟以前也有很大的不同，在疫情期间可以直接去帮助农商行推出它们新的一些产品，而且不需要去现场，只需要通过它们自己的配置。

这其中，中台建设是一把金钥匙。据了解，广东农信借鉴了阿里的业务中台，在此基础上，自己沉淀了15个能力中心，包括商户、店铺、订单、物流、商品、用户、账户、营销、数据服务、支付收银等中心。

对于省联社，从业务模式上是重线下轻线上，这对用户的交互会有一些限制。转型是一种发展趋势，但是如何让客户愿意往线上走？如何去做这些生态的问题？因为每一个企业其实跟它的上下游企业都是有关联的。

对此，周丹说，广东农信2020年也在推出B2B的线上交易平台，比如"广东有一个县级市，专门做不锈钢，不锈钢产品占了全球70%的市场份额，它需要走批发业务，以前是自己建立销售平台接触下游采购客户，没有专门的金融支持。我们可以利用中台把 B2B 平台做出来，其实就是支持了这种商业模式。"这是和阿里合作之后，以阿里的商业模式在银行中的复制运用来打造自己的生态体系系统。"阿里的中台支撑了它的淘宝、天猫、1688 等很多东西，我们的中台也可以做很多类似的事情。"

同时，广东农信还借鉴阿里云的整体架构，引入了数据中台。用了 3 年的时间，通过基础数据平台、大数据风控、统一数据应用这 3 个项目的建设，搭建了底层的数据资产平台、数据科学平台和数据服务平台等技术平台，让数据服务平台得以实现。

如果说业务中台的搭建让广东农信可以对业务灵活组装的话，那么数据中台与业务中台合作，则实现了真正闭环生态系统的构建。

"我们发现企业的业务如果都跑在我的平台上，我们也就不需要再去采购外部的数据了，直接就可以看到企业的运营数据，也就可以给他提供更加有针对性的金融服务。"周丹很兴奋地说。

周丹认为，数字化是要将真正有价值的数据利用起来，就会改变以往高成本、高风险、大水漫灌的金融服务模式，真正实现精准滴灌。基于此，广东省联社一方面为农商行提供数据平台，另一方面开发大数据风控平台，进行反欺诈识别和授信。"以往在客户信息不透明的情况下，依靠人力模式进行贷款审批的时代已经一去不复返了，基于 IT 模式，以前不可为的现在变得可为，以前高成本的现在变为低成本。"

在农信社数字化过程中，省联社面临一个共同的问题，既要满足辖内不同农信社的差异化需求，又要兼顾保持技术架构和业务架构的完整性和统一性。

周丹认为，通过对中台敏捷技术架构的打造，可以把每个农商行都看成一个电商，每个电商都有他的店铺，银行可以自己在广东农信的系统上开发自己的 App，法人店铺化可以打造机构专属的产品，实现"省联社搭台、农商行唱戏"的"百行百面"新格局。

中台战略降低服务成本的同时，也拓展了业务领域和边界。周丹说，路越走越宽,就更强调精准定位和差异化发展。"在细分市场扎根下去,越做越深的话,又可以形成护城河,别人再想进入,想跟你抢市场的时候,就会发现已经比较困难了。"

基于这种战略考量,2019 年,广东省联社党委提出 4 个转型:合规银行转型、差异化转型、零售化转型和数字化转型。"农信社、农商行天生就应该是做零售,不应该去抢那些大量批发业务和大体量的客户。"周丹表示,数字化转型是其他 3 个转型的基础,数字化不仅降低了交易成本,而且渠道获客可以扩大收入、增加利润。

3. 生存之道:是守旧还是抱团取暖

以加速数字化转型来稳定市场份额,已成为中小金融机构面对生存挑战不得不走的必然之路。数字化转型一般而言有两种途径:一是自己搭建技术团队和技术构架,但投入成本较高;二是寻求外部合作,这是普遍的方法,相互借力。

周丹说,和大数据公司合作,经常会遇到数据来源不够权威或数据庞杂的问题,这对金融定价和金融安全起不到任何有效支撑的作用。广东省联社的解决办法一是与工行进行深度合作,由工行为其提供外部数据支撑;二是寻求政府数据支撑,拿到合法授权的数据进行建模和分析。

"我们和大数据公司的合作更多是模型层面,他们会有一些风控的模型,我们就让他们输出模型,而非数据。"周丹表示。

而与银行系金融科技公司的合作也需要注重其科技赋能的能力,而并非局限于具体项目实施或者运营层面的合作。科技赋能是其平台技术的开放型输出,也可以有效防范因为这类公司母体与农商行同业竞争而导致的客户流失。

4. 因农而生,回归本源

2017 年以来,在广东省委、省政府的正确领导和大力推动下,广东农信开启第三轮改革——全面推进组建农商行,实现了各项业务的跨越式发展。

目前，全面组建农商行工作基本完成。在服务本地、支农支小等回归本源的政策引导下，截至2019年年末，广东农信贷款余额1.6万亿元，农村金融主力军地位得到进一步巩固。

广东省联社和地方政府合作，地方政府成立复工复产春耕春种的稽查部门，省联社和农商行配套金融支持资金，形成银政互补和政策合力，也进一步化解了此前行政化管理的桎梏。

周丹表示，在以往信息不对称的情况下，支农支小成本高，风险大，这也是一定程度造成金融弃小抱大、脱实向虚的本源之一。而随着数字普惠金融技术的发展，长尾客群的低成本覆盖和风险定价的进一步精准化，使得农村金融不再是"亏本的买卖"，实现了"有利可图"。

广东省联社引入了农业、种植和养殖的风控模型，将依靠"人海战术"的风险识别交给技术，同时依靠数据实现风险定价水平的精准化。

"商业可持续才是真正的普惠，不能把普惠做成慈善，因为谁也经不起'烧钱'，一定要在普惠的过程中赚钱，但这只能通过IT的手段做到。"谈到普惠，周丹说，广东农信将普惠分为两个部分：一个是服务三农；另一个是服务小微企业，通过大数据的风控来实现低成本的小微企业的贷款。

5. 是挑战也是机遇

对于农信社而言，科技投入不足、人才不足是发展金融科技永恒的难题。农信社的发展不可能会一直成为"短板"和"孤岛"而存在，顺应数字化改革的潮流是必然趋势。

就像周丹说的，如果全国25个省联社能够拧成一股绳，大家合力去做一些事情，对整体效果会有更大的好处。因为本来省联社与省联社之间就不存在竞争的关系。

对于广东农信已经建立的行业云平台，谈及是否会对外进行能力输出时，周丹表示，"省联社天生是一个多法人体系，天生是一个SaaS的公司，我们服务的不是单家银行，是几十家、上百家银行。"对于架构，广东省联社目前是支撑这种多家银行方式的；对于传统银行，则需要观念上的突破才能支撑多家银行。

3.3.5 张其广：互联网银行数字化进阶与逆周期生长

植根于互联网基因的亿联银行有着自己的经营模式和鲜明特色，在数字化转型的大浪潮下，作为一家中小银行，亿联银行必须通过差异化定位、特色化客群与智能风控等实现"弯道超车"。而这，就是中小银行逆周期成长的根本法则。数字化是互联网银行的生存哲学，线上化、"零接触"服务已经融入了人们的日常生活，亿联银行要做的就是"金融+科技""金融+生活"，这是未来的核心竞争力。

2020年5月，时任亿联银行行长张其广接受了我们的访谈，分享了民营银行数字化转型的"危"与"机"，为我们讲述亿联银行的数字化变革和逆境生长的故事，在这些高成长业绩背后是亿联银行人"求生存""谋创新"的原动力和执着信念。

1. 互联网基因：中小银行数字化进阶的"捷径"

2020年春季的新冠肺炎疫情使得依赖物理网点的客户向线上迁移，手机银行业务、网上银行业务等电子渠道业务均有较大增长，进而加速

受访者：张其广
（受访时任亿联银行行长）
采访者：许小青

了金融业务的互联网化进程，有金融科技优势的银行在业务层面将更富竞争力。

张其广认为，无论是从我国互联网银行实践看，还是从全球银行业数字化转型的变革看，银行的"数字化""线上化""零接触"都已是不可逆转的趋势。

亿联银行是全国仅有的4家获批线上信贷业务资质的互联网银行之一，自成立以来，始终秉承"智慧生活，数字银行"的理念，运用现代互联网技术努力提高金融服务覆盖率。

据了解，亿联银行首款线上消费贷款产品"亿联易贷"于2018年7月正式上线，以美团点评的消费场景为主，采取白名单准入的方式进行客户准入管理，融入互联网经济和互联网消费场景。通过与京东、百度等多家平台的广泛合作，着重服务于大量C端长尾客群，而且实现了场景金融的深度布局。

"虽然中小银行在资金投入、人才储备等方面与大型银行有一定差距，但是中小银行要找到适合自身的市场定位，发展科技能力构建与大型银行差异化发展道路，建立自身竞争优势，也能获得很好的发展前景。"张其广如是说。

亿联银行的精准定位赢得了发展的空间，也成为业内受关注度较高的互联网银行之一。支撑亿联银行99%的线上业务的是金融科技。张其广为我们介绍道，科技能力是永远的痛点与机遇。

张其广谈到，一方面，要开发出完美的线上产品，各个流程环节的设计要考虑全面，不断优化客户体验，完善产品；另一方面，科技能力的培养需要付出大量的人力和物力成本，并且需要长时间投入，才能摊薄边际成本，进而体现出数字化金融服务的成本优势。

2. 逆境中的差异化发展策略与创新的原动力

监管层对民营银行的定位和导向比较明确，即业务作业区域尽量向下，经营模式主要是以"大存小贷""个存小贷"等为主，某种程度上也会限制民营银行的业务范围，而国有大型商业银行和全国性股份制银行依托自己的金融科技优势和客群优势，纷纷设立消费金融公司。张其广谈到互联网银行的竞争环境时说道，竞争压力肯定有，不可避免。

张其广认为，民营银行的差异化在客群、发展方向和开放银行领域具备优势，这种优势正是亿联银行在逆境中不断崛起的关键，"求生"的本领和创新的紧迫感驱动着亿联银行从"幼苗"开始茁壮成长。

2020年4月3日，亿联银行公布了2019年的业绩。这家于2017年开业的民营银行在2019年实现扭亏为盈，全年净利润为1.53亿元，骄人的业绩是差异化发展策略的明证。

张其广从3个层面谈了亿联银行的策略。

（1）密切关注三方客群的差异性，寻找准确定位。国有大行、股份制银行，消费金融公司和民营银行面对的客群是不一样的：消费金融公司的客群更下沉；国有大行和股份行的客户最优质，所以客群范围也更窄；民营银行的客群介于这二者之间。亿联银行的客群就是抓住了长尾C端客户资源，通过第三方合作平台植入流量，构建互联网金融的场景，逐步融入人们的消费、普惠与信贷领域。

（2）植根于互联网基因，践行互联网经营哲学。民营银行本身的互联网基因具有时代特色优势。民营银行成立之初就确立了互联网银行的发展方向，有些民营银行由于股东是大型互联网企业，与生俱来就有互联网基因，在数字化发展道路上具有先天优势。亿联银行以线上化经营为主导，充分运用互联网思维，打造普惠、优质、高效和个性化的金融服务网络。

（3）以开放银行为依托进行三方协同。亿联银行打造数字银行之外，开放银行是亿联银行推进信息科技战略的重要目标之一。亿联银行的开放银行发展战略有3个阶段：第一阶段是连接，将亿联银行的服务体系通过API、SDK的方式输出给场景方；第二阶段是开放，将资金的资源开放给合作伙伴；第三阶段是生态，通过前两个阶段建立的金融服务市场，形成生态。

3. 数字化成为互联网银行突出重围的"硬核"

张其广在访谈中提到，亿联银行的科技员工占比约 50%，另有 500 多人的外包团队，拥有发明专利 22 项、外观专利 5 项、软件著作权 25 项，知识产权总数达到 94，并于 2019 年获得国家高新技术企业资质认定，成为全国第四家具有国家高新技术企业资质的银行机构，显示出一定的科技实力。

传统的商业银行往往是重资产、高成本运营，亿联银行则借助数字化旅程，相继推出"线上化""定制化"的智慧运营模式，将银行"搬进"微信，还提供配套的账户服务，使客户足不出户便能办理各类银行业务。

年报数据显示，亿联银行资产负债客户群体主要以零售为主。截至 2019 年年末，亿联银行生息资产端主要以个人贷款为主，余额贷款 200.55 亿元，占全部贷款比例为 99%；负债端主要以个人存款为主，余额 221.90 亿元，占存款比例为 89%。同时，由于线上存款期限灵活，提前支取率高，资产负债期限匹配管理难度较大，因此对流动性管理提出了更高要求。

张其广介绍到，差异化、特色化经营是亿联银行成立的初衷，并在激烈的竞争格局中确立了"数字银行、智慧生活"的战略定位，以及"打造普惠大众、赋能生活的智慧银行"发展愿景。主要表现在 3 个领域。

（1）产品层面：互联网金融产品的个性化是获客的前提。亿联银行设计发行了多种创新性存款产品。比如与"花点时间"等线下场景合作的权益型存款，用户在银行存款后，根据用户的存款期限和金额，花点时间将给用户配送相应的鲜花。还开发出第一款互联网团购存款产品，吸引了大量用户。

（2）渠道层面：广泛的渠道合作是互联网银行的源泉。除了自营的 App 和微信银行，亿联银行还与头部互联网平台合作，如京东金融、小米金融等，在这些平台销售亿联银行的存款，扩大用户来源。

（3）运营层面：智慧化运营是互联网银行的重要驱动。亿联银行主要通过互联网吸储，存取方便，不受时空限制，7×24 小时在线客服，为用户提供了很多便利。通过微信公众号开展各类拉新促活运营活动，有效促进了用户增长，增强了用户黏性。基于优质的产品与服务，2019年年末亿联银行存款余额达250.58亿元，比年初增加164.01亿元。

4. 坚定普惠金融的初心与深耕细作的布局

与传统银行线下经营，依托大量的营业网点和人员提供金融服务不同，亿联银行致力于以金融为本，科技为用，以用户为中心，以互联网为通道，通过特定场景提供普惠、综合的金融服务和安全、便捷的金融体验。打造具有小而敏、轻资产、强链接、广覆盖的互联网银行。

张其广谈到，民营银行具有互联网业务占比大，灵活度高、发展不平衡的特点，部分政策可能更具影响性。因此，亿联银行要在监管指导下，使自身业务发展与监管导向相一致，保障合规经营，确保稳健发展。在服务实体的同时，探索适宜互联网银行的发展道路，加强能力建设。

作为吉林省首家互联网银行，亿联银行对于利用金融科技服务吉林地方经济具有一定优势。守住优势第一是要有市场灵敏度，做好市场预判。现在业内对普惠金融的关注更多聚焦在贷款端，目的是解决小微企业、个体工商户融资难融资贵的问题，经过几年的发展，大多数民营银行也较好地完成了这一目标。

回归普惠和本土市场是互联网银行的方向，2020年1月份，银保监会也是再次发布《中国银保监会关于推动银行业和保险业高质量发展的指导意见》，明确继续推动符合条件的民营银行发起设立，明确加大民营企业和小微企业金融创新。

亿联银行专门推出服务农村金融的"亿农贷"产品，充分考虑了吉林省农村地区幅员辽阔，农户现场申请不便，用款具有周期性、季节性的特点，实现线上申请、实时审批、自动放款，并不断迭代升级产品，针对农村地区客户的消费习惯，研发了更为便捷的信用类农户贷款产品——亿农贷2.0。

亿联银行依托农户信用数据分析，不仅保留了亿农贷1.0产品的全部优势，而且在贷款效率、风控技术、数据处理、操作便捷程度等方面实现了全面升级，可以说是在农村金融领域的一次大胆创新。

疫情高发时期，农民通过在线申请贷款，足不出户，减少了与他人接触的机会，降低被传染概率，为疫情防控工作起到积极的助力作用。疫情期间，部分农户贷款受疫情影响无法按时还款，亿联银行采取为农户提供延期还款的服务，以降低贷款逾期的发生。

5. 守住风险管理的底线是互联网银行的生存法则

张其广特别强调，亿联银行自成立以来便聚焦于打造与互联网银行相适应的风险管理体系。传统银行风险管理的自动化、智能化程度不高，很多关键环节的风险控制还需要依靠人工判断干预，要做好互联网银行的风险管理，除了运营互联网化，更重要的是风险管理的互联网化。

亿联银行作为互联网银行，高度重视交易安全，设立了专门的反欺诈中心以防范欺诈风险发生。

通过基于设备指纹识别技术，实现对于黑产攻击、中介团伙等攻击的有效识别。

结合知识图谱系统，利用现有我行的数据维度、欺诈标签等实现关联关系的分析，可以锁定可疑欺诈人员，进而进行后续调查。

利用时空维度的 GPS、IP、手机号、设备、时间等信息形成的短时高频异常聚集的反欺诈规则组合实现了对于疑似撸贷客户的有效拦截。

亿联银行作为互联网银行，依托大数据开展风险管理，通过多种合规内外部数据源相结合，构建了完备的三方征信数据池。在应用传统的逻辑回归建模方法之外，进一步构建机器学习模型，建立了以"亿联分"模型体系为核心的一整套完备的客户风险管理机制。

2019 年 11 月，亿联银行率先在银行关键金融联机交易场景上线第三代分布式开源数据库，采用集群架构部署在同城多个数据中心，同城任何数据中心发生灾难，数据库在秒级仲裁选举之后可自动恢复服务，对业务无任何影响。

与此同时，为了监控模型策略的运行情况，及时发现可能的判断偏差，我们搭建了完备的风险监控预警机制，对线上贷款业务进行高频监测，并根据监测结果对相关模型与策略进行动态调优，确保模型策略运行有效。

6. 如何在不确定时代实现互联网银行的"稳预期"

目前，银行业身处一个不确定的时代，张其广在访谈中谈到了未来的发展，他认为，长期向好的趋势中会有很多曲折，但是未来一定是更加光明、美好的。这份底气和信念源于亿联银行的"未雨绸缪"。

面对疫情的影响，亿联银行加强主动分析研判，将疫情划分为短期（直接影响期）、中短期（间接影响期）、中长期三个不同的影响阶段，确立了风险管控的主要思路和措施。

（1）短期直接应对方面。针对疫情影响和客群情况，制定了专项政策，通过采取延期还款、减免罚息、展期续贷等政策帮助受薪群体、小企业主渡过疫情难关。

（2）中短期应对方面。依托我行健全的风险监控体系，实时监控业务风险变化情况，通过不断优化信贷组合结构、收紧新增客户准入、优化风控策略、持续调优模型、加强客户信用跟踪监测与额度动态管理等多种手段，保障资产安全。

（3）中长期应对方面。坚定智能风控能力是核心竞争力的经营理念。加速推进智能风控建设，不断优化系统、数据、模型等底层支撑能力，不断保持主要风险指标的有效管理与业内领先。

一方面，亿联银行一直以来兼顾产品创新与平台布放，持续加强存款产品研发储备能力，同时在产品储备、科技排期、平台布放、营销策略等方面加强与优质平台的合作，借助微信银行、亿联 App 等自营业务渠道吸收结算类存款。同时积极拓展同业渠道，深化同业合作关系，提升同业知名度和认可度，充分利用同业资金补充自身营运资金、提高流动性补充调剂能力。

另一方面，亿联银行持续加大银登中心平台信贷资产流转工作力度，2019 年成功发行两期银登中心资产流转项目，销售规模共计 25 亿元；2020 年一季度成功发行一期银登中心资产流转项目，销售规模共计 5 亿元；销售规模总计 30 亿元。作为一家"开在互联网上"的银行，亿联银行成立至今资产数据表现优异，未来将继续推出同类优质资产进行流转，与同业机构共享消费金融发展成果。

3.4 数字化转型案例解析

3.4.1 科技赋能中信银行审计数字化转型

1. 引言

新冠肺炎疫情严重冲击了全球经济发展与安全态势，扭转了 2020 年年初全球经济增长预期，给相关产业和国际贸易造成了巨大损失。国际货币基金组织在 2020 年 10 月发布的《世界经济展望报告》中预计，2020 年全球经济将萎缩 4.4%。相应地，国内前三季度 GDP 同比增长 0.7%，全年预计增长 2% 左右。

2020 年春节过后，中信银行审计部面对突发疫情主动调整工作部署，统筹整合审计资源。在全面防控阶段，面对无法现场集中办公、不能出差的现状，借助技术手段集中开展数据分析，并全面推进非现场能力建设；在统筹兼顾阶段，审计工作基本恢复正常后，一手抓"生产"，争分夺秒覆盖重点审计项目的现场工作，一手抓"建设"，完成新系统上线，同时启动了持续审计体系建设。

作为一种重要的国家和社会治理手段，审计对于保障国家经济安全、政策执行和企业合规稳健经营具有显著支持保障作用，审计活动需要大量的宏观、中观和微观经济数据，是高度依赖数据开展作业的经济管理活动。在数字经济和产业数字化过程中,审计也同样需要科技赋能实现数字化转型,并在此基础上,实现审计转型,提升审计价值。

2. 内部审计数字化转型背景

内部审计数字化转型的动因包括内部审计自身转型、审计对象数字化和科技发展等方面。

首先是内部审计转型的内在需要。根据 IIA（国际注册内部审计师协会）2004 年最新定义,"内部审计是一种独立、客观的确认和咨询活动,旨在增加价值和改善组织的运营。它通过应用系统的、规范的方法,评价并改善风险管理、控制和治理过程的效果,帮助组织实现其目标"。内部审计要承担对企业风险管理、控制和治理过程的评价和改善职责,实现从遵循性审计到咨询性审计的转型,就需要通过充分应用最新科技手段,不断扩大覆盖面,把审计的时间覆盖从事后向事中、事前延展,把审计空间覆盖从会计向业务、管理和治理延伸,通过对海量数据的全面深入分析,深入挖掘组织存在的风险和机会,为组织创造更大价值。

其次是适应审计对象数字化的需要。随着计算机、互联网和人工智能技术的快速发展,人类已进入信息化社会。近年来,产业数字化和数字产业化深度融合,各类生产生活活动都高度依赖数字技术,数据成为继土地、资本、劳动力和技术之外的重要生产要素。企业的营销、风控、运营和服务等经营管理活动也都在逐步数字化,这就倒逼内部审计工作也要数字化,以实现与审计对象的同步,减少迎审成本,提高审计效率。

此外,信息科技的发展进步为审计数字化提供了技术手段。5G 时代的互联网、物联网和移动互联网使我们可以获得更多的实时数据,大数据、人工智能和云计算技术又使海量数据的处理能力大大提升。这为转变传统审计作业方式提供了技术基础,为远程审计、非现场审计、持续审计、敏捷审计等新审计方式的发展带来了前所未有的创新发展机遇,新型审计方式推动审计加速进入数字化转型的快车道。

3. 内部审计数字化转型建设情况

内部审计数字化转型的方法包括确定目标、界定任务和明确路径等方面。

以 2020 年为例,在克服困难确保完成全年审计计划的同时,中信银行审计部进一步明确了"三层九面"的审计数字化转型整体规划,转型规划覆盖宏观、中观、微观 3 个层次,涉及文化、架构、流程、制度、人员、系统、数据、模型、工具等 9 个方面,为推动后疫情时代审计转型明确了方向。

建设"新审计"文化,完善三道线联防联控架构,优化现有审计流程、制度,提升审计人员数字化能力,利用大数据、智能技术对传统审计信息系统及工作方式进行改造,将审计信息系统打造为支撑审计作业流程、数据分析、监控预警等方面的综合功能平台,充分利用全行业务数据、管理数据、外部数据开展非现场数据分析,扩大审计覆盖面,提高审计及时性和准确性,持续提升审计价值。

(1)确定审计数字化转型的目标。做好审计数字化转型首先要确定目标。审计数字化转型的目标必然是为了更好地履行审计职能,提升审计价值。在数字化转型的目标中,降低成本、提高效率、控制风险、增加价值这 4 个方面都应该是应有之义。一方面要通过技术应用拉低成本端的投入,另一方面要通过技术去实现更大的收益,双向发力,使审计的价值曲线不断向上提升,为组织贡献更大的审计价值。专业创造价值,价值创造尊严,作为成本中心的内部审计,必须通过创造价值来获得在企业存在和发展的理由,通过审计为组织的发展赋能,甚至成为企业重要的核心能力。

(2)审计数字化转型的工作任务。审计数字化转型是一场体系化的变革,在漫长的审计数字化转型过程中,既要建立微观层面的数据、模型、工具和系统等新的审计生产力,也要同步推进制度、流程和人员等生产关系的重构,更要促进文化和架构等新的审计上层建筑和意识形态的形成。审计数字化转型方法论涉及 3 个层次和 9 个方面的内容,具体如图 3-10 所示。

图 3-10 中信银行内部"三层九面"审计数字化转型规划

- 数据:数据是审计数字化转型的基础。

内部审计作为组织内数据应用"数量最大、范围最广"的部门,要充分利用组织现有信息科技能力持续加强数据扩展,将数据建设作为基础工作。结合审计的场景应用,坚持"以用促建"原则,组建数据梳理团队和数据应用场景研究团队,调动全部门资源参与,在全面梳理审计应用场景及组织内外数据的基础上,构建"数据全、响应快、安全高、扩展强"的审计数据基础平台,不断夯实、扩充数据基础,扩大内外部数据来源,提高异构数据加工利用的能力,提升审计人员对数据、业务的了解和掌握,逐步形成以员工、客户、业务和机构等多维度的统一视图,为审计数字化转型提供基础支撑和保障,实现审计全覆盖的数据支持。同时对于在建设过程中发现的数据质量问题,及时反馈给数据责任及数据管理部门,督促全行数据质量的持续提升。

- 模型:模型是审计数字化转型的难点,也是提升审计数据分析能力的关键因素。

在充分的内外部调研的基础上,立足组织现有模型资产并结合市场领先机构经验,构建包括规则类、统计类和大数据高阶类的模型体系,通过模型来开展各类数据分析,并在此基础上建立以全量数据分析为基础的审计作业体系。建立包含模型需求、开发、评审、上线、使用、优化和下线等环节的模型全生命周期管理，积极发挥模型的生产力和效能。推动组织内部实现模型资产共享，减少模型重复建设。

- 工具：工具是审计数字化转型的关键。

在全面梳理审计应用场景及行内外数据的基础上，结合审计数字化转型需要，建立"保障基础运用，夯实常规工具，探索高级运用"的工具体系，为审计数字化转型提供支撑。优化完善基础数据分析工具，建立查询、分析、展示全流程的易学易用的可视化平台，保障大部分审计人员日常使用需要；在严格管控数据权限的基础上，对部分有能力的审计人员，放开 SQL 工具、SAS 分析平台等专业分析工具，提升编模效率。探索高级工具的应用，如 R、Python 等各类数据挖掘工具、语言的研究及应用。在异构数据结构化方面，重点用好 OCR、ASR、NLP 等工具，在提高效率方面，重点用好 RPA 等工具；在降低成本方面，重点用好远程访谈、视频会议、图像采集等工具。这些新技术新工具的使用，可以帮助组织快速实现科技为审计赋能，提高审计效能，降低人工成本，使审计人员摆脱大量简单烦琐的重复性劳动，更加聚焦于核心审计价值创造。

- 系统：系统是审计数字化转型的载体，也是数据、模型、工具的容器和展示平台。

通过搭建审计系统，实现数据分析、审计作业及审计管理功能的有效贯通。审计系统一般包括分析平台、监控平台和作业平台等功能模块。审计分析平台支持组织内外部各类数据的引入及应用，嵌入先进的数据分析挖掘工具，加强数据分析与审计作业的紧密结合，将数据分析融入审计作业的流程中。审计监控平台可以承载主要的组织经营管理数据和指标的持续监测，部署风险预警的策略，形成各类主题的统一风险视图，及时发现组织的重大风险特征，并及时触发敏捷审计，也为编制年度审计项目计划提供依据。审计作业平台承载审计作业和管理活动，支持审计部门完成审计计划、审计方案、数据分析、项目实施、审计报告、整改跟踪、资源管理和项目管理等审计活动。审计系统的应用架构设计应该考虑组织内部三道线在数据、模型、工具、流程和成果方面的共享，构建三道线联防联控的作业平台。同时，要考虑多法人架构，满足组织内部资源共享甚至未来能力输出需要。

以上审计数据、模型、根据和系统构成了数字化审计体系的微观技术基础，也是现代信息科技在审计领域的应用，我们可以参考FinTech（finance+technology）的命名方式，将之称为审计科技（AudTech，audit+technology），这是科技赋能之下的新审计生产力，也是审计数字化转型的技术保障。

- 制度：制度是开展审计数字化转型的前提。

配合审计目标、工作内容、作业流程、人员能力、审计方法等变化，对现有的审计制度体系进行梳理和重构，识别需要新增、修改、优化、废止的各项制度，在制度层面明确"新审计"定位下，以审计章程为引领，从审计业务、内控评价、质量管理、行政事务管理、机构人员管理、工具和模型管理、联防联控等多个方面进行整合、优化，反映"数字化"对审计工作要求的影响，为审计数字化转型成果的落地实施提供保障。特别是要改变传统审计项目驱动和现场优先的一些旧制度，为持续审计、敏捷审计、远程审计和价值审计等新审计形式和载体奠定制度基础。

- 流程：流程是审计数字化转型的体现，也是系统建设和制度立改的必要条件。

流程建设将配合审计科技团队、制度和系统的建设，优化调整现有的审计流程，建立新型的数据驱动的审计工作流程，推动审计从传统的"现场优先、抽样审计"转变为"数据分析为主、全面覆盖、持续在线"的审计，从"项目驱动"的审计转变为"持续审计为基础、敏捷审计和项目审计为支撑"的审计作业体系。应用数字科技手段尽力替代和压缩现场审计场景，降低现场审计的资源投入，深化审计成果转化，提升审计价值。依托互联网实现审计流程标准化、线上化和灵活可配置，识别流程中可通过科技赋能的环节，提升审计工作效率和审计工作透明度，通过全流程线上化确保数据闭环和完整性，为后续数据分析奠定基础。

- 人员：人员是审计数字化转型的核心，也是所有要素中最为关键和灵动的方面。

审计转型，"三层九面"，人才优先，要逐步建立分层级的新审计团队，通过增量调整存量，逐步加大具有数据分析能力和业务背景的复合型人才的占比，通过加强培训、管理、考核等措施，逐步提升全体审计人员的专业能力，建立一支科技能力突出、数据思维能强、业务精通，多专多能的审计科技队伍，推动内部审计转型升级。

- 架构：架构是审计审计数字化转型的保障。

在内部要打破处室界限，通过建立虚拟团队的方式，形成协同工作机制。建立数据小组，负责审计所需数据的引入及后期的分析。建立模型小组，针对审计项目和研究课题需要，及时高效地构建各类审计模型。建立平台建设小组，持续推进审计系统建设工作。建立保障支持小组，负责协调解决各小组推进中遇到的问题。协调、统筹组织内部三道线的检查监督资源，提升风险管控效能。建立跨板块跨部门的三道线共商、共享、共建的审计转型项目团队，持续推进审计数字化转型。

- 文化：文化是审计数字化转型的引领，也是其他一切手段的源泉。

需要在审计价值观和审计文化氛围等方面积极创新，逐步引入先进的审计理念、方法和技术，构建适应审计转型和面向未来的审计文化。构建和谐、共生、共荣的审计生态，为组织高质量、可持续发展保驾护航。建立科学的审计价值观，推动审计在风险内控导向基础上向价值增值型审计的转型，积极推动三道防线联防联控和跨部门协同，促进审计成果转化和价值体现，逐步发挥内部咨询机构的作用，在组织创新与发展中发挥更加积极的作用，创造更大的审计价值，营造全新的审计文化氛围。加大审计转型和科技强审的宣传力度，通过优秀审计项目评选、审计模型评优、项目经验交流等形式，不断分享先进的审计方法和经验，营造崇尚审计科技应用和创造审计价值的审计文化氛围。

（3）审计数字化转型的路径。审计数字化转型是一个漫长而艰难的过程，需要经历谋划、规划、实施、释能和完善等环节，持续推进，久久为功。

在谋划阶段，可以通过开展同业或跨业交流，了解业界最佳实践，并根据组织现状，初步制定审计数字化转型的概要性规划，明确转型目标，识别主要的工作任务，并评估转型的工作量、资源投入和时间财务成本等。

在规划阶段，可以通过成立项目小组和引入外部咨询机构的方式，对审计数字化转型的目标和任务进行详细的规划设计，形成行动方案和蓝图。做好规划可以避免组织浪费不必要的时间和财务资源，少走弯路，并确保规划落地效果。

在实施阶段，主要任务是将"三层九面"的任务进行逐项落地实施，在此过程中，需要建立由审计部门统筹、各部门配合的多部门协作工作机制，以最大限度地确保三道线协同共享、转型成果，建立组织统一的风险防控体系。

在释能阶段，主要是系统平台推广、信息共享和机制的运转，通过培训、宣传、考核等手段，确保数字化审计体系的顺畅运转，释放能力，为组织创造价值。

在完善阶段，则需要组织内部根据内外部环境变化，特别是新科技的出现，不断优化体系，修补漏洞，保持数字化审计体系的先进性。

4. 审计数字化转型与组织数字化转型

审计数字化转型对于组织总体数字化转型具有重要意义，内部审计部门可以成为组织数字化转型的重要推手、示范基地和能力中心。

（1）内部审计部门是组织数字化转型的重要推手。数字化转型过程中会存在缺乏规划和体系、内部协同不足、重复建设等问题，组织内部各机构数字化能力差异较大，进展快慢不一，甚至相互之间存在推诿扯皮的现象。内部审计部门可以通过法律赋予的监督权、评价权和建议权，积极推动组织数字化转型进程。探索建立组织及其机构的数字化能力评估体系，对组织数字化转型中的规划水平、技术先进性和有效性、资源投入合理性和效能、数字化能力等方面进行专业的评价，发现数字化转型中存在的问题，提出合理化建议，帮助组织逐步建立高效协同的数字化经营管理体系。

（2）内部审计部门是组织数字化转型的示范基地。内审部门如果率先完成数字化转型，就可以为其他部门和机构积累经验，做出表率。内审部门的数字化转型和其他部门乃至组织整体的数字化转型具有同质同构的特征，其目标、方法论和实施路径都具有很大的借鉴意义，内审部门本身又十分注重流程规范和实施效能，可最大限度地避免数字化过程中的风险和资源浪费，因此，内审部门的数字化转型经验可以为其他部门和组织提供较大的参考价值，成为其他部门和组织数字化转型的样本和基础。

（3）内部审计部门是组织数字化转型的能力中心。内审部门是组织最大的数据应用部门，也必然会成为组织内部数据应用范围最广、能力最强的部门。内审部门可以把数字化转型中积累的数据、模型、工具和系统在组织内部开放出来，与其他一二道线的部门进行"共商共建共享"，为组织内部其他条线进行内部赋能，提升三道线数字化能力和风险联防联控效能，为组织创造价值。此外，内审部门的这种数字化能力达到一定的行业领先地位，还可以进一步向外开放，开展对外能力输出，将内审部门从成本中心转变为利润中心。

获取并应用广泛且高质量的基础数据是实现内审数字化转型的基石。审计部作为全行数据应用最广泛的部门，需要获取"范围广、周期长"的基础数据。为支撑强大、高效的数据分析及挖掘，审计的"数字化"需要基于行内数据技术线路，按照共享、共用原则搭建数据基础平台，形成跨条线、跨板块及跨部门的数据基础，并扩展至对外部数据、非结构化数据的存储及管理，构建"数据全、响应快、安全高、扩展强"的数据应用层，解决审计数据的获取、存储、应用及清理问题，支撑数字化智能技术及工具应用，支持数据挖掘、建模及视图应用，为内审数字化转型提供基础支撑。

3.4.2 光大银行智能风控数字化

1. 引言

作为中国数字化进程较快的银行，光大银行在智能风控领域有着领先行业的优势。

凯文凯利曾经说过：技术冲突的本质是掌握技术的人群的冲突，进而是资源和利益的冲突，最后导致生产关系的更迭。这样以技术转型为特征的银行数字化转型，必将不同于流程银行的转型。在新常态的背景下，创新驱动（技术创新）具备内生增长的先天条件，在其发展的初期必然是通过科学技术的进步大力发展生产力，然后不断冲击和挑战现有的组织架构，最后才会根据生产力的发展程度对生产关系进行调整。

2. 光大银行的银行数字化转型背景

商业银行数字化转型的背景主要有两个方面：宏观经济发展的必然性、商业银行自身发展的必要性。从银行角度来看，数字化转型具有必要性，必要性体现在6个方面，即"三个冲击、两个转变、一个融合"。

"三个冲击"，一是指新技术的冲击，具体指ABCD四大技术（A为人工智能、B为区块链、C为云计算、D为大数据）的发展，例如，余额宝当年依托精准客户画像技术在货币基金领域建立碾压优势；二是指互联网公司的跨界冲击，例如在支付领域的微信与支付宝；三是"新"客户的冲击，新生代的客户对于支付的要求、对于存款理财的要求、对于体验的要求都是对银行现有产品和运营的冲击。

"两个转变"是银行发展的内生需求：一是发展思路的转变，由粗犷经营到精细化经营，由规模导向到价值导向；二是发展重心的转变，银行更加重视零售业务、互联网金融业务等。

"一个融合"是金融圈与商圈的融合。场景方建立了一个商业生态，金融机构建立了一个金融生态，两个生态必将融合，并且只有融合才能并发出活力，才能更好地践行普惠金融服务实体经济的使命。

3. 光大银行智能风控中心建设情况

在信息时代，数据是生产资料，技术产生生产力，制度可以理解为生产关系，价值观则是认识的上层建筑，这便是银行数字化转型的逻辑与路径。在明确了银行数字化转型的逻辑与路径之后，智能风控中心在2018年成立，并成为银行数字化转型中的重要金融科技力量。

（1）智能风控中心目标与规划。智能风控是新技术与新金融的连接点，智能风控中心以智能风控为着力点，以新技术为切入点，以新金融为突破点，依托人工智能和大数据技术为银行各业务板块及同业提供一站式智能风控解决方案，推进业务创新转型及线上业务拓展，在金融科技领域强化了银行的核心竞争力。

智能风控中心的建设规划分为3个阶段。

一是组建团队，组建算法科学家团队，补齐科技人才短板。构建智能风控的数据体系、模型体系、开发平台，形成智能风控的"工厂化"的生产能力，充分发挥金融科技的生产力。

二是推进事业部制管理，由生产力逐步调整生产关系，由职能部门向服务部门转变，把风险管理做成风险服务；由成本部门向创利部门转变，通过对内服务核算使收益与成本更加联动，通过市场化服务增加银行中收。

三是择机事业部或独立运行，从责、权、利相匹配的角度出发，逐步形成资源授权、风险授权、利益职责的匹配。

（2）智能风控中心的愿景与价值观。智能风控中心自成立以来，坚守科技向善的初心，践行"开放共享、自主可控、敏捷高效、人技共进"的工作原则，为客户提供便捷、普惠的金融服务，打造可比同业一流的智能风控中心百年品牌，实现金融基因和互联网基因的高度融合。

一流的理念："坚持底线、秉承信用"的金融基因，真正做到为好人做普惠的金融服务。一流的技术：通过"敏捷、服务"的互联网基因为客户提供便捷的金融服务。

（3）团队建设工作。智能风控中心利用两年时间，补齐了银行人才短板，打造了一支高素质、高学历、高技能、年轻化、能打硬仗的"算法科学家"团队，是银行金融科技发展的压舱石。团队成员均为知名院校研究生，在数学、计算机等多个领域具备前沿知识和专业化能力，其中80%的人员发表过多篇SCI（科学引文索引）文章，平均年龄仅为29岁，是名副其实的"年轻化的科学家"团队。中心以人技共进激发团队潜能，以工匠精神雕刻专利技术，正在逐步打造风控核心竞争力。

◆ 人员招聘工作。

智能风控中心与人力部共同探索有竞争力的快速招聘机制，制定了"以品牌吸引人、以工作留住人、以专业感召人"的招聘策略，和"人力部全程管控、业务部门提前参与"的招聘流程，既能够吸引人才、保证人员的快速入职，又能够让应聘者感觉专业性，严把准入关。

◆ 人员入职培训工作。

智能风控中心人员均为数学、物理、计算机等专业毕业的算法工程师，与银行传统的金融人员有一定的区别。智能风控中心撰写了几百页的《智能风控中心培训手册》，并聘请了行内外几十位合作伙伴给员工进行培训。员工入职后采用"双导师制"，新员工根据自身兴趣、导师（老员工）根据负责项目的进展情况，两方进行双向选择，共同营造以科技为本的氛围。

（4）制度建设工作。

◆ "敏捷、科技、创新"为导向的运行机制。

对标业界先进的金融科技公司，以"敏捷、科技、创新"为导向，在实践中形成了一套新的管理机制，包括：组织敏捷，采取扁平化的组织架构，减少了汇报层级；实施敏捷，采取项目经理负责制，缩短了决策和执行流程；科技自主，坚持"关键技术行员自主开发"的微外包模式；管理创新，采取基于绩点的考核与薪酬制度，激发员工工作热情，提升工作效率。

- 基于绩点的考核和晋升体系。

为激发员工潜能，形成良性的竞争机制，参照互联网公司，采用项目绩点制度，即每完成一个项目可以得到相应的绩点，年终累计的绩点决定每个人的考核和晋升。

制定了《智能风控中心绩点管理办法》，将具体建模工作项目化，分为模型应用类、模型技术研发类、模型技术管理类、科技开发及维护类，每类项目根据规模、难度、工作量等多种因素计算出对应的绩点。项目采用"摘牌制"，由员工单人或组团进行答辩，答辩胜出者可担任心仪项目的项目经理（项目采用项目经理负责制，在项目内担当"流动处长"）。

4. "123+N"数智化风险管理体系建设实践

为赋能商业银行数智化转型，提升商业银行在数字化时代的核心竞争力，更好地迎接数智化转型对于商业银行风险管理带来的机遇和挑战，中心建设了"123+N"的数智化风险管理体系。

（1）"123+N"数智化风险中台框架。数智化风险中台框架包括 1 个风险大脑、两个风险能力、3 个风险中台、N 个风险名品，体系架构如图 3-11 所示。

1 个风险大脑：左脑是敏捷风险管理，包括敏捷需求管理、风险流程管理、权限管理等。右脑是风险可视化展示，包括风险流程可视化、风险指标可视化、风险服务可视化等。

两个风险能力：一是洞察能力，包括业务、科技、风险的洞察能力；二是服务能力，包括敏捷、高效、开放的服务能力

3 个风险中台：一是风险数据中台，以标准化、资产化、敏捷化为目标构建商业银行的风险数据体系、风险特征体系、风险画像体系。二是风险技术中台，打造敏捷化的模型快速部署、流程化的模型开发、灵活的创新支持。三是风险决策中台，以智能化、高效化、精细化为目标为商业银行提供风险决策、风险数据和报告以及全面风险管理。

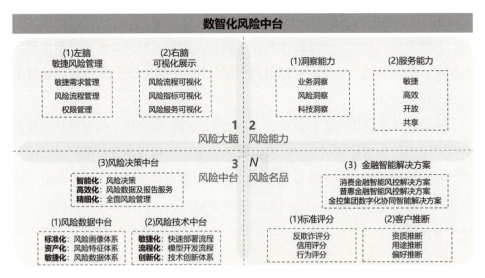

图 3-11 "123+N" 数智化风险中台框架图

N 个风险名品：一是金融智能风控解决方案，包含消费金融智能风控解决方案、普惠金融智能风控解决方案、金控集团数字化协同智能解决方案等。二是标准化智能风控评分产品，包括反欺诈评分、信用评分、行为评分、催收评分等。三是客户画像推断产品，包括资质推断、偏好推断、用途推断等。

（2）"风险数智大脑"建设。"风险数智大脑"将统筹全面风险数智化体系建设，对构筑风险数智中台的各个平台进行统筹管理，建立完善的管理机制，全方位把控需求满足度、开发进度以及运营质量。具体业务功能需求分为以下两个方面。

- 敏捷风险管理：一键式风险服务。

敏捷需求管理：统筹各业务需求方提出的风险模型开发、风险数据、风险报表等需求，并与科技开发需求联动，对需求的进度、质量、时效性等进行统一把控。

风险流程管理：实现数据接入、特征衍生、模型开发、模型上线、风险服务的全流程管理。

风险数据管理：风险数智大脑与风险数据中台实时交互，实现风险数据资产目录管理。

风险模型管理：风险数智大脑与风险技术中台实时交互，建立风险模型管理体系的审批流程，包括对模型的立项和上线建立线上化的审批流程。

风险决策服务管理：风险数智大脑与风险决策中台实时交互，对服务的上线、下线、迭代，时间，服务调用方、服务场景等实现信息化管理。

◆ 风险可视化：一站式风险呈现。

风险流程可视化：包括数据接入流程、特征加工流程、模型开发流程、风险决策流程的可视化展示。

风险服务可视化：为风险审批决策与管理提供风险报告、风险报表、图谱可视化展示，辅助决策；对模型服务的上线、下线、迭代，时间，服务调用方、服务场景进行可视化展示。

风险指标可视化：包括资产质量、风险数据指标、风险业务指标、风险特征指标的可视化展示等。

（3）"风险数智中台"建设。风险数智中台是落实风险数智化体系建设的重要工具和手段。风险数智中台由风险数据中台、风险技术中台、风险决策中台3个中台构成，通过中台建设可以实现以下功能。

集中化：实现风险管理高度集中，改善分散的管理现状。

统一化：包括统一的数据标准、建模标准、模型验证标准，以及数据接口和服务接口等标准的统一管理。

数字化：数据驱动风险管理模式创新，提升风险识别精准度。

智能化：借助智能化的技术手段提升风险管理效能。

◆ 风险数据中台：整合数据资源，盘活数据资产。

风险管理数智化转型必须建立在多维、海量、动态的数据基础上。风险数据中台以风险管理视角，充分挖掘数据价值，打造全资产、多维度、广频率(包括实时、准实时、批量)的风险数据体系，并以此为基础，构建风险特征体系和风险画像体系。建设目标如下。

敏捷化的风险数据体系：实现多源异构数据敏捷接入；实现数据标准统一、实体统一，打造完全融合的风险数据体系。

资产化的风险特征体系：借助多元化大数据技术组件，包括大数据计算引擎、流式计算引擎、时序引擎、图计算引擎等，实现离线和实时一体化、结构化与非结构化融合的风险特征体系；实现风险数据资产化建设，提供高可用和高复用的数据资产共享能力。

标准化的客户画像体系：提升商业银行 KYC（know your customer）的能力和效率，更好地升级和赋能金融服务。

◆ 风险技术中台：孵化创新技术，打造模型工厂。

通过风险技术中台实践，打造自研算法工厂、风险模型工厂以及风控标准化产品。形成有效的算法资产和模型资产，实现资产的共享和复用，降低模型开发成本。建设目标如下。

敏捷化的快速部署流程：实现模型的快速发布与快速部署，从而实现模型的快速迭代与自动迭代。

流程化的模型开发体系：实现模型开发的流程化管理，形成风险模型资产库、算法资产库，实现模型资产和算法资产的有效共享和复用；落地模型管理体系，实质性地管好模型风险。

创新化的技术孵化机制：支持对新技术、新算法的前瞻性、创新性研究。

◆ 风险决策中台：风险决策支持，直达前台业务。

风险决策体系以风险数据中台及风险技术中台为支撑，面向业务系统提供高效的风险管理服务。建设目标如下。

智能化的风险决策：包含自动化审批决策、混合审批决策支持等，实现从风险评估、风险识别、风险监控、风险预警到风险处置的智能风控一体化运营，实现风险全流程闭环管理。

高效化的风险数据及报告服务：实现风险数据"可见即可得"、风险报告"可想即可造"，满足监管报送与银行管理要求。

精细化的全面风险管理：有效落实全面风险管理职责，提升全面风险管理决策的时效性、全面性和准确性。

（4）"风险数智化名品"建设。"风险数智大脑"和"风险数智化中台"是落实风险管理数智化体系建设的重要支撑，通过借助数智大脑和数智中台打造的"风险数智化名品"，可高效赋能消费金融、普惠金融以及金融控股集团协同等业务需求，实现风险管理数智化体系价值创造。

◆ 金融智能风控解决方案：一站式全流程智能风控，服务银行业务。

消费金融智能风控解决方案：提升客户体验，消费驱动经济发展。面向商业银行消费金融信贷产品，提供"智能算法评估与推断＋千人千面授信策略＋组合目标管理"的一体化智能风控解决方案，推进存量客户挖掘、优质渠道客群挖掘以及开放式获客，为商业银行零售客户提供定制化金融产品和个性化服务，加强精细化运营，实现触达率、转化率、通过率、不良率的完美统一。

普惠金融智能风控解决方案：弥合数字鸿沟，助力中小微企业纾困。面向商业银行普惠金融信贷产品，基于"企业大数据风险评分＋企业大数据风险画像＋企业大数据风险定价"的一体化智能风控解决方案，以前置风控、企业反欺诈、自动化/辅助授信审批、智能预警、智能催收等方式，构建普惠金融智能风控解决方案，赋能商业银行普惠金融业务的数字化转型，提升小微企业信贷审批效率和精准度，减少对抵押物的依赖，提升小微企业融资的可得性。

金控集团数字化协同智能解决方案：整合集团优势，以风险协同防控金融风险。面向金融控股集团协同需求，以构建全新的多子公司协同方式为抓手，构建"金控集团一体化客户、产品和渠道画像"的智能解决方案，并采用联邦学习技术，有效破解集团数据共享难题。同时，在实现数据价值共享的基础上，依托大数据挖掘和AI模型建设能力，推动金控集团企业间实现客户共享、场景融合以及服务创新，提高金控集团客户价值挖掘，助力金控集团协同战略发展。

◆ 标准化智能风控评分产品：对齐银行主标尺，服务银行战略。

依托数智化数据中台和数智化技术中台，结合具体业务需求和应用场景，建设标准化的智能风控评分产品，包括反欺诈评分、信用评分、行为评分、催收评分等。标准化智能风控评分产品既可以赋能互联网信贷业务的贷前、贷中、贷后全流程的客户信用及风险评估，也可提升商业银行传统风控流程中内部评级以及 KYC 的全面性、精准性和时效性，进而赋能商业银行全面风险管理体系。

◆ 标准化客户画像推断产品：从被动到主动服务，契合用户需求。

基于风险数据中台的大数据特征体系和风险技术中台的人工智能算法，构建标准化的客户画像推断产品，从不同角度进行客户资质推断、偏好推断和用途推断，实现优质金融服务和风险管理之间的协调发展，助力商业银行提升金融服务质量。其中资质推断包括收入推断和负债推断，用于评估客户的还款能力，作为授信额度依据；偏好推断包括利率偏好、期限偏好、还款方式偏好推断等，合理把控客户需求满足度和客户风险管理之间的平衡；用途推断主要面向资金用途风险把控，在贷前评估客户贷款用途与产品定位是否适配，贷后评估资金流向的合规性。

5. 支撑银行和集团的业务发展

（1）数智化风险管理体系支撑银行业务发展。智能风控中心将金融科技与银行业务实践相结合，支持了银行零售部、信用卡、数金部、普惠部等多部门业务开展，覆盖 C 端、B 端、G 端的金融场景（见图 3-12），截至目前，已支持线上自动化审批场景 40 余个，导入客户突破 3700 多万，自动化审批累计放款突破 1.6 万亿元，有效资产余额突破 1750 亿元。

（2）数智化风险管理体系支撑集团 E-SBU 协同战略。数字化生态协同是光大集团 ESBU 协同战略的内在要求，也是 2022 年全面建成数字光大体系的前提，而集团成员企业之间数据价值的共享，则是构建数字化生态协同的第一步。近年来，受制于客户隐私保护的加强和行业监管的强化，客户协同工作与数据共享工作的推进面临重重障碍。

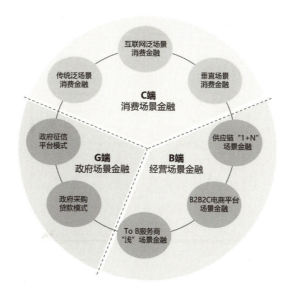

图 3-12　智能风控体系支持银行业务的发展

智能风控中心为充分发挥集团各子公司数据资源和数据价值，破解目前集团数字化协同面临的数据共享障碍，在满足监管合规性要求的前提下，以"四像合一"的专利技术体系为抓手，实践"银行端客户画像、子公司端产品画像、银行端渠道画像、子公司端反馈镜像"的协同方案，并以银行与保险协同为试点，取得了显著效果，助力集团 E-SBU 协同战略发展。

（3）树立技术品牌，打造核心能力，提升银行估值。算法科学家团队的人才储备、管理机制、创新能力，是实现打造"核心能力"和"技术形象"这两个目标的基础。在 2020 年，智能风控中心的科学家团队坚持"自主研发"，把智力资本和金融创新相结合，逐步形成了 10 余项发明专利和软件著作权，树立了良好的技术形象，提升了无形资产价值。

围绕银行市值管理，为零售和财富转型提供技术支撑，通过智能风控实现以客户为中心的跨业务条线服务整合，以及集团层面的业务协同整合。并择机将风控能力向金融同业输出，增加银行中收。零售和财富管理的转型、技术品牌的打造、中收的增加将有助于提升银行形象，有效提升银行市场估值。

FOUR

第 4 章

长策：未来・风险・隐患・监管

4.1 与监管共舞：金融科技监管现状与展望

2020年11月，党的十九届五中全会审议通过的《中共中央关于制定国民经济和社会发展第十四个五年规划和二〇三五年远景目标的建议》，明确提出要"加快数字化发展"，要发展数字经济，推进数字产业化与产业数字化，推动数字经济与实体经济深度融合，打造具有国际竞争力的数字产业集群。经济数字化转型离不开与之相适应的数字金融生态。

早在2019年年底，中国银保监会就在《关于推动银行业和保险业高质量发展的指导意见》中将"坚持科技赋能"提升到基本原则的新高度，作为转变发展方式，为银行保险机构创新发展提供有力支撑。另一方面，我们看到近年来，针对"金融+科技/互联网"等领域越来越强的监管力度。在2021年中国银保监会工作会议上，银保监会党委书记、主席郭树清强调，要切实加强对互联网平台金融活动监管。加强对银行保险机构与互联网平台合作开展金融活动的监管。坚决遏制垄断和不正当竞争行为，防止资本在金融领域的无序扩张和野蛮生长。

其实梳理历年监管思路，二者并不矛盾，监管也绝非站在科技与创新的对立面。在前文的访谈中，不少实操领军者多次提到监管问题，如何与监管共舞，也是数字化转型中的重要课题。虽然金融科技的创新发展对传统监管体系产生了一定的冲击，但预计随着更通用、更加跨域融合应用、可推理、可解释的技术的发展，监管科技终将走向百花齐放和应用成熟。

我们整理了过去若干年的资料，将金融科技监管的脉络呈现如下。

4.1.1 科技赋能，监管有明确而坚定的指引

1. 从战略层面重视金融科技，统一规划布局

2015年以来，国家从战略层面高度重视金融科技的发展，统一规划布局，有利于优化金融科技运营环境，完善配套支持，加速技术突破和应用，促进

良性竞争，帮助金融科技企业形成规模效应，提升创新能力和风险管理水平（见表4-1）。

表4-1 近年的金融科技发展框架性规划

时间	政策规划	重点
2015年7月	《关于促进互联网金融健康发展的指导意见》	规定互联网金融各业态的业务规则
2015年8月	《促进大数据发展行动纲要》	发展大数据
2016年5月	《"互联网+"人工智能三年行动实施方案》	加快发展"互联网+"新模式新业态
2017年7月	《新一代人工智能发展规划》	建立金融数据系统
2019年8月	《金融科技（FinTech）发展规划（2019—2021年）》	针对金融科技提出框架性规划
2019年12月	《中国银保监会关于推动银行业和保险业高质量发展的指导意见》	针对金融科技提出框架性规划

2. 从长远视角加强顶层设计，推动金融机构数字化转型、科技赋能

2019年8月，人民银行印发了《金融科技（FinTech）发展规划（2019—2021年）》，明确提出未来3年金融科技工作的指导思想、基本原则、发展目标、重点任务和保障措施（见表4-2）。

表4-2 《金融科技（FinTech）发展规划（2019—2021年）》解读

指导思想	基本原则	重点任务	保障措施
习近平新时代中国特色社会主义思想	守正创新、安全可控、普惠民生、开放共赢	加强金融科技战略部署	从长远视角加强顶层设计，把握金融科技发展态势，做好统筹规划、体制机制优化、人才队伍建设等工作
		强化金融科技合理应用	以重点突破带动全局发展，规范关键共性技术的选型、能力建设、应用场景以及安全管控，全面提升金融科技应用水平，将金融科技打造成为金融高质量发展的"新引擎"
		赋能金融服务提质增效	合理运用金融科技手段丰富服务渠道、完善产品供给、降低服务成本、优化融资服务，提升金融服务质量与效率，使金融科技创新成果更好地惠及百姓民生，推动实体经济健康可持续发展
		增强金融风险技防能力	正确处理安全与发展的关系，运用金融科技提升跨市场、跨业态、跨区域金融风险的识别、预警和处置能力，加强网络安全风险管控和金融信息保护，做好新技术应用风险防范，坚决守住不发生系统性金融风险的底线

2019年12月30日，中国银保监会发布《中国银保监会关于推动银行业和保险业高质量发展的指导意见》，文件指出，"坚持科技赋能。转变发展方式，为银行保险机构创新发展提供有力支撑"。把科技赋能提升到基本原则的新高度，列为高质量发展的基本原则，把科技作为银行转变发展方式的驱动力，其实是为银行指明了创新发展的正确方向。即通过科技赋能来提高效率、降低成本、挖掘数据价值、发掘客户需求。金融科技在银行业的受重视程度有可能进一步提升，有可能成为银行未来的核心竞争力之一。

3. 坚持既鼓励创新又守牢底线的积极审慎态度

我国金融科技发展的上半场主要聚焦于市场的开拓，通过技术研发与在金融行业中的应用，构建金融科技产品和平台，开拓广泛的市场，在效率与安全的平衡中，偏向于效率一端，与之相对应的监管政策以推进金融科技发展为主。

近几年，金融科技市场蓬勃发展，使我们不仅看到了金融科技带来的确定性的好处，也看到了其隐含的各种风险。金融科技相关风险具有传染性、突发性、复杂性和隐蔽性等特征。信息分散，监管者获得信息难度增加，而其匿名性和虚拟性特征隐蔽了监管者所需要的关键信息，这些都给高质量监管带来了挑战。

2017年，习近平总书记在中央财经领导小组第十五次会议上反复强调防控金融风险的重要性，同时对加强监管协调和宏观审慎管理提出了更高要求。因此，在当前和未来很长的一段时间，我国金融监管的主基调将会是既审慎包容，又依法、从严、全面监管，严格防控金融风险。一方面，从长远视角加强顶层设计，从顶层设计方面加快立法立规的进度，从源头上扎紧监管的篱笆，把握金融科技发展态势。另一方面，始终把握好金融创新、金融效率和金融稳定的平衡，持续完善监管规则，提升监管有效性。引导银行保险机构在风险可控的前提下，稳妥开展金融科技应用和模式探索。

4. 金融科技持续发展提高了金融服务效率和包容性

金融机构数字化转型持续推进，产品和工具应用日益丰富，金融服务的效率和包容性大幅提高。具体而言，一是推动了支付服务深刻变革。近年来，阿里、腾讯、百度、京东等科技公司成长迅速，并不断向金融领域渗透发展，利用其长期服务积累的客户数据和新兴的大数据处理技术，一定程度上改变了我国金融服务生态，特别是在一些小额、零售行业，起到了积极助推作用。如在电子支付领域，推动我国支付服务深刻变革。2020年第二季度，我国电子支付业务中，非银支付机构电子支付业务笔数是商业银行的3.52倍。二是促进信贷服务重心下沉。在信贷领域，大型互联网企业积极开展小额信贷业务，促进服务重心不断下沉，金融服务可获得性提升。蚂蚁小贷"花呗"的用户量超过1亿，其中约50%分布在三线以下城市。三是开创了线上征信业务。在征信服务领域，大型互联网企业开创了以线上数据为基础的信用评价和征信业务。如蚂蚁科技为我国超过3亿"信用白户"建立了数字信用记录，开展线上实时风控。四是推动了网络资产和财富管理业务。在资产管理领域，大型互联网企业以良好的线上体验，有效提升用户黏度。截至2020年第二季度，天弘基金余额宝规模达1.22万亿元，个人持有比例99.99%。理财通客户数量突破1.5亿，管理资金保有量达9000亿元。

4.1.2 监管面临严峻的挑战

1. 金融科技是一把双刃剑

金融科技是一把双刃剑，在提升金融服务效率的同时自身也存在风险。具体而言，有以下几个方面。

一是消费者保护复杂度、难度上升。随着金融业数字化转型，指纹支付、刷脸支付、远程开户等新技术不断涌现，个人身份特征信息和财务信息被过度收集，对消费者的侵权主体、侵权方式、损害形态呈现多样性。典型的如消费者的手机失窃，就可能导致各种信息泄露。二是加大了系统性风险。部分新兴的数字金融服务容易引发声誉风险的传染,并增加新的传染路径,而数字金融服务很多情况下呈现出更明显的顺周期性和波动性。比如,网络借贷平台业务可能增大信贷业务的顺周期性。三是给维护金融安全带来隐患。金融科技的发展可能加剧"去中心化"趋势,超出最后贷款人覆盖范围。四是非法金融活动增多。不少机构"无照驾驶",打着科技创新旗号开展洗钱、恐怖融资等非法金融业务。

2. 大型互联网平台公司进入金融服务领域带来的问题和风险

第一,产品和业务边界难以划分。大型互联网企业以科技公司的名义,相当程度上改变了一些金融产品和服务的结构、功能和性质,实际上开展了大量的金融业务,由于这些产品和服务的边界模糊、性质易混淆,为监管套利提供了可能。既不利于公平竞争,也不利于消费者保护。

第二,缺乏隐私安全保护。大型互联网企业从事金融业务意味着消费者各种金融和非金融信息的集中采集和暴露。大型互联网企业不仅掌握消费者的社交、购物、网页浏览信息,而且还掌握其账户、支付、存取款、金融资产持有和交易信息,甚至还可通过面部识别、健康监测等将这些信息与其生物信息紧密关联。一旦保管不当或遭受网络攻击造成数据泄露,稍加分析便可获得客户精准画像,导致大量客户隐私泄露,进而造成重大财产损失和人身安全隐患。

第三,算法歧视。大数据、人工智能等技术易导致"算法歧视",严重损害特殊群体利益。相较于传统歧视行为,算法歧视更难约束。尤其是在某一个大型互联网企业拥有涉及数亿消费者的天量数据信息的情况下,即使从个体和逐笔看,其数据来源和使用均获得了消费者授权,但从总体看,可能存在"合成的谬误",这些数据在总体上具有公共品性质,其管理、运用并非单一消费者授权就能解决其合法性问题。

第四,信贷规模大且集中度高易造成系统性风险。一方面,互联网平台公司定位于下沉市场,当消费信贷规模增长时,风险敞口也在不断扩大。目前，互联网公司的信贷评审模型大多处于黑箱状态，其有效性还没有经过完整经济周期和压力情景的检验，毕竟信贷业务本质上不可能脱离周期波动，金融科技也无法摆脱金融规律。另一方面，大量贷款集中在某几家头部平台的风控体系上，尽管依托于数据科技的风控能力很卓越，但高集中度更易强化羊群效应和市场共振，从而放大金融市场的波动。大型互联网企业集团内跨行业、跨领域金融产品相互交错，关联性强，顺周期性更显著，其风险隐蔽性与破坏性会更严重。不仅如此，由于大型互联网企业网络覆盖面宽，经营模式、算法趋同，金融风险传染将更为快速，可能在极短时间内迅速演变为系统性风险。

4.1.3 监管机构的监管理念与监管原则

我国针对金融科技的监管体系尚不健全，没有独立适用的法律体系和监管规则。针对金融科技在非传统金融业态中应用的监管规则多是适应性的，大多是在传统金融监管的体系上衍生而成，导致大量金融科技在非传统金融领域的应用面临监管缺位。

在监管过程中，监管机构为了把握好监管的"度"，一直努力把握好适度性和创新性的关系。注重全面性和平衡性，守住金融风险底线的同时，兼顾公平、金融创新，最终提升金融服务及反哺实体经济。对于金融科技的不断发展，一方面，始终坚持金融服务实体经济的监管原则，即通过数字化转型提升金融服务的科技内涵，更好地赋能实体经济，提升金融服务的覆盖率、可得性、满意度；另一方面，坚守风险底线的监管原则，即把加强金融信息保护和网络安全风控作为重点，对同类业务、同类主体，按照同等的业务规则和风险管理要求，进行一致的市场准入和持续监管。具体说来，银保监会已经明确的基本监管原则主要包括以下四点：一是注册企业增加值金融创新必须在审慎监管的前提下进行；二是所有金融活动必须依法全面纳入监管，持牌经营，坚决制止违规监管套利；三是对各类主体一视同仁，依法保护企业家合法权益，以公正监管维护公平竞争；四是切实维护金融稳定和金融安全，牢牢守住不发生系统性风险的底线。

1. 金融科技监管历程梳理

2011—2020 年金融科技监管历程及监管重点如表 4-3 所示。

表 4-3　2011—2020 年金融科技监管历程

发布时间	文件名称	政策要点
2011 年 1 月	《人民银行关于银行业金融机构做好个人金融信息保护工作的通知》	个人信息保护
2012 年 3 月	《中国人民银行关于金融机构进一步做好客户个人金融信息保护工作的通知》	个人信息保护
2013 年 2 月	《银行业金融机构信息科技外包风险监管指引》	信息科技外包风险管理
2016 年 4 月	《互联网金融风险专项整治工作实施方案》	明确实施"穿透式"监管
2017 年 6 月	《中华人民共和国网络安全法》	网络安全
2017 年 11 月	《关于立即暂停批设网络小额贷款公司的通知》	限制机构
2017 年 12 月	《关于规范整顿"现金贷"业务的通知》	限制杠杆；强调独立风控、禁止隐性担保
2017 年 12 月	《条码支付业务规范（试行）》	对条码支付业务进行风险防范能力分级
2018 年 1 月	《关于改进个人银行账户分类管理有关事项的通知》	将银行账户分类管理
2018 年 4 月	《人民银行 银保监会 证监会 外汇局关于规范金融机构资产管理业务的指导意见》	明确智能投顾的相应资质
2018 年 5 月	《关于进一步规范货币市场基金互联网销售、赎回相关服务的指导意见》	规范货币市场基金业务
2018 年 10 月	《互联网金融从业机构反洗钱和反恐怖融资管理办法（试行）》	完善线上反洗钱监管机制
2019 年 8 月	《国务院办公厅关于促进平台经济规范健康发展的指导意见》	包容审慎监管，建立新型监管机制
2019 年 10 月	《个人金融信息（数据）保护试行办法》	个人信息保护
2019 年 10 月	《中华人民共和国密码法》	信息保护
2019 年 11 月	《关于增强个人信息保护意识依法开展业务的通知》	个人信息保护
2019 年 12 月	《中国人民银行金融消费者权益保护实施办法（征求意见稿）》	消费者保护

续表

发布时间	文件名称	政策要点
2020年1月	《国务院金融稳定发展委员会办公室关于建立地方协调机制的意见》	加强中央和地方监管的协作
2020年2月	《个人金融信息保护技术规范》	个人信息保护
2020年6月	《中华人民共和国数据安全法》	信息保护
2020年7月	《商业银行互联网贷款管理暂行办法》	独立风控、集中度管控、属地化经营
2020年8月	《最高人民法院关于修改〈关于审理民间借贷案件适用法律若干问题的规定〉的决定》	利率保护机制
2020年9月	《金融数据安全 数据安全分级指南》	信息保护
2020年10月	《银行保险机构信息科技外包风险监管办法（征求意见稿）》完成起草	信息科技外包风险管理
2020年11月	《网络小额贷款业务管理暂行办法（征求意见稿）》	重申属地经营原则；一次性缴纳货币资本50亿元；联合贷款出资比例不低于30%；强调"一参一控"
2020年12月	《国务院反垄断委员会关于平台经济领域的反垄断指南》	预防和制止平台经济领域垄断行为
2020年12月	《国务院反垄断委员会关于平台经济领域的反垄断指南》	预防和制止平台经济领域垄断行为
2021年1月	《征信业务管理办法（征求意见稿）》	完善和加强征信管理
2021年8月	《个人信息保护法》	个人信息保护

2. 监管机构着力于提升监管能力

（1）确保对金融科技业务全面覆盖。一是严格落实持牌经营，严厉打击非法金融活动。金融业实行严格的持牌准入和业务监管要求，若大型科技公司从事金融业务，也应遵守同样的准入和业务监管要求。二是对于新型数字金融服务提供商，建立符合其特点的审慎监管框架，包括资本充足率、流动性、信贷集中度等。三是对于传统机构开展或者合作开展新型数字金融业务，应加强监管，及时优化或增设监管指标。例如对于互联网平台存款，如果全额计入个人存款，则会导致流动性监管指标高估，不能充分揭示银行的流动性风险。四是整顿业务模式，控制联合贷和助贷业务的杠杆率和风险传染性。

（2）提升数字化监管能力。为提高数字化监管能力，银保监会先后建立了非现场监管信息系统（1104）、检查分析系统（EAST）、银行风险早期预警系统（睿思系统）等，加快监管数字化步伐。2020年，银保监会又制定了信息化建设中长期规划，抓紧推动监管大数据平台建设，整合监管数据信息系统，优化监管流程，运用大数据、机器学习、人工智能等技术，提取数据，提高监管数据的时效性和处理效率，从而提高监管判断的前瞻性、有效性。具体而言，一是提升数字普惠金融能力。依托大数据等技术，对企业信用状况进行准确评估、精准画像，解决金融信息不对称的问题，有效缓解小微企业融资"难、贵、慢、险"的问题。二是提升数据治理能力。一方面要制定实施系统化的数据治理制度、流程和方法，充分利用数字信息资源，提高数据质量，挖掘数据价值，为数字化转型提供有力支持。另一方面，遵循"必须知道"和"最小授权"原则，依法合规开展数据采集、管理、使用、流传、销毁等全流程工作，切实加强个人信息保护，切实遵循依规用数、科学用数的职业操守。

（3）反市场垄断。一些大的互联网平台规模不断扩大，当某一个大型互联网企业拥有涉及数亿消费者天量数据信息的情况下，算法歧视、排他性竞争等损害消费者的事件时有发生。同时，由于大型互联网企业网络覆盖面宽，经营模式、算法趋同，金融风险传染将更为快速，可能在极短时间内迅速演变为系统性风险。2020年11月10日，国家市场监管总局发布《关于平台经济领域的反垄断指南（征求意见稿）》，明确了平台经济领域相关市场的界定，强化了对滥用市场支配地位行为的监管，完善了对平台经济领域经营者集中的事先规制和事后主动调查机制，强调要在平台经济领域积极实施公平竞争审查制度。

（4）穿透监管。鉴于部分金融创新业务交叉重叠、层层嵌套，掩盖了业务的本质，给金融稳定形成威胁，因此进行穿透式监管具有非常重要的意义。中国人民银行在《金融科技（FinTech）发展规划（2019—2021年）》中对如何提高穿透式监管提出具体要求，并阐述了监管科技和穿透式监管的关系。该文件指出，穿透式监管包括对信息流穿透和对资金穿透两个层面的要求。前者重在提升信息及时性和真实性，后者重在通过资金流信息判断业务实质并确定相适应的监管规则。利用标准化数据和非标准化数据，识别有问题的股东和关联交易，确保提供多种类金融产品和服务的企业，不管是多层业务嵌套，还是提供一站式金融服务，都要遵守相应的风险隔离要求。

（5）监管沙箱。监管沙箱的本质是将风险锁在盒子里，实现风险防控的前置化和流程化。在创新发行金融科技产品和服务进入市场前增设一个创新实验和风险测试环境，一是可以将新技术的风险与外部市场隔离开来，切断风险扩散传导的接口，内部化解沙箱内的风险。二是提前发现创新理念和项目风险，及时制定风险预案和化解措施。有助于实现监管刚性底线和柔性边界的协调统一，达到既促进合规创新，又助力防范风险的目的。中国人民银行在《金融科技（FinTech）发展规划（2019—2021年）》中非常重视监管沙箱，认为其作为金融科技创新的典型代表之一，是防控金融风险调整监管模式的重要举措。因此，监管沙箱也可能是未来科技创新监管的重要路径。截至2021年6月，人民银行先后批复全国9个地区开展了90多个项目的创新试点工作。在金融服务的创新监管试点中，针对信贷、运营管理、支付、智能交互等领域，侧重于提高金融机构的经营效率，增强客户黏性等；在科技产品的创新监管试点中，针对信贷、风险监控、多场景、溯源等领域，侧重于提升金融机构的风控能力，保障资金或者数据的安全。

（6）加强消费者保护。随着金融业数字化转型，指纹支付、刷脸支付、远程开户等新技术不断涌现，个人信息被过度收集。同时，数字交易的各个环节被经营者掌握，消费者处于明显的技术劣势。而很多消费者既缺乏金融知识，也缺乏科技知识，因此要给予金融消费者适度倾斜保护，增强经营者的义务，确保经营者在遵照最小化、必要性原则基础上合法获取、利用个人信息过程中产生的数据权利，促进个人信息合法利用。

4.1.4　未来的监管思路

根据银保监会的信息，未来，监管机构会继续支持金融科技发展，加快金融数字化进程，优化客户体验，提升服务效率。同时，也会密切关注金融科技带来的影响，做好前瞻性部署安排，确保市场公平和金融稳定。

1. 高度重视网络安全和数据安全问题

目前，中国银行业务离柜交易率已达到 90% 以上，金融服务对网络高度依赖。相对传统风险，网络风险扩散速度更快、范围更广、影响更大。在《网络安全法》和《数据安全法》等法律制度下，监管机构会继续制定落实金融业关键信息保护等方面的指导性文件，进一步明确金融业数据要素应用关键节点的规则要求，推动覆盖金融业务全生命周期的安全管理系统化、专业化，提高安全保障能力，强化安全联防联控能力。

2. 促进更公平的市场竞争

金融科技行业具有"赢者通吃"的特征。大型科技公司往往利用数据垄断优势，阻碍公平竞争，获取超额收益。传统反垄断立法聚焦垄断协议、滥用市场、经营者集中等问题，金融科技行业产生了许多新的现象和新的问题。我们可能需要更多关注大公司是否妨碍新机构进入，是否以非正常的方式收集数据，是否拒绝开放应当公开的信息，是否存在误导用户和消费者的行为，等等。

3. 关注新型"大而不能倒"风险

少数科技公司在小额支付市场占据主导地位，涉及广大公众利益，具备重要金融基础设施的特征。一些大型科技公司涉足各类金融和科技领域，跨界混业经营。必须关注这些机构风险的复杂性和外溢性，及时精准"拆弹"，消除新的系统性风险隐患。

4. 明确数据权益归属

中国政府已明确将数据列为与劳动、资本、技术并列的生产要素，数据确权是数据市场化配置及报酬定价的基础性问题。未来，各国法律将准确界定数据财产权益的归属，尽快明确各方数据权益，推动完善数据流转和价格形成机制，充分并公平合理地利用数据价值，依法保护各交易主体利益。

5. 加强金融标准化建设

进一步深化标准工作改革，优化标准化供给结构，做到在金融科技相关领域有标可依，有效支持金融风险防范，增强金融科技治理能力。推动金融企业标准化建设，引导消费者优先选择达标的金融产品，增强金融消费者的满足感。

6. 加强数据跨境流动国际协调

中国近期提出《全球数据安全倡议》，呼吁各国尊重他国主权、司法管辖权和对数据的安全管理权。我们将坚持发展和安全并重原则，与各国加强协调合作，构建更加开放、公正、非歧视性的营商环境。

4.2 网络与数据安全隐患

近年来，随着银行业等金融行业向信息化转型以及相应网络信息技术不断深化，网络信息的安全风险也在不断增加。中国人民银行在 2020 年 5 月 18 日召开的 2020 年科技工作电视电话会议中指出"在金融业科技发展中金融数字化转型更为迫切，金融网络安全形势更为严峻"。虽然银行业的网络安全情况一直优于其他金融类行业，但网络安全事件近年来却呈现出愈演愈烈的趋势。

4.2.1 近年频发网络安全事件纪实

2019年1月,我国不到20岁的无业青年田××通过软件抓包、PS身份证等非法手段,在某家银行手机银行App内使用虚假身份信息注册银行Ⅱ、Ⅲ类账户76个。田××将上述账户信息(包括身份证号、银行卡号、绑定的手机号)非法销售,可证实获利金额为人民币22 010元。上述行为致使该银行在很长一段时间内关闭了手机银行App中Ⅱ、Ⅲ类账户的开户链接功能。而1995出生、仅具有小学文化的张××使用该技术更是在多家银行尝试注册Ⅱ、Ⅲ类账户,其中在A银行App上拦截身份认证信息三四次,在B银行App上使用拦截身份认证信息十余次,在C银行极速开户网页页面拦截身份认证信息四五次。此外,张××还雇请他人利用上述软件抓包技术,在B银行系统内成功注册12个Ⅱ、Ⅲ类账户。除了此类技术手段较为普通、影响范围有限的事件,国内外多家银行近年来还遭遇到表4-4所示的不同程度的网络安全事件,已在该领域造成了巨大的影响。

表4-4 近年典型银行业数据安全事件

时间	事件	形式
2016年	2月,某黑客组织入侵孟加拉国央行账号,造成8100万美元的损失	攻击事件
	某银行技术开发中心覃某将其编写的"计算机病毒程序"植入银行总行核心系统应用服务器,在2016年11月到2018年1月期间,将银行资金717.9万元非法占为己有	安全漏洞
2017年	8月,某银行分行由于机房配电系统的严重隐患,多次发生运营中断事件,影响银行网络正常运行	硬件设备故障
2018年	某黑客组织策划一系列小型攻击,从墨西哥银行共窃取了约3亿~4亿墨西哥比索	攻击事件
	4月,国内多家银行遭到黑客攻击,黑客利用思科底层网络设备漏洞,导致银行网络不可用	安全漏洞
	5月,智利银行遭遇黑客攻击,大约9000台计算机和服务器被破坏,利用计算机系统崩溃,黑客通过银行的国际转账系统将1000万美元转出	基础设施攻击
	5月,加拿大蒙特利尔银行(BMO)和加拿大帝国商业银行(CIBC)遭到黑客攻击,数万客户的金融数据被盗取	数据泄露

续表

时间	事件	形式
2019年	6月，某银行信用卡中心因对某客户个人信息未尽安全保护义务，受到银保监会处罚	数据泄露
	7月，美国第一资本金融公司（Capital One）披露了近期发生的数据泄露事件，事件暴露了包含1.06亿人的个人信息	数据泄露
	8月，某银行由于"信息系统控制存在较大安全漏洞，未做到有效的安全控制"受到银保监会处罚	安全漏洞
	第4季度，一种名为Trickbot的银行木马针对中国、加拿大等地区发动垃圾邮件攻击，盗窃用户信息	恶意软件攻击
	一种针对亚洲银行发动的垃圾邮件攻击活动在2019年第4季度开始盛行，邮件使用"阿联酋航空NBD电子声明"或者"签证取消"等主题诱骗用户点击邮件中包含恶意程序的附件，窃取用户信息	恶意软件攻击
2020年	4月，一种能直接从账户盗走钱财的银行Anubis木马瞄准全球多个国家的银行机构，伪装成金融机构在线钓鱼	恶意软件攻击
	7月，一种名为Emotet的恶意软件卷土重来，Emotet试图安装Qbot银行木马感染金融机构及其客户	恶意软件攻击
	12月，开曼群岛离岸银行的备份数据（涵盖5亿元的投资组合）公开暴露	数据泄露

从上述事件可以看出，银行业网络安全主要以安全漏洞、恶意软件攻击、数据泄露等三大类为主。具体手段包括SQL注入攻击、病毒木马攻击、DDoS攻击、垃圾邮件攻击，对银行系统中传输的数据包进行拦截、抓取、修改等。目前来看，相关攻击手段已日趋多样，并开始呈现出精准式网络攻击的态势。

4.2.2 银行业数据安全现状不容乐观

全球领先的企业软件创新者VMware公司在2020年5月发布了《现代银行勒索3.0》年度报告，报告显示：80%的受访金融机构表示，过去一年中所受网络攻击增加，相较2019年增加13%；64%的受访金融机构表示，过去一年中电汇欺诈增加，相比2019年增加17%。VMware公司安全策略主管也表示："金融机构长期以来一直是网络犯罪集团的目标。多年来，昔日银行抢劫已升级为线上勒索，网络犯罪集团和部分国家试图利用数字化转型进行敲诈勒索。目前，全球都在与新冠肺炎病毒作战，而攻击者们显然已经将'枪口'直接对准金融机构"。

同期，以色列网络安全服务公司 Reposify，通过对 25 家跨国银行及其 350 家子公司网络安全风险调查后发现：全球领先的跨国银行中，23% 都至少有一个配置错误的数据库暴露于互联网，存在泄露风险；31% 的银行至少有一个远程执行代码漏洞。

近年来，最被大众所熟知的攻击手段就是通过安全漏洞向银行或各类金融机构植入恶意软件，从而获取数据或直接非法盗取资金。这里讨论的金融恶意软件，指的是典型的银行木马，其目的是窃取用于访问在线银行或支付系统账户的凭证，并拦截一次性密码。

如图 4-1 所示，由普华永道、中国信息通信研究院和平安金融安全研究院联合在 2019 年 10 月发布的《2018—2019 年度金融科技安全分析报告》显示：2018—2019 年，我国科技金融领域针对客户资料及企业重要业务数据的安全事件发生的比例高达 44%，其中"客户资料泄露"与"企业敏感信息泄露"各占一半，DDoS 攻击与有害程序（如木马病毒、网络勒索等）发生的比例分别为 21% 和 20%。

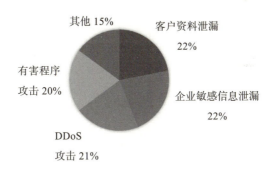

图 4-1　2018—2019 年金融科技领域安全事件发生的类别及其比例

资料来源：普华永道、中国信息通信研究院和平安金融安全研究院。

4.2.3　银行业数据安全事件成因复杂多样

由于金融具有天然的价值属性，银行业属于重要的金融机构，在巨大的利益驱使下，银行金融机构面临的各类网络安全威胁不断升级。由于行业的复杂性与外部环境的多变性，导致银行业发生的安全事故是多方面、多因素导致的，其中有"人"的原因，也有"机"的原因，有"内部"的原因，也有"外部"的原因。

（1）数据流转复杂，管理难度高。银行数据高度集中且数量庞大、数据形式多样化、数据动态流转复杂等多方面因素导致数据资产管理困难，容易出现数据库配置错误、网站漏洞等安全问题。

也正是由于银行数据资产管理难度高，许多银行会选择与第三方数据公司合作，外包数据采集、信用欺诈、信用评分、风控建模等业务。这种合作一方面可以提升效率，使数据得到专业化管理；另一方面，开放了第三方数据接口，双方数据互联互通，一旦第三方机构的数据遭到泄露，IT风险向银行端进行传导和蔓延的概率将大幅增加。

（2）软硬件系统保障不全。银行业网络安全系统复杂，只有硬件、软件系统保障做到全面到位，才能确保网络安全。但现实情况是，目前银行业的硬件、软件系统都存在着不同程度的风险。具体说来，硬件设备的基础环境差、硬件设备容量保障差、硬件升级维护不及时等因素，导致网络安全事故时有发生（例如徽商银行亳州分行出现的机房配电系统严重隐患，导致多次发生运营中断事件）；软件系统安全防护不到位、数据系统设计不严密等导致安全漏洞的出现，一旦让银行内部不法人员或外部黑客找到攻击系统的机会，就会给银行安全系统带来极大的安全隐患，为数据泄露创造了前提（见表4-5）。

表4-5　银行软硬件信息系统存在的安全威胁类型

关键软硬件与服务	存在的安全威胁
核心芯片	未公开的系统控制指令，预留系统远程控制通道等
硬件板卡	预留系统远程控制通道等
系统固件	隐藏恶意控制代码，预留系统远程控制端口等
操作系统	系统中预留隐藏的系统管理账户，预留系统远程控制端口和命令，预设定时或条件触发的系统程序，非法记录系统行为等
系统管理维护	获得系统控制权，植入安全后门或者木马；触发系统中隐藏的后门；篡改系统参数，影响系统运行安全；窃取系统运行数据（系统用户信息、密码、系统日志等）和关键业务数据等

我国银行业一个显著的特点是，之前核心软件应用服务都由国外供应商提供（见图4-2），在"棱镜门"事件后，信息安全被提到一个前所未有的高度，银行信息安全风险受到最高层关注。

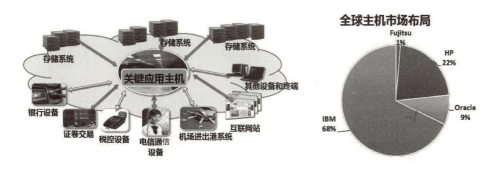

图 4-2　全球数据主机市场被美国垄断

◯ 注：关系国计民生的金融、电信、税务、财政、能源、交通等关键行业核心业务系统都运行在以美国厂商为主的主机上；全球的主机市场完全被美国公司垄断；信息安全问题日渐凸显，泄密事件频发。

证监会在认识到银行软硬件信息系统被国外供应商把持的风险后，下令银行信息系统软硬件都要转用国货（见图4-3），提高安全可控信息技术在银行业的使用率。而在这一点上，服务器、数据库、操作系统这些核心产品，国产厂商和国外相比还有不小的差距，技术积累还不够成熟，增加了银行业的数据安全风险。

（3）内部人员风险防控意识低。2020年7月，谷安研究院和安全牛通过对40家银行开展问卷调查，联合编写了《中小银行数据安全治理报告》，显示：60%的银行没有全行层面的数据安全保护策略，仅有12.5%的银行全面识别了数据安全的风险点。银行内部人员风险意识低，一方面会导致无法识别网络安全风险，出现了安全漏洞没有一套有效的风险防控应对措施；另一方面，银行人员没有意识到银行数据信息和客户资料都是严格保密的，数据泄露成本低。

产品	终端	防火墙	交换机	服务器/系统	主机/系统	存储系统	中间件/数据库
国外厂商	IBM、HP、DELL等	思科、梭子鱼、赛门铁克等	思科、H3C、博科等	IBM、HP、SUN、DELL等/微软、红帽、SUSE等	IBM、HP、SUN、Fujitsu等/AIX、HP-UX、Solaris等	EMC、IBM、HDS等	WebLogic、webSphere、Tomcat等/Oracle、DB2、Sybase等
中国厂商	联想、方正、同方等	启明星辰、天融信、锐捷等	华为、中兴、锐捷等	浪潮、中科曙光、华为、联想等/红旗Linux、麒麟系统、凝思磐石安全操作系统	浪潮、K1系统/K-UX系统	浪潮、华为、UIT创新科等	东方通、中创软件、金蝶等/达梦数据库、金仓数据库、通用等

图 4-3　国外信息系统供应商与我国替代方案

○ 注：主机作为信息处理的中枢，是信息系统中最为关键的环节。

（4）黑客攻击不断升级。银行承载的金融服务和信息数据是重要的资源，受经济利益驱使，一直是国内外黑客组织、不法分子实现网络垃圾邮件、恶意软件攻击和敲诈勒索的重点目标。随着互联网技术不断迭代，黑客非法入侵手段日益更新，许多安全防护软件无法识别应对，导致了银行网络安全外部威胁不断加剧（见表4-6）。

表 4-6　各国银行遭受黑客攻击典型事件

攻击时间	被攻击银行	计划窃取	实际损失
2013 年	索纳莉银行（Sonali Bank）	未知	25 万美元
2015 年 1 月	厄瓜多尔银行（Banco del Austro）	未知	约 1200 万美元
2015 年 12 月 8 日	越南先锋银行（Tien Phong Bank）	120 万欧元	无
2016 年 2 月 5 日	孟加拉国央行（Bangladesh Central Bank）	10 亿美元	8100 万美元

其中，2016 年 2 月 5 日，孟加拉国央行被黑客攻击，导致 8100 万美元被窃取的事件流传甚广。攻击者通过网络攻击或者其他方式获得了孟加拉国央行 SWIFT 系统的操作权限，攻击者进一步向纽约联邦储备银行发送虚假的 SWIFT 转账指令。纽约联邦储备银行总共收到 35 笔、总价值 9.51 亿美

元的转账要求,其中 8100 万美元被成功转走盗取,成为迄今为止规模最大的网络金融盗窃案。

(5)政策法规和行业标准有待进一步完善。法律法规以及政策层面的缺失也是网络信息安全事件频发的重要成因,各个国家对于该问题都不断加大保护和规范力度(见表 4-7)。相比于政策法规、行业标准已相对完善的欧盟、美国等,我国在近年来也正不断通过政策法规以及行业标准来完善和提高相关行业的信息安全防范能力。

表 4-7 国外主要国家或地区针对数据安全的相关规定

国家或地区	针对数据安全的相关规定
欧盟	《通用数据保护案例》(GDPR)
美国	《网络安全信息共享法案》
美国加州	《2018 年加州消费者隐私法案》
俄罗斯	《个人数据保护法案》
新加坡	《个人数据保护法令》(PDPA)
巴西	《通用数据保护法》
韩国	《个人信息保护法》
英国	《2018 年数据保护法》(DPA 2018)
德国	《联邦个人资料保护法》(BDSG)
瑞士	《联邦资料保护法》(DPA)
印度	《个人数据保护法案》草案

资料来源:银行业数据安全白皮书。

追溯我国近年来有关信息安全保护和规范的相关发文,从 2012 年国家质量监督检验检疫总局与国家标准化管理委员会发布的《信息安全技术公共及商用服务信息系统个人信息保护指南》到 2021 年 6 月 10 日及 2021 年 8 月 20 日,全国人大常委会先后发布的《中华人民共和国数据安全法》《中华人民共和国个人信息保护法》,我国就强化网络信息问题所发文的数量呈现出逐年递增且逐年标准的趋势,可见国家层面的重视程度之深。发文涉及部门从国家互联网信息办公室、工业和信息化部到国家标准化管理委员会等十数家部门,足以反映网络信息安全问题是一个多领域、多维度的问题,需要众方合力,共同解决该问题。

4.2.4 数据安全成为银行安全保障核心

从前文可以看出,目前银行业面临最大的威胁就是数据安全衍生的相关问题。近年来随着金融科技的迅猛发展,各家商业银行都从传统的负债业务、资产业务、中间业务中积累数据资产,提升金融服务水平,寻找新的盈利发动机,数据逐渐成为银行最本质、最核心、最关键的生产要素,数据安全成为银行安全保障的核心。而当前随着行业发展,各银行现在有一个最主要的机会与挑战——如何保障银行的数据安全?

通过查阅国内主要国有银行与股份制银行相关数据安全保障体系与调研之后,总结得出了目前主流和可行的银行数据安全保障措施。

(1)提高"代码"能力。所有的操作系统与信息系统架构的漏洞都是由于开发人员的代码业务能力不足与不谨慎所产生的,开发人员一般关注业务功能的实现,安全开发意识和安全开发技能相对来说没有引起高度的重视,所以银行自行开发的系统和方案提供商都应从代码端开始把控数据安全问题,从源头开始形成安全开发的意识。

(2)运用数据加密技术。数据加密技术是实现数据机密性、隐私数据保护的重要手段。数据加密技术通常包括对称加密技术、非对称加密技术、信息摘要技术。基本的数据加密逻辑如图 4-4 所示。

为保障数据的存储、传输和使用安全,银行通常采用数据加密技术来解决数据安全问题,比如非对称加密技术在柜员身份认证系统中的应用,采用公钥对柜员登录密码进行加密,私钥被硬件加密设备中的本地主密钥加密后存储在认证系统数据库中,既能保证密钥的存储安全,又能实现柜员身份的认证安全。对称加密技术在自助设备管理系统中,每台自助设备都会有一把主密钥,用于保护交易中的工作密钥,同时该主密钥会经过硬件加密机本地主密钥加密后存储在系统数据库中,既能保证自助设备工作密钥和主密钥的安全,又能满足人民银行和银监会的"一机一密"的要求。

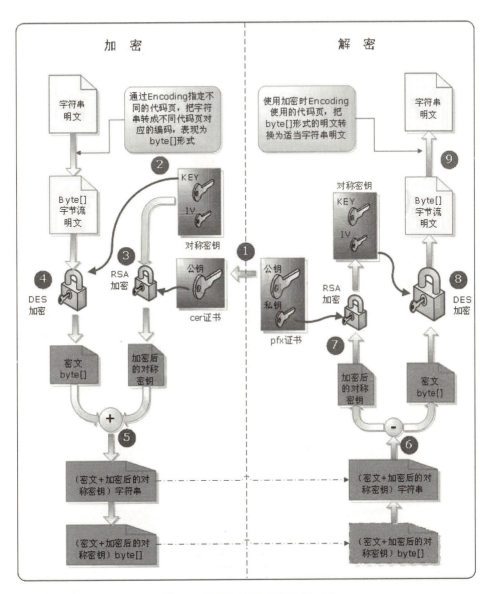

图 4-4 数据加密技术的基本逻辑

在代发工资业务这一基础业务中，首先使用银行自行开发的软件对相关关键信息进行加密，并将加密后的文件传送到银行，银行在收到加密文件后根据解密算法进行解密，从源头保障了数据的加密性（见图 4-5）。

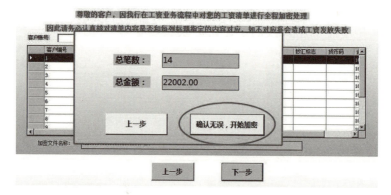

图 4-5 数据加密技术在某银行业务中的应用

（3）运用数据脱敏技术。数据脱敏技术是指对敏感数据按照某种规则（加密、变形或置换等）进行处理，保持原始特征并改变部分数值，保证了敏感数据的安全访问和使用（见图 4-6）。

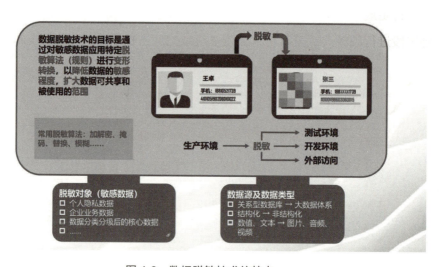

图 4-6 数据脱敏技术的特点

资料来源：安全内参，大数据技术标准推进委员会。

数据脱敏技术分为两种：一种是静态脱敏技术，静态脱敏简单说就是对数据进行批量化脱敏，一般用在测试开发或对外进行完整的数据集外发的场景中，主要特点是数据会发生批量的转移，可防止敏感数据的泄露（见图4-7）。

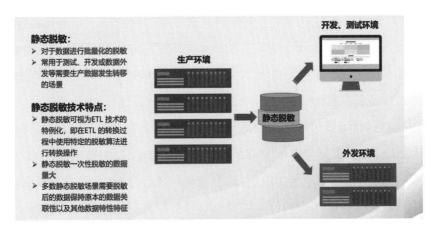

图 4-7　静态脱敏技术的特点

资料来源：安全内参、大数据技术标准推进委员会。

另一种是动态脱敏技术，即在线访问数据时对生产数据的脱敏，可按照某种特定规则对不同应用系统用户的访问权限进行控制，并随时对数据的敏感字段进行脱敏。目前数据脱敏技术有数据加密技术、数据转换技术和访问控制技术，银行可根据具体的应用场景选择合适的数据脱敏技术，完善敏感数据防护机制（见图 4-8）。

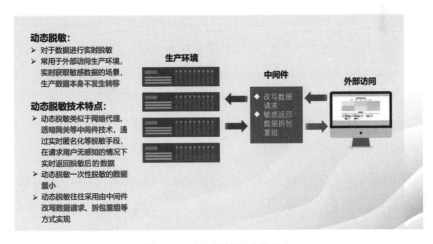

图 4-8　动态脱敏技术的特点

资料来源：安全内参、大数据技术标准推进委员会。

（4）利用数据科学技术加强防护。大数据、云计算、数据挖掘等新一代信息技术，虽使数据安全面临的威胁和挑战更为紧迫和严峻，但利用大数据技术能从海量用户操作、访问、交易的日志信息中挖掘数据泄露行为，智能识别数据泄露风险。一方面可对银行数据安全现状进行态势感知；另一方面可对数据安全场景进行情报收集与行为建模，实现对数据行为的监测与审计，形成银行数据流转分布视图，动态掌握数据的异常行为特征，并不断学习，优化规则库，对数据实行全面识别、动态监测和风险分析，保障银行数据安全。

中国民生银行将用户的行为数据与交易数据进行关联汇总分析后，不仅可以实现用户画像对用户进行精准营销，还可以将各类数据运用到风险控制、审计合规和恶意网络分析等领域，为数据安全提供保障（见图4-9）。

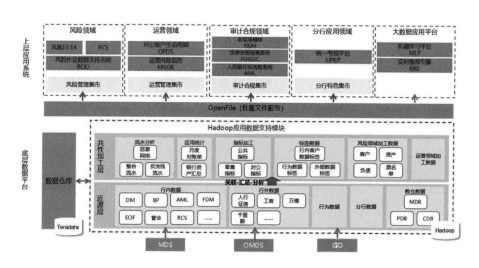

图4-9　民生银行大数据体系架构层次

资料来源：中国电子银行网、中国民生银行大数据开发团队。

（5）开展网络安全审计。在大数据时代下，银行系统在关联关系方面变得更加复杂，从风险管控层面，也应该基本按照事前预防、事中阻隔、事后审计的方式（见图4-10）。安全审计需覆盖所有系统的所有功能与用户，以此来确保安全审计的有效性。在实际审计的过程中需重视以下3点。其一，系统日志。结合日志文件能够对外部入侵的整个过程予以行为分析。其二，用户的必要性与权限。需减少部分不必要且权限较大的相关用户，避免用户登录信息被泄露，以此来降低安全风险以及入侵的概率。其三，重视系统版本的具体更新情况，避免已知系统漏洞，不为违法分子创造机会。

图 4-10　网络数据安全风险管理

（6）加强数据安全协同联动。随着外部信息安全环境的日益严峻，一旦发生数据泄露事件，应建立协同联运的合作机制。一是与银行内部各部门的协同联动，共同依据对应的安全事件应急预案进行响应；二是与国家相关机构及网络安全产业建立战略合作，建立信息共享、联合防御的保障机制，推进各银行数据安全防护水平，以应对来自国内外的网络安全威胁。

（7）推进建全数据安全法律标准体系。配合国家相关部门推进数据安全保护立法进程，明确数据保护的对象、范畴和违法责任等，制定关于数据开放共享和跨境流动监管的法律条款。同时，利用银行自身的业务经验，积极参与国家数据安全相关法律法规的制定，给整个行业和涉及数据安全的泛金融行业建立好行为准则和监管体系。

2016 年，全国信息安全标准化技术委员会成立大数据安全标准特别工作组，主要负责数据安全、云计算等新技术、新应用标准研制，目前已发布 6 项国家标准（见表 4-8）。

表 4-8　6 项数据安全国家标准

序号	标准名称	标准化对象	标准内容
1	《信息安全技术　个人信息安全规范》	涉及个人信息处理活动的组织机构	个人信息安全原则、个人信息处理活动的安全要求
2	《信息安全技术　大数据服务安全能力要求》	大数据服务提供商	大数据服务生命周期的安全要求、管理要求
3	《信息安全技术　大数据安全管理指南》	涉及大数据的组织机构	数据活动、角色、职责、安全风险管理

续表

序号	标准名称	标准化对象	标准内容
4	《信息安全技术 数据安全能力成熟度模型》	涉及数据的组织机构	数据生命周期的安全控制措施、通用控制措施、能力成熟度评估模型
5	《信息安全技术 数据交易服务安全要求》	利用大数据交易服务机构进行数据交易的服务	数据交易对象安全、数据交易、活动安全、数据交易平台安全等
6	《信息安全技术 个人信息去标识化指南》	个人信息去标识活动	个人信息去标识的管理流程、技术模型和方法

资料来源：银行业数据安全白皮书。

我们可以看到部分总体性标准依然缺失，包括金融数据分级分类、重要数据保护等，并且金融大数据平台技术、数据库安全、数据防泄漏等关键技术标准仍亟须制定，在数据安全的法规标准上，依然存在提升空间。

参 考 文 献

References

[1] 波士顿咨询公司. 2020 年全球风险报告：银行业自我颠覆正当时 [R/OL].(2020-06-29)[2021-02-08]. https://www.bcg.com/zh-cn/2020-global-risk-time-for-banks-to-self-disrupt.

[2] IBM 商业价值研究院. 后疫情时代银行之基本任务：为何极致数字化是金融服务的必由之路 [R/OL]. (2020-07)[2021-01-13]. https://www.ibm.com/downloads/cas/OLG9AGXL?mhsrc=ibmsearch_a&mhq= 后疫情时代银行.

[3] 亿欧智库. 金融科技公司服务银行业研究报告 [R/OL]. (2018-09-06)[2021-03-28]. https://www.iyiou.com/research/20180906576.

[4] 零壹智库. 中国银行业数字金融生态平台最新实践报告 (2020)[R/OL]. (2020-09-02)[2021-02-08]. https://www.01caijing.com/finds/details/268219.htm.

[5] 微众银行. 透镜 OPTICS: 定义未来银行 [R/OL]. (2020-05-06)[2021-02-24]. https://assets.kpmg/content/dam/kpmg/cn/pdf/zh/2020/05/optics-future-banking.pdf.

[6] 天风证券. 银行：数字经济时代，科技渐成银行核心驱动力 [R/OL]. (2020-03-15)[2021-02-07]. https://pdf.dfcfw.com/pdf/H3_AP202003161376297623_1.pdf?1584353093000.pdf.

[7] 中金公司. 科技改变未来，场景/流量决定差异化模式——互联网银行主题报告 [R/OL].(2020-07-29)[2021-02-26]. https://pdf.dfcfw.com/pdf/H3_AP202007301395227451_1.pdf?1596102939000.pdf.

致 谢

Acknowledgement

2020年年初，突如其来的新冠肺炎疫情催化了中国银行业全面数字化转型的进程。"十四五"规划纲要明确提出，要稳妥发展金融科技，加快金融机构数字化转型。在新形势下，金融机构如何做好顶层设计和统一规划，将单点创新转变为全业务流程、管理机制与组织文化的变革？如何将数据资源有效转化为数据资产，从获客、风控、营销等核心环节突破，建立开放共享的金融服务生态？如何处理好金融科技投入与产出平衡？银行数字化如何向纵深演绎成为备受银行人关注的发展命题。国家正在推动行业深入开展数字化转型工作，增强服务实体经济的能力。而亲历此间的一线从业者们的前路之探、当下之思、未来之盼无疑会为业界提供极具价值的借鉴。

《数字金融百人访谈》于2020年2月16日在"九卦金融圈"应运而生，中信银行王鹏虎先生当天作序，首期访谈嘉宾为光大银行副行长杨兵兵先生。该系列访谈专注于对话数字金融亲历者们，在与他们围绕银行数字化变革话题的畅聊中勾勒和分享构建数字银行的路径和前景。

访谈伊始便得到了清华大学经济管理学院金融系主任、清华大学经济管理学院中国金融研究中心主任何平教授，新网银行江海行长，新希望金融科技公司周旭强总裁，易诚互动网络技术股份有限公司曾硕董事长等大力支持，从而得以系列化开展。

访谈至今仍在持续，已先后采访了多位监管领导、业界专家、银行数字化亲历者，他们的创新探索、不懈坚持、责任道义和坦诚分享构成了本书内容主体。

在此，特向本书中所有嘉宾表示由衷感谢：全国政协委员、原证监会主席肖钢，中国银行原行长李礼辉、央行科技司原司长陈静、光大银行副行长杨兵兵、平安银行行长特别助理蔡新发、中原银行行长王炯、新网银行行长江海、廊坊银行董事长邵丽萍、中信银行数字金融部总经理王燕、中信银行审计部副总经理王鹏虎、民生银行网络金融部负责人伊劲松、兴业银行零售网络金融部副总经理黄正建、广发银行网络金融部总经理关铁军、浦发银行信息技术部副总经理万化、恒丰银行数字银行研究院执行院长和人力资源总监侯本旗、众邦银行行长程峰、江苏银行网络金融部原总经理蒋建明、广东农村信用社联合社银信中心副总裁周丹、亿联银行原行长张其广、大连银行网络金融部原总经理王丰辉、易诚互动董事长曾硕、新希望金融科技执行总裁周旭强、索信达控股 CEO 吴辅世、天阳科技董事长兼总裁欧阳建平、光大信托科技部副总经理和数据中心总经理祝世虎、德勤中国金融服务业管理咨询合伙人刘绍伦等多位嘉宾。

感谢全国政协委员、原证监会主席肖钢先生，光大银行杨兵兵副行长和新网银行王航董事长的大力推荐！

本书内容的打造离不开编辑团队的共同努力，内容编辑团队成员有：许小青、张曦元、曹佳莹、郭然然、吴春宁、王婧、李德尚玉、赵金金、李林鸿、邓宇、许小萍、杨波、李鹏飞、殷宜家、金明正、杨文华、严世杰、魏莱、蔡天昊、青竹、张晓东、冉琦琪、李佳蕙、魏宇泓、王妍、张云迪等，在此一并表示感谢！正是团队伙伴们的共同努力，基于对银行业追踪洞察的经验以及职业使命感的驱动，访谈才得以持续。

同时感谢易诚互动品牌总监盛春雨和新希望金科品牌总监蔡超的大力支持！

《数字金融百人访谈》的开展引发业界关注，其间，清华大学出版社的编辑张凤丽老师敏锐捕捉到这一内容热点，积极推进本书出版意向的达成。

感谢清华，大爱清华：本书创作始于清华园，由清华大学经管学院中国金融研究中心牵头启动，清华大学经管学院金融系主任何平教授指导，我们多次选题头脑风暴会也都留在了美丽的清华园。

最后，感谢所有阅读本书的读者朋友们。不管您是银行从业者还是银行客户，都是银行业数字化变革过程中的参与者和见证者。您的体验和建议是推动银行业转型和持续发展的不竭动力！

许小青

2021 年 9 月